高等院校会计专业创新型精品系列教材

# EVC企业价值创造实战教程

主　编　刘　瑞　杨凤坤
副主编　李俊英　魏　蓉
　　　　贺　欣　翟丽芳

微信扫码　查看更多资源

南京大学出版社

本书为湖北省教育厅哲学社会科学研究项目"制造业数字赋能扩散及驱动商业模式创新研究"（项目编号：22G132）、武汉学院科研创新平台建设计划项目"民营企业价值评价与创造研究中心"（项目编号：KYP202001）、武汉学院新时代审计价值创新研究团队（KYT201903）、武汉学院数智财务虚拟教研室建设试点、武汉学院教改项目"新文科"背景下财务管理专业课程改革与"金课"建设（WYJY202113）的阶段性成果。

# 前　　言

百年未有之大变局对高校教学及财会类人才培养提出新要求,《EVC企业价值创造实战教程》全面贯彻落实党的二十大精神,坚持立德树人,以学生为中心,融入课程思政元素,培养学生实践能力和创新创业能力,提升人才培养质量。

本书依托厦门网中网软件有限公司EVC管理会计实战平台,按照实训教材的体例安排课程内容,注重分析与逻辑,强化理论,突出应用。全书分为五个部分,包括课程导读和四个项目。课程导读从特色、内容、方法和作用角度带领使用者了解本书;项目一是团队组建与平台操作;项目二通过介绍战略规划、经营规划、预算成本分析、资金筹集、长期投资、营运管理、利润分配、经营分析等模块带领使用者走进EVC企业价值创造;项目三则是领会规则,了解CEO、财务总监、运营总监、市场总监的岗位规则;项目四是实战对抗,包含分析总结、学生实战案例分析等。本书以工作任务为导向,采用"教、学、练、战"一体化实践教学模式进行设计,实现从思维到行为、从知识到能力的全面提升。

具体而言,本书的主要特色如下:

**模拟经营,实战演练。**本书将模拟企业作为课程的主体,将企业运营所处的内外部环境抽象为市场与经营规则,采用角色扮演等教学方法,实施企业经营决策模拟活动,让学生体验企业在运营、市场、采购、财务等环节的运作流程及经营管理历程,体验企业经营的风险和责任,探索企业经营管理的道与术。

**课堂互动，寓教于乐。** 本书在课堂讨论模块中，安排了知识点与实际企业经营管理相关的热点问题，有助于增加师生互动，活跃课堂气氛。同时，运用本书和 EVC 管理会计实战平台在玩中学、轻松学。

**体例新颖，模块丰富。** 本书各项目设有任务描述、实验步骤、知识链接、任务执行等模块，各模块都融理论与实践于一体，集角色扮演与岗位体验于一身，设计思路新颖独到，使学习者在参与体验中完成了从知识到技能的转化。

本书适用于本科院校、高职院校、中职院校经营管理类专业开展实践教学，也适用于各专业学生使用平台进行创业经营管理。本书得到武汉学院民营企业价值评价与创造研究中心的大力支持，由武汉学院会计学院院长谢进城进行框架设计，武汉学院刘瑞、厦门网中网软件有限公司总经理杨凤坤担任主编，武汉学院李俊英、魏蓉、贺欣、翟丽芳担任副主编。本书在编写过程中，得到厦门网中网软件公司的鼎力支持。同时，参考了大量的文献资料，在此一并表示诚挚的谢意。

由于编者水平有限，加上编写时间仓促，书中疏漏与不当之处在所难免，敬请广大读者批评指正。

编 者

2023 年 5 月

# 目 录

课程导读 ································································· 1
 特色 ··································································· 1
 内容 ··································································· 3
 方法 ··································································· 5
 作用 ··································································· 5

## 项目一 团队组建与平台操作 ······································· 8
 案例引入 ······························································· 8
 任务一 组建团队 ··················································· 9
 任务二 平台操作 ·················································· 11
 素质拓展 ······························································ 27

## 项目二 走进 EVC 企业价值创造 ······························· 28
 案例引入 ······························································ 28
 任务一 战略规划 ·················································· 28
 任务二 经营规划 ·················································· 34
 任务三 预算成本分析 ············································· 44
 任务四 资金筹集 ·················································· 60
 任务五 长期投资 ·················································· 79

任务六　营运管理 ………………………………………………… 96

　　任务七　利润分配 ………………………………………………… 119

　　任务八　经营分析 ………………………………………………… 121

　　素质拓展 …………………………………………………………… 147

**项目三　领会规则** …………………………………………………… 149

　　案例引入 …………………………………………………………… 149

　　任务一　CEO岗位规则 …………………………………………… 149

　　任务二　财务总监岗位规则 ……………………………………… 160

　　任务三　运营总监岗位规则 ……………………………………… 174

　　任务四　市场总监岗位规则 ……………………………………… 187

　　素质拓展 …………………………………………………………… 196

**项目四　实战对抗** …………………………………………………… 198

　　任务一　实战案例 ………………………………………………… 198

　　任务二　实战经营记录与成绩分析 ……………………………… 210

　　素质拓展 …………………………………………………………… 241

# 课程导读

**特色·内容·方法·作用**

课程导读会告诉你：
➢ 为什么要学这门课
➢ 这门课程讲什么
➢ 如何才能学好这门课
➢ 学了这门课有什么用

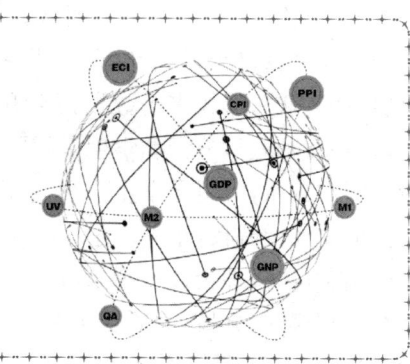

## 特　色

《EVC企业价值创造实战教程》可以用于会计学、审计学、财务管理、市场营销、工商管理等相关专业的学习，有助于学生建立全新的财会知识结构体系。它不仅仅是单门学科的简单运用，而是需要综合运用市场营销、财务管理、财务分析、报表分析、大数据分析等各方面的知识，让学生在实战学习中融会贯通多门财务相关课程内容，让学生站在经营者的角度去运营一家企业，培养管理型、开创型、创新型人才。

情境式商战教学：本书依托EVC管理会计实战平台（简称EVC实战平台），营造真实的商业环境，从企业的成立到后续的经营，进行全方位、无死角的模拟，通过商战游戏的形式，提升学生的课堂参与感，活跃课堂气氛。

智能化教学：通过系统实战以及教程的学习，在实战对抗中记录了学生大量的操作行为、学习数据，本书所依据的系统会对其进行自动分析，并生成案例数据，为教学提供数据分析支持。此外，还会自动生成经营数据和统计数据，方便学生进行财务管理和决策。

决策型训练模式：本书注重对学生决策能力的培养。运用理论知识，通过企业的经营，培养学生跨专业、多岗位的决策能力。

学习完本书，学生对课程有了更清晰的认识，我们可以获得以下成效：第一，将学生由传统的"核算型会计"逐步培养成"综合型会计""管理型会计"。减少会计核算及纳税申报过程中的烦琐程序，轻松实现报表、数据的自动计算，改变传统的会计核算职能，逐步向管理型会计转变,实现数智化向纵深发展。第二,改变任务式的实训模式,突出学生的主体性,从传统的"注入式"教学转换为"启发式"教学。教师从台上的知识讲授者转变为台下的"导演",正确引导学生学习的方向、合理利用学习的资源、不断启发学生的灵感。学生参与人人对抗竞赛,通过采用"业务案例分享＋分组模拟实训"新颖的教学方式,增强学生的学习兴趣,在校园中常态化进行企业价值创造的模拟实战比赛,扩大普及面,引导更多专业学生参与,形成校园文化。第三,构建真正大众化的能力素质教育,将真实创办企业、经营管理、创业情景纳入教学过程中,引入创业宏观与微观环境、金融机构的信用等级评价体系、行业风险、财务预测、风险管控等,让学生更加真实感受企业经营过程,使学生在某种程度上转变身份,成为未来职场的精英。第四,本书借鉴系统操作,形成多个数据模型和参数指标,根据学生做的案例形成数据库和案例库,帮助教师教学分析和学生学习弱点难点判断；提供数据测试工具,帮助学生进行职业判断和分析,并引导学生自我创新制定新的工具模板。第五,EVC管理会计实战平台面向财经类院校,培养学生作为管理会计师应具备的职业能力素养,锻炼学生从企业经营出发,以管理会计的视角,评估企业内外部经营环境,进行战略分析规划、营运决策组织、经营数据分析,面对变化保持商业敏感度、及时沟通、变革,体验企业价值创造的全过程。本书着重培养五大能力:规划与报告、分析与决策、商业敏锐度、营运与变革、领导与沟通。

**五大能力培养**

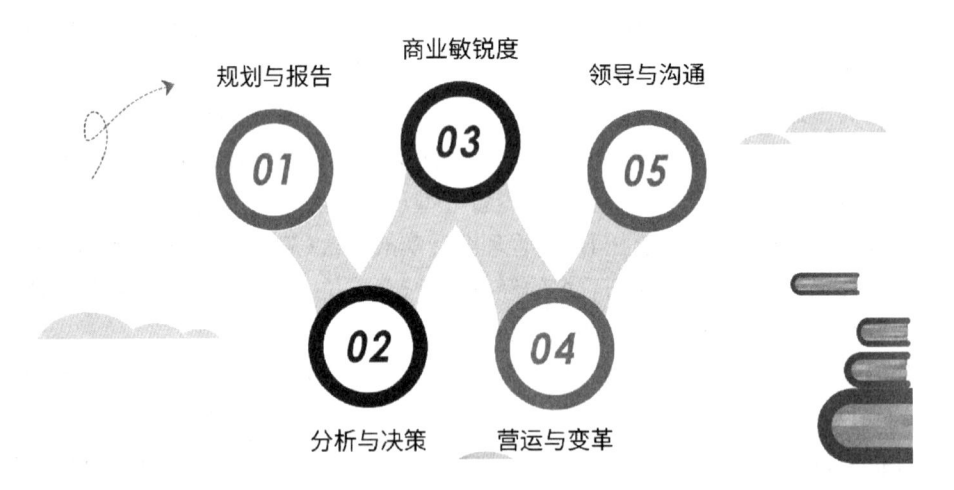

01 规划与报告
02 分析与决策
03 商业敏锐度
04 营运与变革
05 领导与沟通

本书中学生所学专业知识与企业需求接轨,以提升信息分析能力、决策支撑能力、风险管控能力和统筹协同能力为核心,并可在实践中调整教学计划及培养方案,以适应地方行业发展需求。利用我们的实训中心条件、人力资源、科研资源为本地区的经济发展提供学科支持,与地方形成优势互补及资源共享。

# 内　容

　　本书结合数智财务转型,坚持正确的政治方向和价值取向,深刻领会党的二十大主题,将党的二十大精神融入各个项目教学中,将思政育人元素与教材深度融合。本书以平台中的案例为蓝本模拟了一家股份公司,采取多角色分工、共同协商的形式,决策企业经营。首先,学生需要对可行性分析报告进行解析,并判断企业的投资是否可行;之后,再进行资金筹集、长期资产投资、生产运营、市场营销、股利分配,完成企业的经营业务。在经营3期后,学生要对企业进行全面预算,用预算来控制成本和分析经营情况。平台中还设计了成本性态分析、本量利分析、预算分析、产品成本分析、投资决策分析等很多管理会计的应用工具,可以更好地帮助学生进行决策分析。

　　通过模拟企业经营、管理会计工具的使用,学生可以充分体验企业商战竞争的残酷。培养学生的数据收集、工具应用、财务决策等多项能力,并激发了学生的创新、管理、商业等思维。

## 内容体系

**战略管理**:评估内外部经营环境,进行可行性分析,制定企业经营战略;
**预算管理**:编制全面预算、进行预算结果分析;
**成本管理**:成本性态分析、本量利分析、保本保利预测;
**营运决策**:组织经营,业务决策;
**投融资决策**:资金筹集决策与投资决策;
**报告分析**:深入分析财务报告及经营数据。

**01 战略管理**
评估内外部经营环境,进行可行性分析,制定企业经营战略

**02 预算管理**
编制全面预算,进行预算结果分析

**03 成本管理**
成本性态分析,本量利分析,保本保利预测

**04 营运决策**
组织经营,业务决策

**05 投融资决策**
资金筹集决策与投资决策

**06 报告分析**
深入分析财务报告及经营数据

## 授课内容

结合院校开设的管理会计、财务报表分析、企业管理等课程，进行综合实训实践，把管理会计的理论性知识和企业生产经营实践相结合，充分体验管理会计在企业中的实际应用。

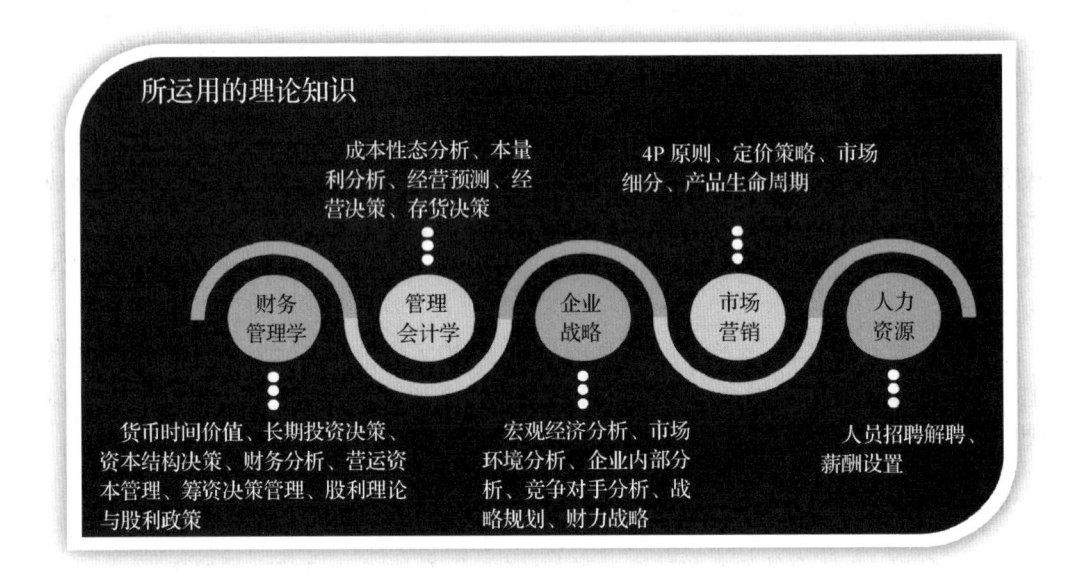

所运用的理论知识

- 财务管理学：货币时间价值、长期投资决策、资本结构决策、财务分析、营运资本管理、筹资决策管理、股利理论与股利政策
- 管理会计学：成本性态分析、本量利分析、经营预测、经营决策、存货决策
- 企业战略：宏观经济分析、市场环境分析、企业内部分析、竞争对手分析、战略规划、财力战略
- 市场营销：4P原则、定价策略、市场细分、产品生命周期
- 人力资源：人员招聘解聘、薪酬设置

## 知识应用

财务管理学、Excel 在财务中的应用、综合案例、投资学、财务报表分析、管理会计经济学、组织行为学、人力资源管理、市场营销、企业管理等。

## 授课安排

建议课时为 32 个课时，每期运营课程讲解分为 5 个环节：基础理论知识讲解；平台操作演练实训；学生讨论分析结果；教师答疑分析难点；学生总结学习收获。

## 成绩考评

- 权重30%　•课堂平时表现
- 权重30%　•课后实验报告
- 权重40%　•实战系统成绩

# 方　　法

## 学生

企业价值的创造离不开全局战略和长远的眼光。习近平总书记主政浙江期间,提出并落实浙江省域治理总纲领和总方略的"八八战略",对浙江发展做出全面规划和顶层设计,为浙江转型发展和长远发展,奠定坚实基础。在我们企业价值创造中,CEO的角色就是一个总览全局制定策略的岗位,方向走错,满盘皆输。

人人参与,每期经营下来,企业管理者都要对企业的经营结果进行分析,深刻反思成在哪里,败在何处,竞争对手情况如何,是否需要对企业战略进行调整。

"不打无准备之仗",这是战争的基本原则,也是企业价值创造对抗的出发点。我们需要在知识、心态、流程和规则上做好准备,以学习的态度、竞争的意识、不屈不挠的精神,融合企业管理知识,完成相关对抗。

## 教师

为了使课程能够达到预期的效果,教师需要提示学生积极参与、亲力亲为。诚信是企业的生命,是企业生存之本。在企业经营实战中,不要怕犯错误,学习的目的就是为了发现问题,努力寻求解决问题的手段。

教师更要结合课堂整体情况,找出大家普遍困惑的问题,对现场出现的典型案例进行深层剖析,用数字说话,让学习者感悟管理知识与管理实践之间的距离。

# 作　　用

### 拓展知识体系,提升管理技能

传统教育划分了多个专业方向,学习者只能择其一而修,专业壁垒禁锢了学习者的发展空间和思维方式。EVC企业价值创造是对企业经营管理的全方位展现,通过学习可以使受训者在以下方面获益。

1. 全方位认知企业

全方位认知企业,了解企业的组织机构设置、各管理机构的职责和工作内容,对未来的职业方向建立基本认知,通过企业经营了解企业管理体系和业务流程,理解物流、资金流、信息流的协同过程。

2. 战略管理

成功的企业,一定有着明确的企业战略,包括产品战略、市场战略、竞争战略及资金运用战略。从最初的战略制定到最后的战略目标达成,分析连续多期的企业运作,经过感性了解、理性思考、科学管理,受训者将学会用战略的眼光看待企业的业务和经营,保证业务与战略的一致,在未来的工作中更多地获取战略性成功,而非机会性成功。

3. 营销管理

市场营销就是企业用价值不断来满足客户需求的过程。企业所有的行为资源无非是要满足客户的需求。通过多期的模拟竞争,学习者将学会如何分析市场,关注竞争对手,把握消费者需求,制定营销战略,准确定位目标市场,制定并有效实施销售方案。

4. 生产管理

我们把生产过程管理、质量管理、设备更新、产品研发统一纳入生产管理领域。在企业经营过程中,学习者将深刻感受生产、销售以及采购的密切关系,理解生产组织与技术创新的重要。

5. 财务管理

在企业价值创造过程中,团队成员将清楚地掌握资产负债表、利润表的结构,通过财务报告分析解读企业经营的全局,掌握资本流转如何影响损益,通过杜邦模型解读企业经营的全局,理解现金流的重要性,学会资金预算,以最佳方式筹资,控制融资成本,提高资金使用效率。

6. 人力资源管理

从岗位分工、职位定义、沟通协作、工作流程到绩效考评,每个团队经过初期组建,短暂磨合,逐渐形成团队默契,完全进入协作状态。在这个过程中,各自为战导致的效率低下,无效沟通引起的争论不休,职责不清导致的秩序混乱等情况,将使学员们深刻理解局部最优不等于总体最优。学会换位思考,在组织的全体成员有共同愿景、朝着共同的绩效目标遵守相应的工作规范、彼此信任和支持的氛围下,企业更容易取得成功。

## 全面提高学习者的综合素质

1. 树立共赢理念

市场竞争是激烈的,也是不可避免的,但竞争并不意味着你死我活,寻求与合作伙伴之间的双赢共赢才是企业发展的长久之道。这就要求企业知己知彼,在市场分析、竞争对手分析上做足文章,在竞争中寻求合作,企业才会有无限的发展机会。

2. 全局观念与团队合作

通过实战对抗课程的学习,学习者可以深刻体会团队协作精神的重要性。在企业运营这样一艘大船上,CEO掌舵方向,CFO保驾护航,营销总监冲锋陷阵。在这里,每一个角色都要以企业总体最优为出发点,各司其职,相互协作,才能赢得竞争,实现目标。

3. 保持诚信

诚信是社会主义核心价值观之一,是一个企业的立足之本、发展之本。诚信原则在企业价值创造课程中体现为对游戏规则的遵守,如市场竞争规则、产能计算规则、生产设备购置以及转产等具体业务的处理。

4. 个性与职业定位

每个个体因为拥有不同的个性而存在,这种个性在 EVC 企业价值创造实战对抗中会显露无遗。在分组对抗中,有的小组起起伏伏,有的小组稳扎稳打,还有的小组不知所措。虽然个性特点与胜任角色有一定的关联度,但在现实生活中,很多人并不是因为爱一行才干一行的,更多的情况是需要大家干一行就爱一行。

# 项目一
# 团队组建与平台操作

## 案例引入

### 我想跟什么样的人合作

曾经有人采访比尔·盖茨成功的秘诀,比尔·盖茨说:"因为有更多的成功人士在为我工作。"陈安之的《超级成功学》这本书中也有提到,先为成功的人工作,再与成功的人合作,最后是让成功的人为你工作。成功的人很多,但在生活中我不认识,也没有办法去为他工作,而让成功的人为我工作,在现阶段,我更没有这个实力。只有合作是我最喜欢和最欣赏的,我也力图借助一个宽松的环境和积极的团队,与更多的人公平合作,以便在未来替自己经营一个抵抗风险的事业。我最喜欢合作的人,应该有以下几个特点。

(1) 不甘心。21世纪最大的危机是没有危机感,最大的陷阱是满足。人要学会用望远镜看世界,而不是用近视眼看世界。顺境时要想着为自己找个退路,逆境时要懂得为自己找出路。

(2) 学习能力强。学历代表过去,学习能力掌握将来,懂得从任何的细节、所有人的身上学习和感悟,并且要懂得举一反三。学习,是"学"与"习"两个字,学一次,做100次才能真正掌握。"学、做、教"是一个完整的过程,只有达到教的程度,才算真正吃透。而且在更多时候,学习是一种态度,只有谦卑的人,才真正学到东西。大海之所以成为大海,是因为它比所有的河流都低。

(3) 行动力强。只有行动才会有结果,行动不一样,结果才不一样。知道不去做等于不知道,做了没有结果等于没有做。不犯错误一定会错,因为不犯错误的人一定没有尝试。错了不要紧,一定要善于总结,然后再做,一直到正确的结果出来为止。

(4) 要懂付出。想要杰出,一定得先付出,斤斤计较的人,一生只得两斤,没有点奉献精神是不可能创业的。要先用行动让别人知道你有超过所得的价值,别人才会开更高的价。

(5) 有强烈的沟通意识。沟通无极限,这更是一种态度,而非一种技巧。一个好的团队,当然要有共同的愿景,非一日可以得来。这需要无时不在的沟通,从目标到细节,甚至到家庭等都是沟通的内容。

(6) 诚恳大方。每个人都有不同的立场,不可能要求利益都一致,关键是大家都要开诚布公的谈清楚,不要委曲求全,相信诚信才是合作的最好基石。

(7) 有最基本的道德观。曾经有一个记者在家写稿时,他四岁的儿子吵着要他陪,记者很烦,就将一本杂志的封底撕碎,对他儿子说:"你先将这上面的世界地图拼完整,爸爸就陪你玩。"过了不到五分钟,儿子就来拉他的手说:"爸爸,我拼好了,陪我玩。"记者很生气:"小孩子要玩是可以理解的,但如果说谎话就不好了,怎么可能这么快就拼好了世界地图?"儿子非常委屈:"可是我真的拼好了呀。"记者一看,果然如此,难道家里出现了神童? 他非常好奇地问:"你是怎么做到的?"儿子说:"世界地图的背面是一个人的头像,我反过来拼,只要这个头像拼好了,世界就完整了。"所以做事先做人,做人做好了,他的世界也就好了。

大家可以看到,我希望合作的这七个特点,跟年龄、性别、相貌、体重、学历、出身、背景及能力都没有太大的关系,因为人和人之间最大的不同并不在以上因素,而在于对人、对事、对己的态度。我也希望能交到有共鸣的朋友,一起开创我们的未来。

(资料来源:http://www.niwota.com/submsg/52255)

# 任务一　组建团队

## 任务描述

任何一个企业都有与企业类型相适配的组织结构。企业组织结构是企业全体职工为实现企业目标,在管理工作中进行分工协作,在职务范围、责任、权利方面形成的结构体系。

企业经营管理涉及企业的战略制定与执行、市场营销、采购与生产管理、财务管理等多项内容。在企业中,这些职能是由不同的业务部门履行的,企业经营管理过程也是各部门协同合作、共同努力实现企业目标的过程。

## 实验步骤

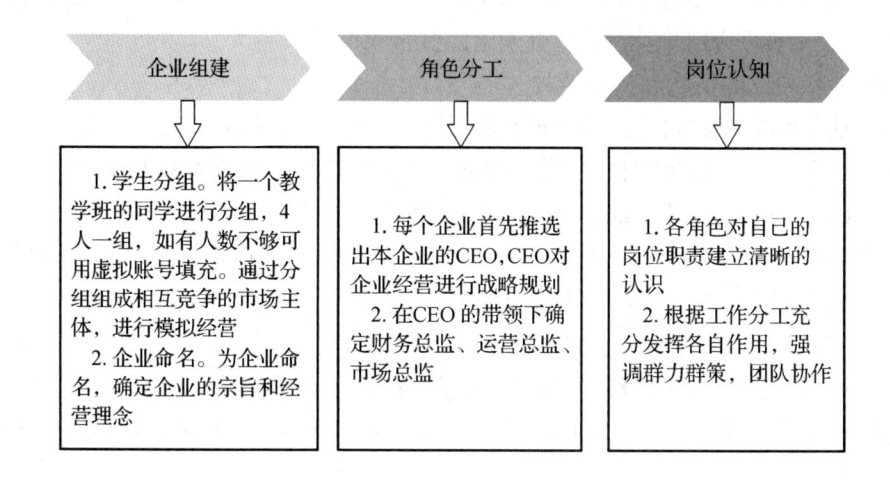

**企业组建**
1. 学生分组。将一个教学班的同学进行分组,4人一组,如有人数不够可用虚拟账号填充。通过分组组成相互竞争的市场主体,进行模拟经营
2. 企业命名。为企业命名,确定企业的宗旨和经营理念

**角色分工**
1. 每个企业首先推选出本企业的CEO,CEO对企业经营进行战略规划
2. 在CEO的带领下确定财务总监、运营总监、市场总监

**岗位认知**
1. 各角色对自己的岗位职责建立清晰的认识
2. 根据工作分工充分发挥各自作用,强调群力群策,团队协作

> **小贴士**
>
> 在经营过程中,可以进行角色互换,从而体验角色转换后考虑问题的出发点的相应变化,也就是学会换位思考。

## 知识链接

### 一、打造高绩效的团队

绩效是指组织、团队或个人,在一定的资源、条件和环境下,完成任务的出色程度,是对目标实现程度及达成效率的衡量与反馈。个人或者团队为企业创造了高的价值才能获取高的绩效,企业用 KPI 考核个人或者团队工作完成情况。在过去十年我们国家高速发展,创造了一个又一个奇迹,国内生产总值从 54 万亿元增长到 114 万亿元,稳居世界第二,这是高绩效高质量发展的见证。

在企业价值创造课程中每个班级分成若干个管理团队,每个组员都担任虚拟公司的一个重要职位,包括 CEO、财务总监、运营总监、市场总监,每个团队可以根据团队规划的战略确定资金规模开始经营。各组就本企业的整体战略、产品研发、市场开发方向、生产安排、资金筹集与运作等多个方面展开讨论。

在 EVC 实战对抗中,每个小组代表一个企业,在运营过程中,团队合作是必不可少的。团队合作是一种为达到既定目标,而显示出来的自愿合作和协同努力的精神。对《财富》500 强企业的调查表明,超过 1/3 的企业宣称"团队合作"是本企业的核心价值观。团队在企业经营中扮演着极其重要的角色,在企业发展过程中发挥着越来越重要的作用。团队协作要求个人除了应具备的专业知识外,还应该有较强的团队合作能力,这种合作能力有时甚至比专业知识更加重要。高绩效的团队是每个组织或企业都希望打造和拥有的,一个高绩效的团队应有如下特征:

(1) 具有一项明确的共同目标。

如果没有共同认可的清晰明确的目标,团队绝不可能是高效的。如果没有共同努力的目标,一个成员的工作越高效,可能给团队带来的损失越大。

(2) 具有一致的信念和拼搏精神。

团队成员都能在共同信念的引导和激励下,带着与团队使命一致的文化理念工作,能自觉地为了团队的使命和利益,勇于和善于付出自己的全部能力和能量。

(3) 具有一种团队利益高于个人利益的责任感。

每个成员都能为了团队的使命、任务、利益、荣誉勇于承担责任,一切言行都服从、服务和有利于团队的使命、任务、利益、荣誉。

(4) 具有一些拥有不同技能的成员。

一个团队任务的实现是科学、知识、信息、资源、能源等很多因素的投入、加工、整合、变化、积累而形成的。一个人的精力、能力、能量是有限的,因此需要不同角色的成员协同工作。

（5）具有一个和谐的人文环境。

和谐的人文环境是文化氛围、政体氛围、创新氛围、创业氛围、成功氛围、激励氛围、信任氛围等的综合，但绝不是没有原则的一团和气。

（6）具有能融合和服务于团队各项工作的沟通能力。

为了完成设定的目标，多种角色的成员需要进行信息、思想、情感的传递和沟通，有效良好的沟通，能促进个体和团体高效工作。

此外，作为企业中的一员，还应该让别人深感被尊重和被重视。每个人都有被别人重视的需要，对具有创造性思维的知识型员工更是如此。有时，一句小小的鼓励和赞许就可以使他释放出无限的工作热情。其次，要做到适当依赖别人。当你对别人寄予厚望时，别人同样会对你寄予希望。最后是"自查"，企业中的每个员工都应该时常反思一下自己的缺点，保持足够的谦虚。有些缺点在单兵作战时也许还能被人容忍，但在团队合作中，这些缺点会成为进一步成长的障碍。团队工作需要成员在一起不断地讨论，如果你固执己见，无法听从他人意见，或无法和他人达成一致，团队的工作就无法进展下去。团队的效率在于配合的默契，如果达不成这种默契团队合作，则可能无法成功。

## 二、职能定位

在模拟企业中，主要职能定位分别如下：

（1）CEO 的岗位认知。

CEO 负责设立公司，查看宏观、微观经营环境，制定经营规划。在经营最后，CEO 还应该查看经营规划实施情况，提交数据，根据制定的股利政策和股票类型分配股利。

（2）财务总监的岗位认知。

根据经营规划，查看动态资讯和"我的家底"，确定筹资战略，开展筹资活动，确定投资战略，置办固定资产。

（3）运营总监的岗位认知。

根据经营规划查看"我的家底"，购买原材料，招聘或解聘员工，设计薪酬，组织生产，开展研发。

（4）市场总监的岗位认知。

根据经营规划查看"我的家底"，了解成本情况，铺设渠道，投入广告定价及销售产品。

# 任务二　平台操作

## 任务描述

在 EVC 实战平台上分别从系统管理员、教师、学生操作的角度介绍平台登录等基本操作，为后面的实战操作奠定基础。

## 实验步骤

系统管理员的任务 → 教师的任务 → 学生的任务

| | | |
|---|---|---|
| 1. 管理员登录<br>2. 点击教师管理<br>3. 录入教师信息，点击保存<br>4. 完成保存 | 1. 创建实习批次<br>2. 设置数据模板<br>3. 将学生账号与批次关联<br>4. 创建学生组<br>5. 初始化数据并开始批次 | 1. 登录系统，选择角色<br>2. 注册公司，设立愿景和目标<br>3. 运营管理<br>4. 提交数据，进入下一期<br>5. 商业分析 |

## 任务执行

### 一、系统管理员的任务

系统管理员登录系统后，可对"教师管理"菜单项进行操作。

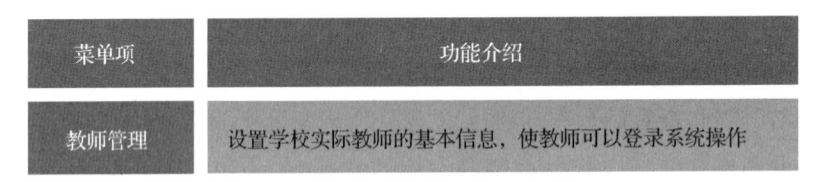

| 菜单项 | 功能介绍 |
|---|---|
| 教师管理 | 设置学校实际教师的基本信息，使教师可以登录系统操作 |

图1-1 管理员任务介绍

管理员可以新增教师账号，点击"教师管理"，录入教师信息，点击"保存"即可新增教师账号。修改教师信息，可以在数据表格中点击"修改记录"，修改完成之后点击"保存"即可修改教师信息。删除教师账号，可以在数据表格中直接勾选，点击"删除所选"，即可批量删除教师账号。通过表格上方教师姓名或编码的查询条件，可以直接查询已知姓名或编码的教师信息。

| 教师姓名/编码: | | 查询 | | | | | | 新增 |
|---|---|---|---|---|---|---|---|---|
| 序号 | 登录ID | 用户编码 | 姓名 | 手机号 | 性别 | 创建批次数 | 操作 | |
| 1 | teacher01 | teacher01 | teacher01 | | 男 | 0 | 修改记录 | |

删除所选

**新增记录**

| 登录ID: | * | 登录密码: | * |
|---|---|---|---|
| 用户编码: | * | 用户姓名: | * |
| 生日: | | 性别: | ●男 ○女 |
| 手机号: | | 电子邮箱: | |
| 身份证号: | | | |

保存

图 1-2　管理员操作界面

## 二、教师的任务

教师登录系统后,可对以下菜单项进行操作。

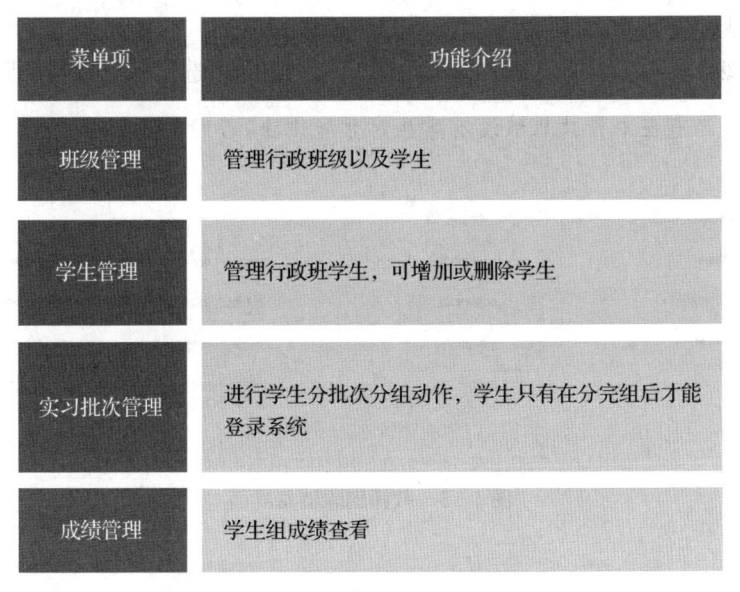

| 菜单项 | 功能介绍 |
|---|---|
| 班级管理 | 管理行政班级以及学生 |
| 学生管理 | 管理行政班学生,可增加或删除学生 |
| 实习批次管理 | 进行学生分批次分组动作,学生只有在分完组后才能登录系统 |
| 成绩管理 | 学生组成绩查看 |

图 1-3　教师任务介绍界面

### (一) 班级管理

录入学校实际班级信息,包括班级里的学生。教师可以新增班级,点击"班级管理",录入班级信息,点击"保存"即可新增班级。通过表格上方班级名称或编码的查询条件,可以直接查询已知名称或编码的班级信息。

图 1-4  教师录入信息界面

修改班级信息,可以在数据表格中点击"修改记录",修改完成之后点击"保存"即可修改班级信息。

删除班级,可以在数据表格中直接勾选,点击"删除所选",即可批量删除班级。

⚠ **注意**:只有当本行政班级没有学生时才能删除,否则要先删除学生。

图 1-5  教师删除信息界面

✎ 说明

（1）若要删除记录,必须先对当前记录进行操作确认,即在最后一栏的复选框内打钩"☑",再点击"删除所选"。

（2）"批量生成学号"可以自动帮教师生成一系列有规律的学号。

图 1-6　批量生成学号界面

示例：假设你要生成班级为"会计 009 级"、学号从"a2010001"到"a2010100"的学生，你就需要填写如下信息：

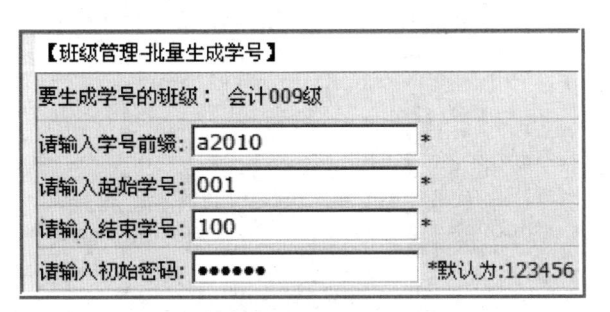

图 1-7　批量生成学号示例界面

(3)"Excel 导入学生"可方便地将 Excel 中的学生信息导入系统。

图 1-8　Excel 导入学生信息界面

图 1-9　Excel 导入学生信息示例

(4)"导出数据"是导出所在行政班级中的学生信息。

## (二)学生管理

### 1. 添加行政班级学生

选择行政班级,在该班级增加新的学生信息,输入学号、姓名、性别、密码等信息,点击"新增保存"完成添加。

图 1-10 添加行政班级界面

图 1-11 新增记录界面

*说明*

(1)登录 ID:输入学生的实际学号。

**注意**:登录 ID 不能重复,即不同的学生不能用相同的登录 ID!

(2)密码:初始密码为 123456,教师可以直接修改学生密码,学生在使用时也可以自行修改密码。

(3) 用户编码:为学生设置一个编码便于标识,可以使用学生的实际学号。
(4) 用户姓名:学生的真实姓名。
(5) 生日:选填,学生的生日。
(6) 性别:点击性别前的"◎"进行选择。
(7) 手机号:选填,学生的联系方式。
(8) 电子邮箱:选填,学生的常用邮箱。
(9) 身份证号:选填,学生的身份证号。

2. 修改/删除行政班级学生

查询显示已存在的所有学生信息,可对其进行修改或删除。

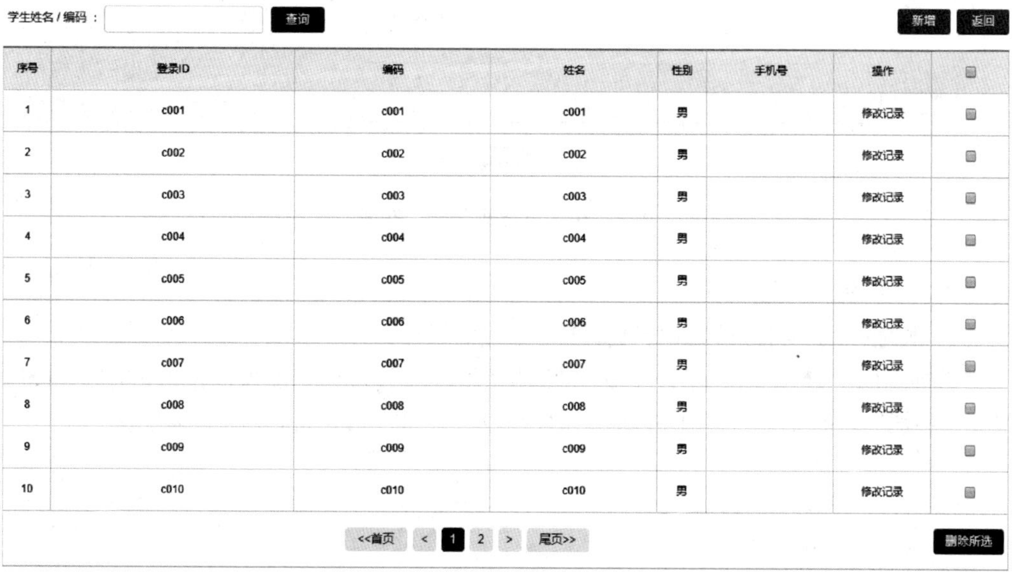

学生姓名/编码: 查询 新增 返回

| 序号 | 登录ID | 编码 | 姓名 | 性别 | 手机号 | 操作 | |
|---|---|---|---|---|---|---|---|
| 1 | c001 | c001 | c001 | 男 | | 修改记录 | |
| 2 | c002 | c002 | c002 | 男 | | 修改记录 | |
| 3 | c003 | c003 | c003 | 男 | | 修改记录 | |
| 4 | c004 | c004 | c004 | 男 | | 修改记录 | |
| 5 | c005 | c005 | c005 | 男 | | 修改记录 | |
| 6 | c006 | c006 | c006 | 男 | | 修改记录 | |
| 7 | c007 | c007 | c007 | 男 | | 修改记录 | |
| 8 | c008 | c008 | c008 | 男 | | 修改记录 | |
| 9 | c009 | c009 | c009 | 男 | | 修改记录 | |
| 10 | c010 | c010 | c010 | 男 | | 修改记录 | |

<<首页 < 1 2 > 尾页>> 删除所选

**图 1-12 修改/删除行政班级学生界面**

**说明**

(1) 若要修改记录,可以在数据表格中点击"修改记录",修改完成之后点击"保存"即可修改学生信息。

(2) 若要删除记录,必须勾选相应每一行后面的复选框。点击首行最后一栏的复选框"☑"表示全选。点击"删除所选",完成学生的删除。

(3) 登录 ID 不能修改,因为是主关键字。若登录 ID 有误,只能删除本记录重新输入。

### (三) 实习批次管理

点击界面左侧菜单的"实习批次管理",进入实习批次管理。

图1-13 实习批次管理界面

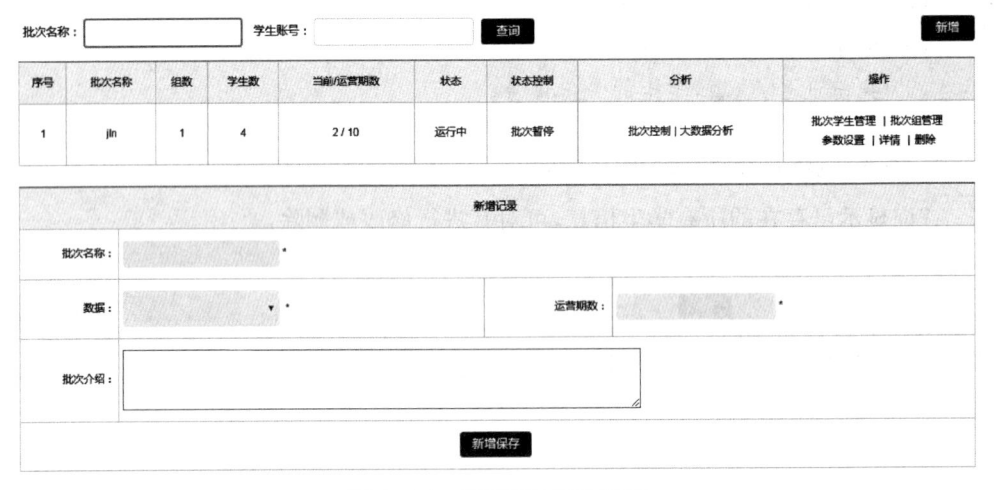

图1-14 设置实习批次界面

**1. 设置实习学生**

点击"批次学生管理",进行选择实习学生的操作。

按照图1-15显示的序号步骤,先选择班级,然后勾选要加入该批次的学生,最后点击"添加"按钮,则添加学生成功,左边栏显示已经进入该批次实习的学生。

图1-15 设置实习学生操作界面

2. 批次组管理

系统的运行方式是以分组的形式进行,故实习批次内的一个组相当于一家企业。点击"批次组管理"标签,进入如图1-18所示的界面。

**图1-16 批次组管理界面**

(1)点击"批次组学生管理",进入如下界面,先勾选所要的学生,然后点击"添加",把选定的学生加入该组当中。

**图1-17 批次组学生管理录入界面**

(2)点击"修改记录",可以对该组的详细信息进行修改。

**图1-18 批次组学生管理修改界面**

(3)若要删除记录,必须勾选相应每一行后面的复选框。点击首行最后一栏的复选框"☑"表示全选。点击"删除所选",完成批次组的删除。

3. 参数设置

点击“参数设置”，可以对该批次的一些默认参数进行设置。角色控制，选择“启用”则表示学生模块中每个角色仅拥有部分对应业务的操作权限，选择“禁用”则表示学生模块中任意角色拥有全部业务的操作权限。

返回

| 序号 | 参数编码 | 参数名称 | 是否启用 | |
|---|---|---|---|---|
| 1 | ROLE_CONTROLLER | 角色控制 | 禁用 | |

修改所选

图 1-19　参数设置界面

4. 批次控制

如图 1-20 所示，点击“批次控制”，进入批次控制页面。

实习批次管理

批次名称: 2001实战对抗2　期数: 6　　返回

| 小组名称 | 资本注册 | 固定资产置办 | 资产抵押贷款 | 固定资产出售 | 生产线技改 | 原材料采购 | 原材料协议采购 | 生产人员招聘 | 生产人员薪酬设计 | 产品生产 | 来料加工 | 产品研发 | 渠道铺设 | 广告投入 | 产品销售 | 金融机构筹资 | 股利分配 | 提交情况 |
|---|---|---|---|---|---|---|---|---|---|---|---|---|---|---|---|---|---|---|
| 1 | | √ | | | | √ | | | √ | √ | | | √ | | √ | | √ | 已提交 |
| 2 | | | | | | √ | | √ | √ | √ | | √ | √ | √ | √ | | √ | 已提交 |
| 3 | | √ | | | | √ | | | √ | √ | | | √ | √ | √ | | √ | 已提交 |
| 4 | | | | | | √ | | | √ | √ | √ | √ | √ | | √ | √ | √ | 已提交 |
| 5 | | | | | | | | √ | | | | | √ | √ | √ | √ | √ | 已提交 |
| 6 | | √ | | | | √ | | √ | √ | √ | √ | √ | √ | √ | √ | | √ | 已提交 |
| 7 | | √ | | √ | | √ | | √ | √ | √ | | √ | √ | √ | √ | | √ | 已提交 |
| 8 | | √ | | √ | | √ | | √ | √ | √ | | | √ | √ | √ | | √ | 已提交 |

图 1-20　批次控制界面

在批次控制页面中，显示当期所有实习组的业务记录，教师可以点击“查看”查询具体业务数据；若实习组因为经营不当导致企业破产，教师可以点击“重置组数据”重置指定实习组的历史数据，该实习组可以从头开始经营企业。

批次名称：jln　当前期数：1　当期结算　自动结算信息设置　批次重置　　往期数据　返回

| 小组名称 | 资本注册 | 固定资产置办 | 原材料采购 | 生产人员招聘 | 生产人员薪酬设计 | 产品生产 | 产品研发 | 渠道铺设 | 广告投入 | 产品销售 | 金融机构筹资 | 股利分配 | 提交情况 | 操作 |
|---|---|---|---|---|---|---|---|---|---|---|---|---|---|---|
| 1 | 查看 | 查看 | 查看 | 查看 | 查看 | | | | | | | | | 重置组数据 |

图 1-21　重置组数据界面

（1）当期结算：若所有实习组均完成当期业务并确认提交数据后，教师可以将该批次进行当期结算，从而所有实习组进入下一期。注意，如果存在实习组未确认提交数据，教师进行当期结算后，将默认该实习组的企业破产。

（2）自动结算信息设置：教师可以设置自动结算的开始时间及间隔时间，系统将生成具体结算时间的定时任务，在指定时间对批次进行当期结算。

图 1-22　自动结算设置界面

| 结算期数 | 结算时间 | 计划状态 | 执行时间 |
| --- | --- | --- | --- |
| 4 | 2017-07-01 20:00:00 | | |
| 5 | 2017-07-01 22:00:00 | | |
| 6 | 2017-07-02 00:00:00 | | |
| 7 | 2017-07-02 02:00:00 | | |
| 8 | 2017-07-02 04:00:00 | | |
| 9 | 2017-07-02 06:00:00 | | |
| 10 | 2017-07-02 08:00:00 | | |

图 1-23　每期结算信息界面

（3）批次重置：教师可以设置是否重置批次数据。

图 1-24　批次重置界面

(4) 往期数据:教师可以查询该批次往期所有实习组的业务记录,点击"查看"查询具体业务数据。

| 小组名称 | 资本注册 | 固定资产置办 | 原材料采购 | 生产人员招聘 | 生产人员薪酬设计 | 产品生产 | 产品研发 | 渠道铺设 | 广告投入 | 产品销售 | 金融机构筹资 | 股利分配 | 提交情况 |
|---|---|---|---|---|---|---|---|---|---|---|---|---|---|
| 01 | | | | | 查看 | | | 查看 | | 查看 | 查看 | | 已提交 |
| 02 | | | 查看 | 查看 | 查看 | 查看 | | 查看 | 查看 | 查看 | | | 已提交 |
| 03 | | | | | | | | | | | | | |
| 04 | | | | | | | | | | | | | |
| 05 | | 查看 | | 查看 | 查看 | 查看 | | | 查看 | | | | 已提交 |
| 06 | | | | | | | | 查看 | 查看 | 查看 | | | 已提交 |
| 07 | | 查看 | 查看 | 查看 | 查看 | 查看 | | 查看 | 查看 | | | | 已提交 |
| 08 | | | 查看 | | 查看 | 查看 | | 查看 | 查看 | 查看 | | | 已提交 |

图 1-25　往期数据查询界面

5. 大数据分析

如图 1-26 所示,点击"大数据分析",进入大数据分析页面。

| 序号 | 批次名称 | 组数 | 学生数 | 当前/运营期数 | 状态 | 状态控制 | 分析 | 操作 |
|---|---|---|---|---|---|---|---|---|
| 1 | jin | 1 | 4 | 1/10 | 运行中 | 批次暂停 | 批次控制 大数据分析 | 批次学生管理 \| 批次组管理 参数设置 \| 详情 \| 删除 |

图 1-26　大数据分析界面

在大数据分析页面中,显示当期所有实习组的业务分析,教师可以点击各模块查看具体业务分析数据。

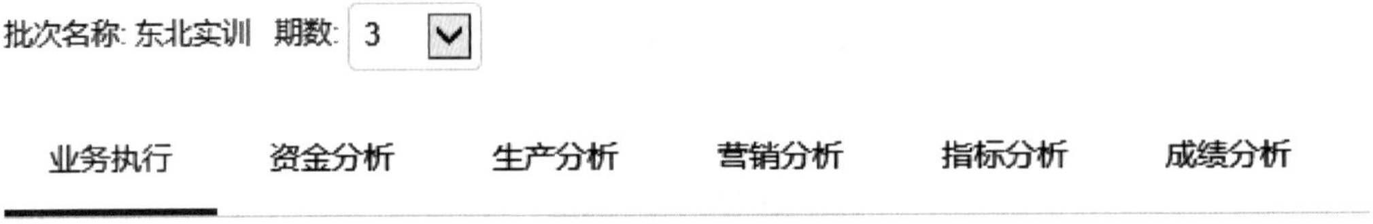

批次名称:东北实训　期数:3

业务执行　　资金分析　　生产分析　　营销分析　　指标分析　　成绩分析

图 1-27　大数据分析模块界面

(1) 业务执行:教师可以通过该模块查看所有实习组的业务执行情况,分析各业务数据。

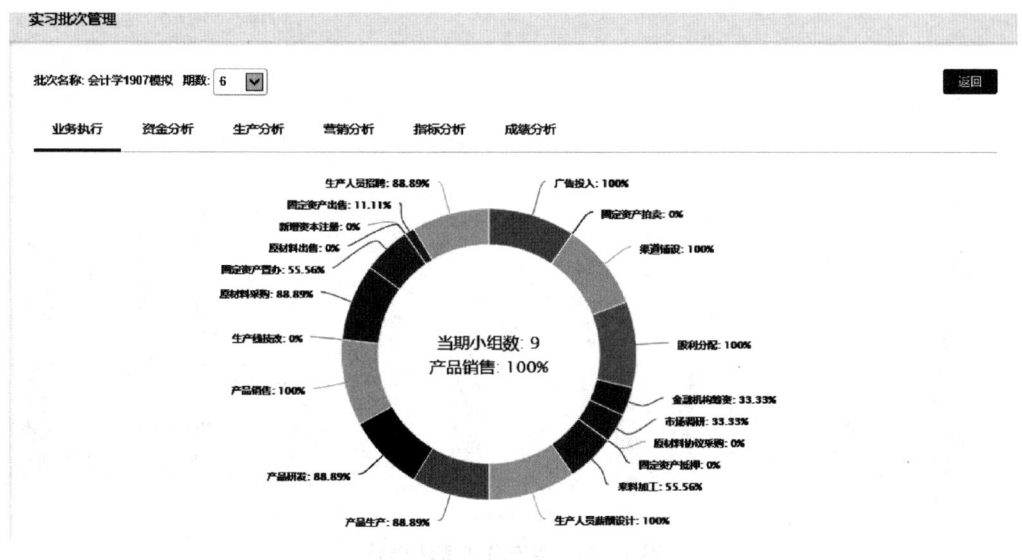

图1-28　业务执行模块界面

(2) 资金分析:教师可以通过该模块查看所有实习组的货币资金、注册资本及未还借款等资金经营情况,分析资金数据。

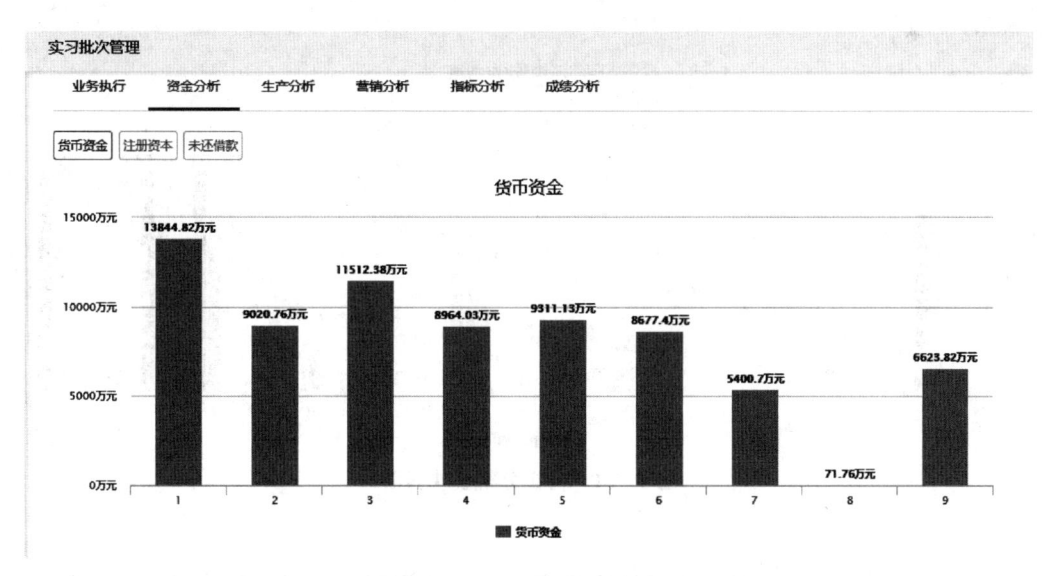

图1-29　资金分析模块界面

(3) 生产分析:教师可以通过该模块查看所有实习组的生产线数量、当期产量及用工人数等生产经营情况,分析生产数据。

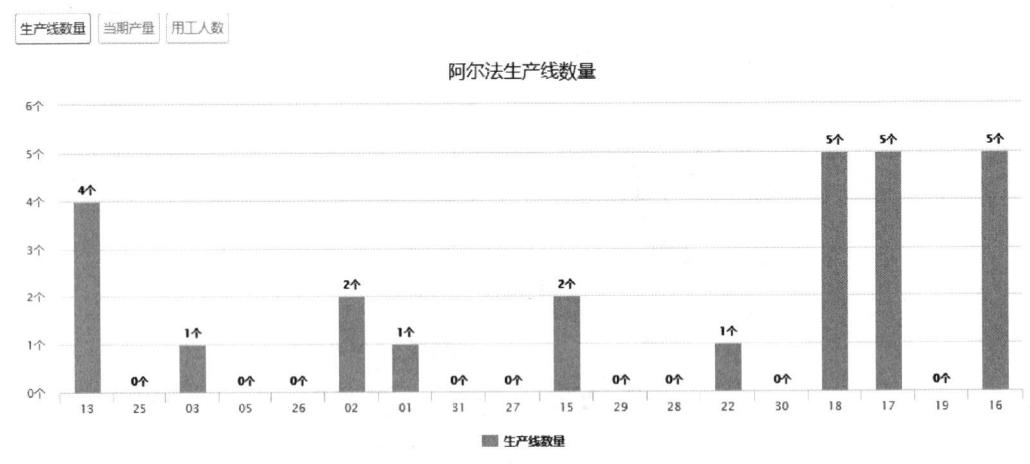

图 1-30 生产分析模块界面

（4）营销分析：教师可以通过该模块查看所有实习组的销售/发货量、产品库存及广告投放等营销经营情况，分析营销数据。

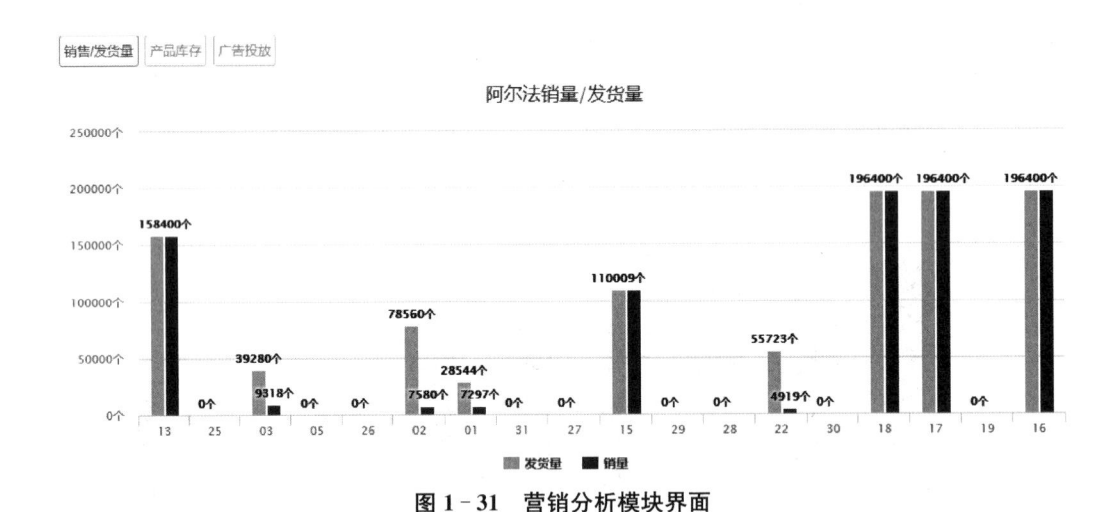

图 1-31 营销分析模块界面

（5）指标分析：教师可以通过该模块查看所有实习组的市场占有率、实际发货率、收入增长率、销售净利率及经营净现金等经营情况，分析各指标数据。

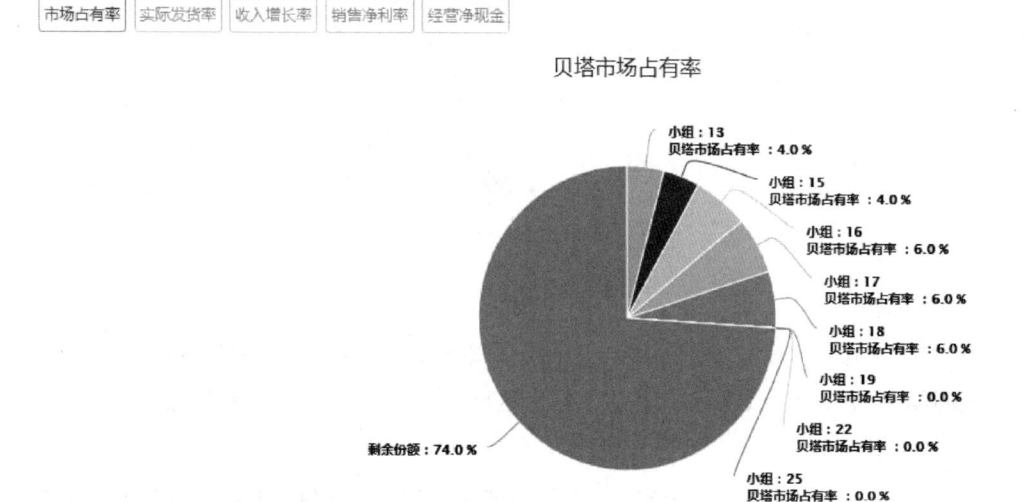

图 1-32　指标分析模块界面

（6）成绩分析：教师可以通过该模块查看所有实习组的各指标成绩，分析各指标得分情况。

图 1-33　成绩分析模块界面

6. 详情

点击"详情"，可以对该实习批次的信息进行修改。批次编码，可以使用批次名称的拼音简写，能对标识一个批次起到辅助作用；数据，表示该批次使用哪一套基础数据作为学生运营的基础；运营期数，默认为基础数据的期数，教师可以选择小于或等于基础数据的默认期数；批次介绍，可以为批次增加备注。

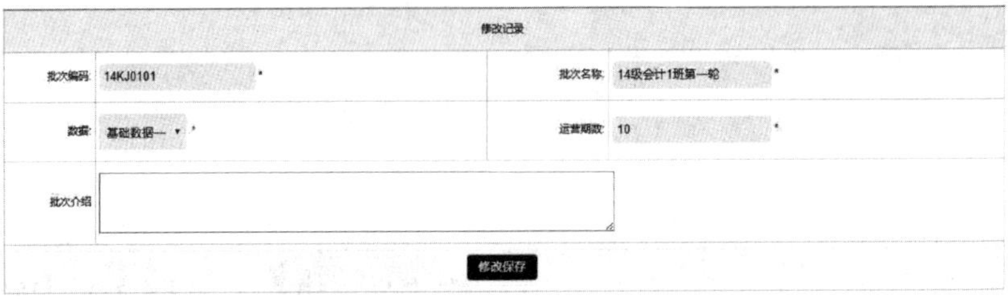


图 1－34　实习批次信息修改界面

7. 删除

点击“删除”，确认后则删除该实习批次。删除批次前按顺序完成如下操作：移出所有批次组学生，删除批次下所有批次组。只有这样，才可以进行批次删除的操作。

## (四) 成绩管理

点击左侧菜单的“成绩管理”，进入如下界面。教师可以按批次查询批次下所有实习组的各大类成绩，点击表格列名，将展开该大类下的各成绩项的得分。

成绩管理

批次：2001实战对抗2　期数：第4期　小组名称：全部　查询　导出成绩

| 序号 | 期数 | 小组名称 | 公司名称 | 成本控制 | 发展能力 | 盈利能力 | 营运能力 | 风险管理能力 | 现金管理能力 | 其他 | 合计 | 平均分 | 总成绩 | 操作 |
|---|---|---|---|---|---|---|---|---|---|---|---|---|---|---|
| 1 | 4 | 7 | 创造101 | 10.00 | 3.60 | 12.20 | 15.40 | 13.60 | 5.40 | 16.36 | 76.56 | 83.79 | 83.79 | 往期成绩 |
| 2 | 4 | 3 | 绿茶餐厅 | 10.00 | 1.60 | 10.50 | 16.10 | 15.20 | 8.60 | 18.50 | 80.50 | 81.80 | 81.80 | 往期成绩 |
| 3 | 4 | 2 | 三个臭皮匠 | 10.40 | 2.00 | 11.40 | 15.80 | 14.00 | 6.80 | 17.07 | 77.47 | 80.90 | 80.90 | 往期成绩 |
| 4 | 4 | 8 | 钱多多股份有限公司 | 10.00 | 0.80 | 8.30 | 14.30 | 13.60 | 6.20 | 17.79 | 70.99 | 76.12 | 76.12 | 往期成绩 |
| 5 | 4 | 1 | 如果我道歉你会好受些吗 | 10.00 | 2.00 | 8.80 | 15.60 | 15.20 | 8.60 | 12.64 | 72.84 | 66.13 | 66.13 | 往期成绩 |
| 6 | 4 | 6 | 带刀好人 | 9.60 | 2.00 | 7.40 | 16.10 | 16.00 | 10.20 | 8.73 | 70.03 | 59.33 | 59.33 | 往期成绩 |
| 7 | 4 | 5 | GG-bond | 9.60 | 5.60 | 7.40 | 12.00 | 7.20 | 1.60 | 9.50 | 52.90 | 53.07 | 53.07 | 往期成绩 |
| 8 | 4 | 4 | 1111 | 9.20 | 0.00 | 6.10 | 10.80 | 11.20 | 7.80 | 12.21 | 57.31 | 53.06 | 53.06 | 往期成绩 |

图 1－35　成绩管理界面

在数据表格中点击“往期成绩”，可以查询该实习组的每期成绩。

小组往期成绩

| 序号 | 期数 | 成本控制 | 发展能力 | 盈利能力 | 营运能力 | 风险管理能力 | 现金管理能力 | 其他 | 总分 |
|---|---|---|---|---|---|---|---|---|---|
| 1 | 第1期 | 9.20 | 8.00 | 5.60 | 9.60 | 9.60 | 0.00 | 11.74 | 53.74 |
| 2 | 第2期 | 9.60 | 5.60 | 7.20 | 12.00 | 10.40 | 10.40 | 12.85 | 68.05 |
| 3 | 第3期 | 10.00 | 3.20 | 8.40 | 12.40 | 10.00 | 6.00 | 12.60 | 62.6 |
| 4 | 第4期 | 9.60 | 0.00 | 3.60 | 10.80 | 10.40 | 6.40 | 13.28 | 54.08 |
| 5 | 第5期 | 8.80 | 1.60 | 0.00 | 8.80 | 6.80 | 0.00 | 8.85 | 34.85 |
| 6 | 第6期 | 10.00 | 5.60 | 7.60 | 8.00 | 12.80 | 8.40 | 12.64 | 65.04 |
| 7 | 第7期 | 8.40 | 1.60 | 0.00 | 12.40 | 8.80 | 2.40 | 9.52 | 43.12 |
| 8 | 第8期 | 8.80 | 0.00 | 0.00 | 13.20 | 12.00 | 4.00 | 8.34 | 46.34 |
| 9 | 第9期 | 8.80 | 0.00 | 0.00 | 14.80 | 12.00 | 7.60 | 8.62 | 51.82 |
| 10 | 第10期 | 8.80 | 2.80 | 0.00 | 15.60 | 8.00 | 0.00 | 9.13 | 44.33 |

图 1－36　往期成绩界面

## 三、学生的任务

学生需按照下面流程完成整个操作,属于一期经营。为了保证企业持续经营,进行业绩比较,通常选择六期等多期经营方式。

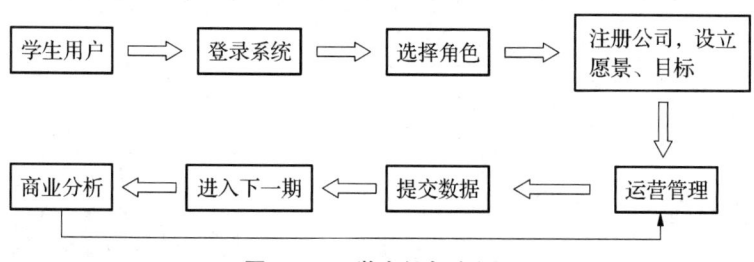

学生用户 ⇒ 登录系统 ⇒ 选择角色 ⇒ 注册公司,设立愿景、目标 ⇓ 商业分析 ⇐ 进入下一期 ⇐ 提交数据 ⇐ 运营管理

图 1-37 学生任务流程图

# 素质拓展

**角色扮演——招聘**

[实训目标]

党的二十大报告中强调"教育高质量发展要优化资源的合理配置",通过角色扮演招聘活动,培养学生的换位思考能力,训练学生的应聘能力与心理素质。

[实训内容与形式]

1. 把教室模拟成招聘现场。

2. 角色扮演的情景设定:根据模拟公司的工作计划,建立组织结构,各模拟公司组织招聘各部门负责人,班级统一制定编制或职数,各模拟公司招聘由总经理主持,公司成员均为招聘组成员,每名学生可向不超过三家公司应聘。各公司根据每个应聘者的表现决定是否聘任。招聘程序按课程讲课内容进行,同学们先在课下进行准备,在课上完成角色扮演。

[实训要求]

1. 各公司要制定招聘计划,包括招聘目的、招聘岗位、任用条件、招聘程序,特别是聘用的决定方法。

2. 每个人要写出应聘提纲或者应聘讲演稿,特别要体现出应聘的竞争优势。

[实训成果与检测]

以公司为单位组织招聘活动。全班公司分为两大组,第一节课,第一组公司成员负责招聘,第二组公司成员应聘;第二节课,两组公司进行轮换,是否聘用由招聘公司成员集体投票决定。在两轮聘任结束后,按应聘成功的岗位数多少来决定同学们的竞聘成果。

# 项目二
# 走进 EVC 企业价值创造

## 案例引入

### 管理的任务

现代人类的目标和抱负需要前所未有的努力合作才能实现。我们之所以能改造贫民区、治理污染,给予个人自我表现的机会,提高生活水平和实现社会的以及个人的许多目标,全依赖于团结协作。如果个人甚至一个群体只想满足自己所需的食物、衣着和住房,那么只能勉强维持生存。但当人们在各种企业中联合起来共同经营他们的资源,同众多的人和企业相互交换产品时,他们就掌握了走向共同富裕繁荣的手段。

管理的任务就是使这种合作努力得以顺利进行。这就需要管理人员把人力、机器和资金这样一些未经组织的资源转变为一个卓有实用价值的企业。

(资料来源:[美]W. H. 纽曼,小 C. E. 萨默. 管理过程——概念、行为和实践[M]. 北京:中国社会科学出版社.1995:5)

## 任务一 战略规划

### 任务描述

企业战略是一个长期的规划,目的是获利,但不是所有获利的目标都要包括在企业规划之内。所以,当面临若干个都可以收取客观效益的目标时,切忌太贪心。战略目标太多了,很容易成为企业发展的负担,最终得不偿失。只要在恒定目标、正确战略指引下,集中企业有限的资源、精力,朝着这一战略方向前进,那么企业成功将只是时间问题。

## 实验步骤

| 外部环境与内部条件分析 | 确定战略目标 | 确定经营方向 | 确定经营策略 | 战略实施步骤与控制 |
|---|---|---|---|---|
| 1. 宏观环境分析<br>2. 行业及竞争环境分析<br>3. 内部条件分析 | 战略目标要体现时间限制、可计量，具有总领性和现实可行性，回答企业在一个较长时间里要完成什么 | 经营方向为企业活动确定边界。指明企业目前可以提供的产品与服务领域以及未来一定时期内决定进入或退出的业务领域 | 经营决策规定了企业如何利用自身资源开展业务以实现战略目标，包括市场营销策略、财务管理策略、研究与开发策略等 | 实施步骤规定了战略目标分几个阶段及每个阶段的目标。根据环境变化及阶段实施评估进行战略调整 |

## 知识链接

### 一、战略概念的产生与发展

战略，顾名思义，"战"是指战斗，战争；"略"是指方略、策略。"战略"一词我国自古有之，在《左传》和《史记》中已有"战略"一词。我国春秋战国时期的《孙子兵法》就是一部划时代的军事战略、战术著作。

在西方，"战略"一词来源于希腊语"strategos"，其含义是"将军"，引申为将军的艺术和科学。19世纪瑞士人约米尼在《战争艺术》一书中提出，战略是在地图上进行战争的艺术，他所研究的对象是整个战场。

随着生产社会化和市场经济的发展以及信息技术的推广与应用，战略思想逐步进入企业经济领域。美国经济学家切斯特·巴纳德最早把战略思想引入企业管理中，他在1938年出版的《经济经理的职能》一书中开始运用战略因素分析企业组织的决策机制，美国企业经营史学家钱德勒(Alfred D. Chaudler)在1962年出版的《战略结构：工业企业史的考证》一书中给企业战略下了定义：战略是决定企业的长期基本目标与目的，选择企业达到这些目标所遵循的途径，并为实现这些目标与途径而对企业重要资源进行的管理。

改革开放前，企业战略理论研究工作未受到足够的重视，直到1984年，李世俊的《孙子兵法与企业管理》一书才打破了沉闷的局面。随后，学术界陆续推出不少企业战略理论研究方面的书籍，虽不能说在理论上有重大突破，但对我国的企业战略管理实践与经营决策起了重要的理论指导作用，在很大程度上缩短了与发达国家的差距。

### 二、企业战略的概念

企业战略要回答两个问题，企业是什么，它应该是什么？企业战略关系着企业未来的发展方向、发展道路、发展行动等。

企业战略是对未来的思考，即用机会和威胁评价现在和未来的环境，用优势和劣势评价企业的现状，进而选择和确定企业的总体长远目标，制定和选择实现目标的行动方案。

总结人们对企业战略的认识，我们把企业战略定义为在竞争环境中，企业为求得长期生存和发展的目标，而选择达到这个目标的途径，并据此对企业重要资源进行优化组合，以对目标与将来的经营活动进行总体谋划并制定相应的对策。

### 三、企业战略的内容

一个完整的企业战略应该包括以下几个内容。

#### （一）外部环境与内部条件分析

企业要实现其作为资源转换体的职能，就需要达到外部环境和内部条件的动态平衡。要了解外部环境中哪些会为企业带来机遇，哪些会对企业形成威胁，进而了解企业内部资源条件是否充足，资源配置是否合理。只有全面把握企业的优势和劣势，才能使战略不脱离实际。

SWOT分析（Strengths、Weaknesses、Opportunities和Threats）是制定企业战略时可以参照的一种方法。采用这种决策方法的根本目的是把自己公司和竞争对手公司的优势、劣势、机会和挑战进行比较，然后决定某项新业务或新投资是否可行。做SWOT分析，有利于自己公司在做新业务前充分发挥长处，避免短处，以趋利避害，化挑战为机遇，即所谓的"知己知彼，百战不殆"，从而降低公司的经营和投资风险。

#### （二）战略目标

战略目标就是要回答其在未来较长时间里要完成什么。这个目标要体现时间限制、可计量，具有总领性和现实可行性。

企业战略目标的内容可以包括盈利能力、生产效率、市场竞争地位、产品结构、财务状况、企业的技术水平、企业的建设与发展、社会责任等。

#### （三）经营方向

经营方向指明了企业现在可以提供的产品与服务领域，以及在未来一定时期内决定进入或退出、决定支持或限制的某些业务领域，为企业活动确定了界限。

#### （四）经营策略

经营策略规定了企业如何利用自身资源开展业务活动，以求实现战略目标。经营策略应该具体规定企业管理阶层的工作程序和决策规则，研究和规划企业的经营重点，部署资源，明确企业的主要职能领域，如营销、生产、研发、人力资源、财务等各方面的工作方针及相互关系的协调方法。

#### （五）实施步骤

实施步骤规定了一个战略目标需要划分的阶段及每个阶段所要达到的目标。由于战略目标是一个立足于长远发展的目标，因此不可能一蹴而就，客观上需要循序渐进。同时，在战略方案的长期实施过程中，外部环境与内部资源条件不可能一成不变。分阶段实施战略目标,可以帮助企业有机会对其行为效果做出回顾和评价,以期对战略方案做出适当的调整,从而更有效、更现实地追求战略目标。

### 四、企业总体战略

企业可供选择的总体战略有三种,成长型战略、稳定型战略和防御型战略。

#### (一) 成长型战略

企业的成长体现在企业销售量、市场占有率及总资本等方面的成长。当企业有足够的资源支撑,并且有良好的市场环境时,应选择成长型战略,及时抓住发展机遇进行企业扩张,以增强企业竞争力,实现企业利润增长。

企业成长的途径有多种,应根据自身条件及竞争对手的优劣势进行适当选择。在寻找市场机会时可遵循这样一种思路:首先,观察自己在现有的业务领域范围内是否有进一步发展的机会;其次,分析与自己经营活动有关联的上下游产业或同业中是否有进一步发展的机会;最后,考虑与目前业务无关的领域中是否有较强吸引力的机会。这样就形成了密集式成长战略、一体式成长战略和多元化成长战略三种战略。

#### (二) 稳定型战略

一个采用稳定型战略的企业具有如下一些特征:首先,企业满足于过去的效益,继续寻求与过去相同或相似的战略目标;其次,期望取得的成就每年按大体相同的比率来增长;最后,企业继续以基本相同的产品或服务来满足客户。

一些企业之所以采用稳定型战略,是因为:首先,管理层可能不希望承担较大幅度的改变现行战略所带来的风险;其次,战略的改变需要资源配置的改变;再次,发展太快可能导致公司的经营规模超出其管理资源,进而很快发生低效率情况。最后,公司的力量可能跟不上其他产品和市场的变化。

稳定型战略有其自身的优点,采用稳定型战略的公司能够保持战略的连续性,不会由于战略的突然改变而引起公司在资源分配、组织机构、管理技能等方面的变动,保持公司的平衡发展。但稳定型战略也有一些缺点,主要是:第一,由于公司只求稳定的发展,可能丧失外部环境提供的一些可以快速发展的机会。如果竞争对手利用这些机会加速发展的话,则企业会处于非常不利的竞争地位。第二,采用稳定型战略,可能会导致管理者墨守成规、因循守旧、不求变革的懒惰行为。

#### (三) 防御型战略

防御型战略的目的恰恰与成长型战略相反,它不寻求企业规模的扩张,而是通过调整来缩减企业的经营规模。防御型战略也是一个整体战略概念,它一般包括调整战略、抽资转向战略、放弃战略和清算战略等几种战略。

1. 调整战略

调整战略的目的是扭转企业财务欠佳的局面,提高运营效率,使公司能够度过危机。导致公司财务状况不佳的原因是多方面的,企业要针对不同的原因采取不同的对策。在实施调整战略时,可采取以下措施和行动:① 更换管理人员;② 削减资本支出;

③ 实行决策集中化以控制成本;④ 减少新人员的录用;⑤ 减少广告和促销支出;⑥ 强调成本控制和预算;⑦ 出售部分资产;⑧ 加强库存管理。

2. 抽资转向战略

这一战略是指减少企业在某一特定领域内的投资。这个特定领域可以是一个战略经营单位、产品线、特定的产品或品牌。采取这种战略的目的是削减费用支出和改善公司总的现金流量,然后把这种战略获得的资金投入公司更需要资金的新的发展领域中。执行这一战略时,这个特定领域的销售额和市场占有率一般会下降,但这种损失可以由削减费用额去补偿。

在下列情况下,公司可采取抽资转向战略:① 企业的某些领域正处于稳定或日益衰退的市场中;② 企业某领域的市场占有率小且扩大市场占有率的费用又太高,或者市场占有率虽然很高,但要维持需花费越来越多的费用;③ 企业的某些领域不能带来满意的利润,甚至还带来亏损;④ 如减少投资,销售额下降的幅度不会太大;⑤ 公司如减少该领域的投资,则能更好地利用闲散资源;⑥ 企业的某领域不是公司经营中的主要部分。

3. 放弃战略

这一战略是指卖掉企业的一个主要部门,它可能是一个战略经营单位、一条生产线或者一个事业部。实施放弃战略,对任何公司的管理者来说,都是一个困难的决策。阻止公司采取这一战略的障碍来自三个方面:一是结构上的障碍;二是内部依存关系上的障碍;三是管理方面的障碍。

4. 清算战略

这种战略是通过拍卖资产或停止全部经营业务来结束公司的存在。对任何公司的管理者来说,清算是最无吸引力的战略,只有当其他所有的战略全部失灵后才加以采用。然而,及早进行清算,较之追求无法挽回的事业,对企业来说可能是较适宜的战略。

**五、企业战略选择**

战略选择所涉及的问题是在一个给定的业务或行业中,经营单位如何竞争取胜的问题,即在什么基础上取得竞争优势。在经营单位的战略选择方面,波特提出三种可供选择的一般性竞争战略,分别是成本领先战略、差异化战略和集中化战略。

**(一) 成本领先战略**

成本领先战略又称低成本战略,是使企业的全部成本低于竞争对手的成本,甚至是在同行业中最低的成本。实现成本领先战略需要一套具体政策,经营单位要有高效率的设备,积极降低经验成本,控制成本开支和间接费用,以及降低研究与开发、服务、销售、广告等方面的成本。

成本领先战略的理论基石是规模经济效益和经验效益。规模经济效益即单位产品的成本,随着生产规模增大而下降,经验效益即单位产品成本随累积产量的增加而下降。为实现产品成本领先战略,企业内部需要具备下列条件:

（1）设计一系列便于制造和维修的相关产品，彼此分担成本，同时使该产品能为所有主要的集团用户服务，增加产品数量。

（2）在现代化设备方面进行大量的领先投资，降低制造成本。

（3）降低研发、产品服务、人员推销、广告促销等方面的费用支出。

（4）建立严格的、以数量目标为基础的成本控制系统。

（5）建立结构化的、职责分明的组织机构，便于从上而下地实施最有效的控制。

## （二）差异化战略

差异化战略是企业使自己的产品或服务区别于竞争对手的产品或服务，创造出与众不同的东西。一般来说，企业可以在以下几个方面实行差异化：产品设计或商标形象的差异化；产品技术的差异化；顾客服务的差异化；销售分配渠道的差异化等。

## （三）集中化战略

集中化战略是指企业的经营活动集中于某一特定的购买者集团、产品线的某一部分或某一地域的市场。如同差异化战略一样，集中化战略也可以呈现多种形式。虽然成本领先战略和差异化战略二者都是在整个行业范围内达成目的，但集中化战略的目的是很好地服务于某一特定目标，它的关键在于能够比竞争对手提供更为有效和效率更高的服务。因此，企业既可以通过差异化战略来满足某一特定目标的需要，又可以通过低成本战略服务于这个目标。尽管集中化战略不寻求在整个行业范围内取得低成本或差异化，但它是在较窄的市场目标范围内来取得低成本或差异化的。

同其他战略一样，集中化战略也能在本行业中获得高于一般水平的收益。主要表现在：第一，集中化战略便于集中使用整个企业的力量和资源，更好地服务于某一特定目标；第二，将目标集中于特定的部分市场，企业可以更好地调查研究与产品有关的技术、市场、顾客及竞争对手等各方面的情况。第三，战略目标集中明确，经济成果易于评价，战略管理过程也容易控制，从而带来管理上的便利。

基于EVC企业价值创造，我们举例如下：

（1）我们想成为什么样的公司？例如，规模如何，是大公司还是小公司，选择几条生产线，在第几期增加生产线，市场渠道铺设多少，为什么？

（2）我们倾向于何种产品、何种市场？企业竞争的前提是资源有限，在很多情况下，放弃比不计代价的掠取更明智。因此，需要管理者做出决定，有限的资源投放于重点市场还是重点产品，或者全面铺开。

（3）我们计划在哪个区域进行生产，A、B、C的哪个区域或者哪两个区域，选择依据是什么？若想提高生产能力，要不要进行技改，要不要来料加工？

（4）企业计划采用怎样的融资策略？资金是企业运用的基础，企业的融资方式是多种多样的，长期借款还是短期借款等，每种融资方式的特点及适用性都有所不同。企业在制定战略时，应结合企业的发展规划，做好融资规划，以保证企业的正常运行，并控制资金成本。

# 任务二 经营规划

## 任务描述

经营规划的主要工作是进行可行性分析、财务预算和经营目标制定。它是企业生存和发展的关键,我们在进行演练和对抗时要有的放矢,怀着谨慎的心态凝聚团队的力量和智慧完成这项工作,为后续的经营实战奠定扎实的基础。

## 实验步骤

| 观察经济环境 | 查看企业内部环境 | 了解企业内外部环境 | 确定长短期经营目标 | 可行性分析 |
|---|---|---|---|---|
| 了解宏观经济环境、中观行业环境、微观市场环境 | 企业经营应具备的条件,如料工费 | 商讨确立经营目标,如市场占有率、产品产销量、厂房生产线取得方式及规模 | 设定第一年的产品销量、原材料购买量、厂房及生产线置办数量等生产条件配备信息 | 了解宏观经济与市场环境。对市场需求与定价、项目投资进行估计,筹集资金 |

## 知识链接

本任务需要应用经济学、金融学、管理会计等方面的理论知识,现就这些内容分别进行介绍。

### 一、经济学

#### (一) 宏观经济指数

本书简要介绍两种主要指标:国内生产总值(GDP)和消费物价指数(CPI)。

1. 国内生产总值

1) GDP 概念

GDP 是一个国家在一定时期其境内生产的全部最终产品和服务的总值。其反映一个国家总体经济形势的好坏,与经济增长密切相关。数据稳定增长,表明经济蓬勃发展,国民收入增加。一般情况下,如果 GDP 连续两个季度下降,则被视为衰退。

2) GDP 的表现形态

GDP 有三种表现形态,即价值形态、收入形态和产品形态。从价值形态看,它是所有常住单位在一定时期内所生产的全部货物和服务价值超过同期投入的全部非固定资产货物和服务价值的差额,即所有常住单位的增加值之和;从收入形态看,它是所有常住单位在一定时期内所创造并分配给常住单位和非常住单位的初次分配收入之和;从产品形态看,它是最终使用的货物和服务减去进口货物和服务。

2. 消费物价指数

1) CPI 概念

CPI 是一个反映居民家庭一般所购买的消费价格水平变动情况的宏观经济指标。它是在特定时段内度量一组代表性消费商品及服务项目的价格水平随时间而变动的相对数,是用来反映居民家庭购买消费商品及服务的价格水平的变动情况。例如,在过去 12 个月,消费者物价指数上升 2.3%,那表示生活成本比 12 个月前平均上升 2.3%。当生活成本提高,你的金钱价值便随之下降。也就是说,一年前收到的一张 100 元纸币,今日只可以买到价值 97.75 元的商品或服务。一般说来,当 CPI>3% 的增幅时,我们把它称为 Inflation,就是通货膨胀;当 CPI>5% 的增幅时,我们把它称为 Serious Inflation,就是严重的通货膨胀。

2) CPI 计算

$$CPI = \frac{一组固定商品按当期价格计算的价值}{一组固定商品按基期价格计算的价值} \times 100\%$$

CPI 告诉人们的是,对普通家庭的支出来说,购买具有代表性的一组商品,在今天要比过去某一时间多花费多少,例如,若 2018 年某国普通家庭每个月购买一组商品的费用为 800 元,而 2023 年购买这一组商品的费用为 1 000 元,那么该国 2023 年的消费价格指数为 CPI=1 000÷800×100=125。

也就是说上涨了 25%。在日常生活中我们更关心的是通货膨胀率,它被定义为从一个时期到另一个时期价格水平变动的百分比,公式为 $T=(P_1-P_0)/P_0$,式中 $T$ 为 1 时期的通货膨胀率,$P_1$ 和 $P_0$ 分别表示 1 时期和 0 时期的价格水平。如果用上面介绍的消费价格指数来衡量价格水平,则通货膨胀率就是不同时期的消费价格指数变动的百分比。假如一个经济体的消费价格指数从去年的 100 增加到今年的 112,那么这一时期的通货膨胀率就为 $T=(112-100)÷100×100\%=12\%$,通货膨胀率为 12%,表现为物价上涨 12%。

3) 注意点

关于 CPI 我们需要关注以下几点:第一,CPI 不包含投资品和隐性收费。CPI 反映的是居民购买并用于消费的商品而不是投资品的价格变化,不包括房价和农业生产资料。另外,CPI 中也不包括乱收费和一些没有明码标价的隐性收费项目。第二,CPI 不是绝对价格。CPI 反映的是当前的物价水平相对于过去某个时期上涨(或下降)的幅度,而不是绝对价格的高低,CPI 涨幅高并不意味着绝对价格高,反之亦然。第三,CPI 是一个平均数。在使用 CPI 时,既要看价格总水平的变化,也要看其内部不同类别价格的变动。总水平的上涨并不意味着所有商品和服务项目价格的全面上涨,反之亦然。第四,CPI 太高肯定不好,但是也不是越低越好。CPI 太高说明可能有通货膨胀的风险,但是太低也并非好事。目前,我国经济正处于中高速增长和结构快速转型时期,较低的 CPI 并不利于经济的增长。这是因为如果商品、服务价格不断走低,可能导致企业效益下降、市场消费不足等一系列问题,整个国民经济体系将陷入一种互相牵制的非良性循环中。

### (二) 采购经理人指数

1. PMI 概念

采购经理人指数(PMI)是衡量一个国家制造业的体检表,是经济先行指标中一项非常重要的附属指标。该指数是以百分比来表示的,常以 50% 作为经济强弱的分界点:当指数高于 50% 时,则被解释为经济扩张的讯号;当指数低于 50%,尤其是非常接近 40%,则有经济萧条的忧虑。一般在 40%~50% 时,说明制造业处于衰退,但整体经济还在扩张。目前,我国制造业规模、外汇储备稳居世界第一。

2. 制造业 PMI

制造业 PMI 最早起源于 20 世纪 30 年代的美国,经过几十年的发展,该体系现包含新订单、产量、雇员、供应商配送、库存、价格、积压订单、新出口订单、进口等商业活动指标。以上各项指标指数基于对样本企业的采购经理的月度问卷调查所得数据合成得出,再对生产、新订单、雇员、供应商配送与库存五项类指标加权计算得到制造业 PMI 综合指数。

### 二、金融学

1. 利率

利率是借出资金的回报或使用资金的代价。一国利率的高低对货币汇率有着直接影响。高利率的货币由于回报率较高,则需求上升,汇率升值;反之,则贬值。基准利率是金融市场上具有普遍参照作用的利率,其他利率水平或金融资产价格均可根据这一基准利率水平来确定。

2. 基准利率

基准利率是金融市场上具有普遍参照作用的利率,其他利率水平或金融资产价格均可根据这一基准利率水平来确定。基准利率是利率市场化的重要前提之一,在利率市场化条件下,融资者衡量融资成本,投资者计算投资收益,客观上都要求有一个普遍公认的利率水平做参考。所以,基准利率是利率市场化机制形成的核心。

3. 银行准备金率

银行准备金率是指银行以库存现金的形式或在中央银行中以无息存款的形式而保留的一部分存款的比率。中央银行通过调高银行准备金率,减少银行贷款,抑制经济过热。中央银行通过调低银行准备金率,增加存款利息对银行本身的压力,可以迫使其中部分存款流出银行,刺激投资增长。

4. 广义货币

广义货币(M2)是货币存量或流通量的衡量指标之一。M2 不仅反映现实的购买力,还反映潜在的购买力。狭义货币(M1)反映经济中的现实购买力。若 M1 增速较快,则消费和终端市场活跃,出现通货膨胀;若 M2 增速较快,则投资和中间市场活跃,有可能出现资产泡沫。

M2＝M1＋城乡居民储蓄存款＋企业存款中具有定期性质的存款＋
　　　信托类存款＋其他存款

M1＝流通中的现金(M0)＋企业活期存款＋机关团体部队存款＋
　　　农村存款＋个人持有的信用卡类存款

# 任务执行

## 一、经营规划

### (一) 经营目标

企业 CEO 根据动态资讯的相关内容进行经营目标、预计购销、预计现金流的填写(见图 2-1、图 2-2、图 2-3),设置完成后点击"提交保存"按钮。

在设置经营目标时,市场份额占有率、产品销量、产品生产数量、材料采购数量、厂房置办数量以及生产线数量等要结合企业内外部环境,主要考虑宏观经济、行业状况以及市场环境。

图 2-1　经营目标设置界面

预计购销模块涉及预计售价,需要根据本量利分析及预设的价格范围、企业战略进行估计设置。收入首期收款比例及材料首期付款比例,需要根据企业资金结构、资金成本、现金流情况选择设置比例。生产人员配置及生产人员人均薪酬在进行演练时，需要用到平台内置模型进行测试，达到规则要求才能通过。

图 2-2 预计购销设置界面

预计现金流模块中需要计算企业现金流入量和现金流出量，进而得到净现金流量。

现金流入合计＝股东投资＋销售收款（当期＋上期）＋当期借入资金
现金流出合计＝资产购置金额＋资产租金＋材料款（当期＋上期）＋
生产人员和营销人员薪酬＋营销费用和宣传费＋
管理费用＋归还资金及利息＋分配红利
净现金流量＝现金流入合计－现金流出合计

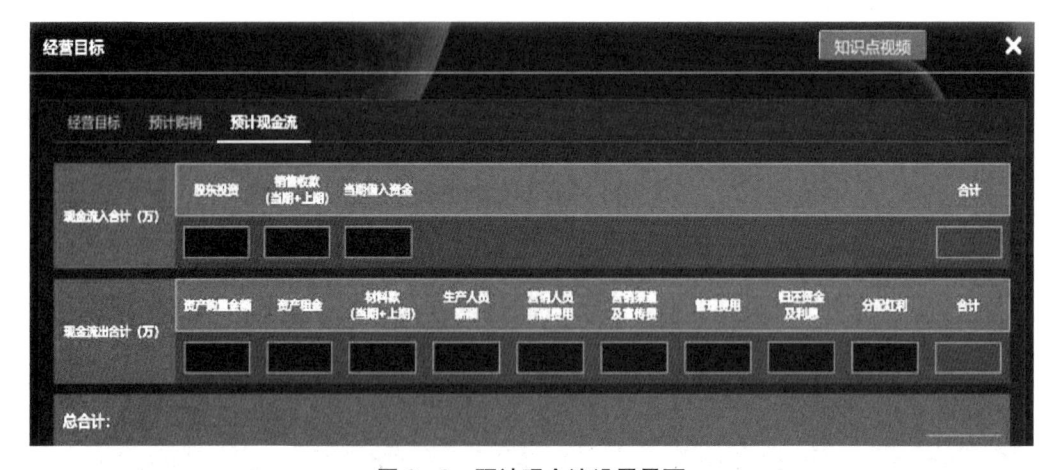

图 2-3 预计现金流设置界面

## （二）动态资讯

在动态资讯模块中，可以查看宏观经济、行业环境、市场环境、市场消费习惯、不动产和动产的购置与租赁信息、产品信息、人力资源配置信息等动态资讯。这些信息会根据每期经营情况发生改变,点击右上角下拉菜单可以看到每期的相关信息。

在行业信息中我们可以大致了解行业经营范围、经营产品、预计市场需求量、竞争对手情况、预计行业净利率以及预计优先股分红比例。这些信息的获得有助于接下来的经营目标制定。

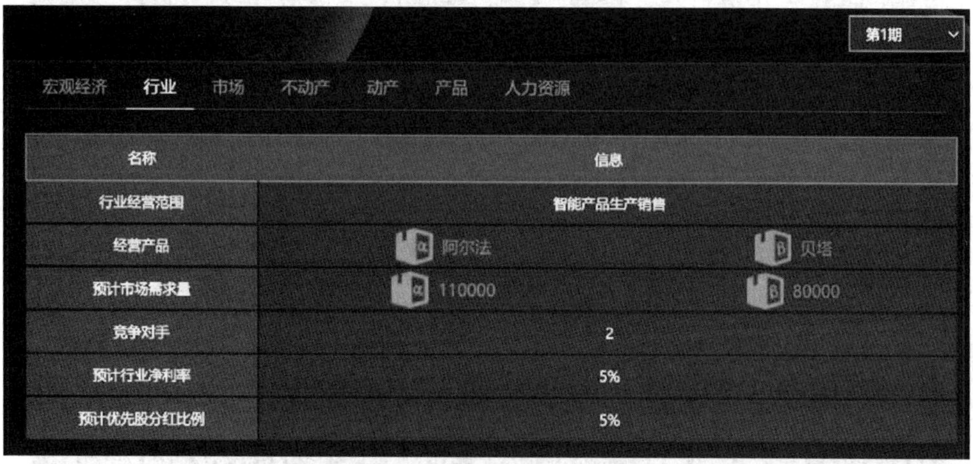

图 2-4 动态资讯行业界面

从动态资讯的市场环境界面我们可以看到,两种产品在不同经济区和线上渠道的消费习性。市场环境为后续产品渠道铺设提供参考信息。比如质量服务,经济区 A 四颗星、经济区 B 两颗星、经济区 C 三颗星、线上渠道一颗星,这恰好说明经济区 A 更加重视服务质量,我们要根据资讯结合三种消费习性综合做出决策,不能依据单一方面就做出决策。

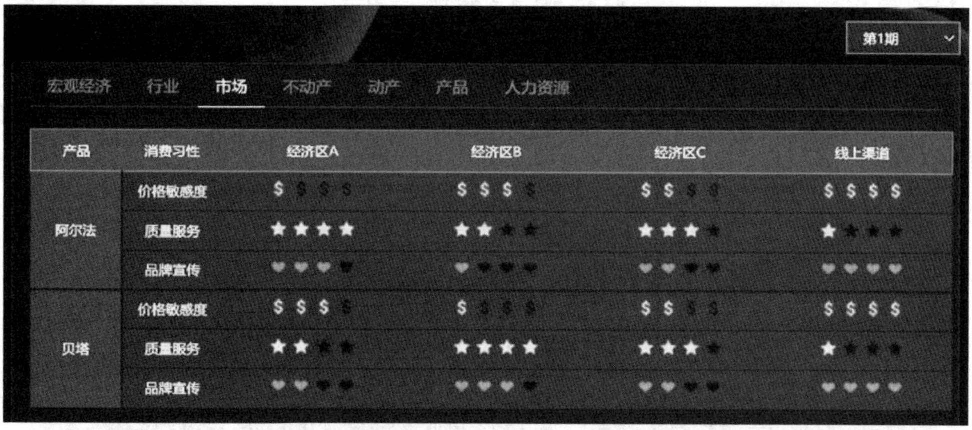

图 2-5 动态资讯市场界面

对于不动产和动产购置方面的操作,分为购买和租赁,租赁方式又分为短期经营租赁和长期融资租赁,我们可以根据自己的战略选择和自身情况通过内置函数进行测算,选择购置方式。

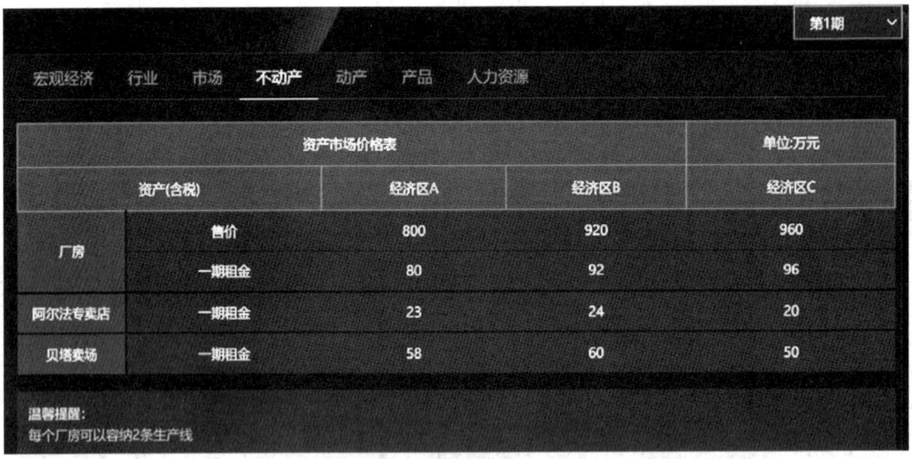

## 图 2-6 动态资讯不动产界面

| 资产市场价格表 | | | | 单位:万元 |
|---|---|---|---|---|
| 资产(含税) | | 经济区A | 经济区B | 经济区C |
| 厂房 | 售价 | 800 | 920 | 960 |
| | 一期租金 | 80 | 92 | 96 |
| 阿尔法专卖店 | 一期租金 | 23 | 24 | 20 |
| 贝塔卖场 | 一期租金 | 58 | 60 | 50 |

温馨提醒：每个厂房可以容纳2条生产线

图 2-6 动态资讯不动产界面

| 资产市场价格表 | | | | | 单位:万元 |
|---|---|---|---|---|---|
| 生产线(含税) | 经济区A | 经济区B | 经济区C | 每期最大产能 | 生产线获取方式 |
| 阿尔法生产线 | 售价 | 2160 | 1800 | 2070 | 4万个 | 全款购买，经营租赁，一般融资租赁 |
| | 一期租金 | 324 | 270 | 311 | | |
| 贝塔生产线 | 售价 | 1800 | 1500 | 1725 | 3万个 | |
| | 一期租金 | 270 | 225 | 259 | | |

图 2-7 动态资讯动产界面

在产品界面，要注意观察原材料种类和产品生产配比，尤其辅助材料。除此之外，产品的价格有上下浮动比例，一般不超过 20%。对于材料基准价格也要有一个大致的了解，做到胸有成竹。

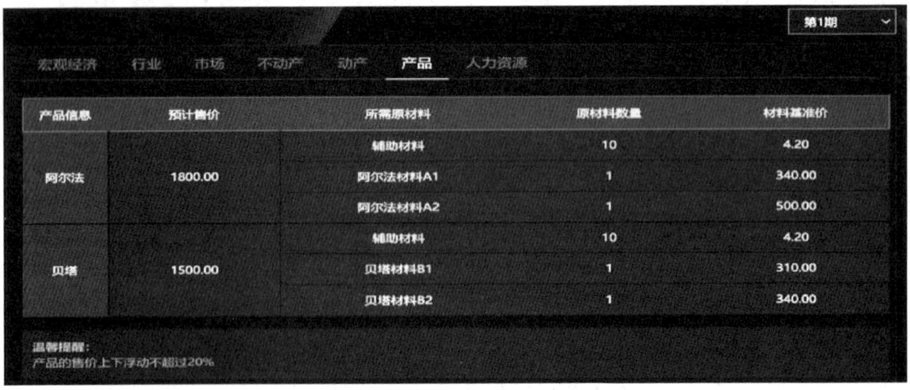

| 产品信息 | 预计售价 | 所需原材料 | 原材料数量 | 材料基准价 |
|---|---|---|---|---|
| 阿尔法 | 1800.00 | 辅助材料 | 10 | 4.20 |
| | | 阿尔法材料A1 | 1 | 340.00 |
| | | 阿尔法材料A2 | 1 | 500.00 |
| 贝塔 | 1500.00 | 辅助材料 | 10 | 4.20 |
| | | 贝塔材料B1 | 1 | 310.00 |
| | | 贝塔材料B2 | 1 | 340.00 |

温馨提醒：产品的售价上下浮动不超过20%

图 2-8 动态资讯产品界面

在人力资源模块我们可以看到不同岗位工作人员的薪酬不同,在不同经济区又有所不同。管理人员根据注册资本金额配置,销售人员根据渠道配置,每个专卖店配 3 名销售,每个大卖场配 5 名销售,每个产品的线上渠道配 10 名销售。销售提成以销售收入为提成基数。

| 岗位 | 固定薪酬 | 经济区A | 经济区B | 经济区C |
| --- | --- | --- | --- | --- |
| 生产人员(地区平均薪酬) | —— | 60000.00 | 54000.00 | 48000.00 |
| 管理人员 | 150000.00 | —— | —— | —— |
| 销售人员 | 50000.00 | —— | —— | —— |
| 董事会人员 | 200000.00 | —— | —— | —— |

图 2-9　动态资讯人力资源界面

## 二、可行性分析

### (一) 宏观经济与市场环境

1. 宏观经济分析

1) GDP、CPI、M2

根据系统给出的宏观经济指标走势图,我们发现近两期 GDP 的增长幅度都是 11.31%,CPI 的增幅都是 1.8%,这说明宏观经济处于高速发展阶段,物价涨幅处于一个较低的水平。预计未来 GDP、CPI 走势将平稳向上,我们可以判断动产、不动产的市场价格在近一段时期的升降变化。

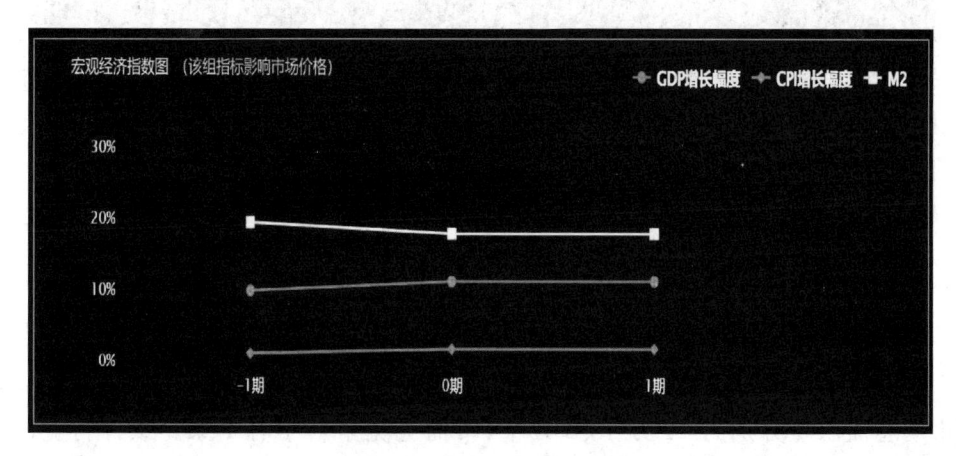

图 2-10　宏观经济分析界面

2) 金融环境分析

根据图2-10中广义货币(M2)近两期的增幅都是17.99%,以及金融环境指数图(见图2-11)中长短期基准利率的指标和银行存款准备金调整幅度指标,我们可以推测出,当前国家执行相对宽松的货币政策,金融环境比较宽松,按揭贷款、融资租赁或金融机构贷款等融资渠道的业务都将正常开展。根据当前形势,我们预估未来几期经营长短期贷款利率将会小幅度下跌。

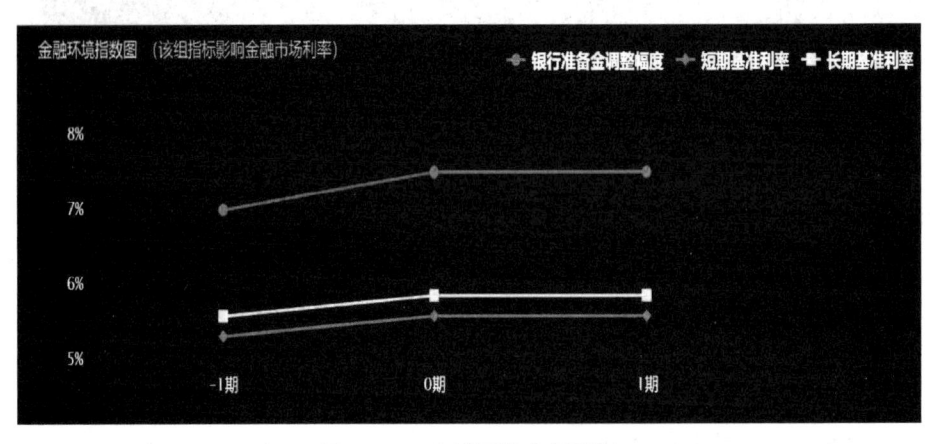

图 2-11 金融环境分析界面

3) 采购经理人指数分析

图2-12中的PMI依次是53%、54%、53.2%,这说明当前的经济形势比较强。

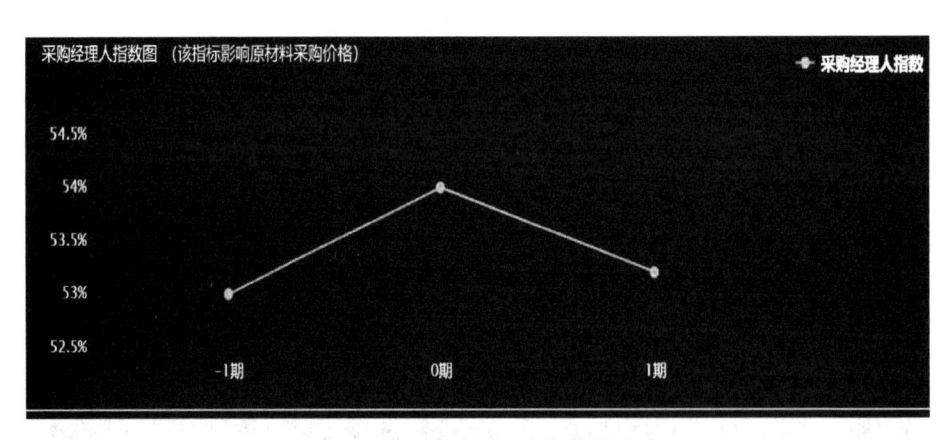

图 2-12 采购经理人指数界面

2. 行业分析

本行业生产销售智能产品阿尔法和贝塔。目前市场情况预测,阿尔法和贝塔的市场总需求量分别为11万个、8万个,市面上竞争对手有1家。预计行业的净利润率为5%。根据当前的形势判断,预计后期智能产品的市场需求量将会逐步增加。

## (二) 市场需求及定价策略

### 1. 市场需求分析

根据经营规划及原材料配比,将市场需求情况填入原材料配比表。

| 项目 | 阿尔法 | 贝塔 |
| --- | --- | --- |
| 市场总需求(万件) | 11.00 | 8.00 |
| 预计我的份额 | % | % |
| 我达到的销量(万件) | | |
| 产品期末库存比例 | % | % |
| 我的产量(万件) | | |
| 原材料采购量(万套) | | |

图 2-13 市场需求分析界面

| | 原材料配比表 | |
| --- | --- | --- |
| 阿尔法 | 辅助材料(件) | 10 |
| | 阿尔法材料A1(件) | 1 |
| | 阿尔法材料A2(件) | 1 |
| 贝塔 | 辅助材料(件) | 10 |
| | 贝塔材料B1(件) | 1 |
| | 贝塔材料B2(件) | 1 |

图 2-14 原材料配比表界面

### 2. 定价策略

根据企业战略,结合定价范围、原材料质量、产品层次确定价格,同时按照经营规划填写销售区域及数量。

| 产品 | 定价范围 | 项目 | 经济区A | 经济区B | 经济区C | 线上 |
| --- | --- | --- | --- | --- | --- | --- |
| 阿尔法 | 2160.00 ~ 1440.00 | 定价 | 0.00 | 0.00 | 0.00 | 0.00 |
| | | 广告(万元) | 0.00 | 0.00 | 0.00 | 0.00 |
| | | 信用政策 | 50 % | 50 % | 50 % | 80 % |
| 贝塔 | 1800.00 ~ 1200.00 | 定价 | 0.00 | 0.00 | 0.00 | 0.00 |
| | | 广告(万元) | 0.00 | 0.00 | 0.00 | 0.00 |
| | | 信用政策 | 50 % | 50 % | 50 % | 80 % |

图 2-15 定价策略界面

### (三) 项目投资和资金筹集

学生可根据之前学过的财务管理中投融资的理论知识进行项目投资的计算和资金筹集,最后评估经济效益和社会效益,得出项目是否可行的结论。

图 2-16 项目投资分析界面

# 任务三　预算成本分析

## 任务描述

在预算分析部分,我们将对企业经营进行全面预算和本量利分析,预算分析包括成本预算分析和报表预算分析。通过全面预算和本量利分析,实战中决策者将做出更正确的经营决策。

## 实验步骤

本量利分析 → 成本预算分析 → 报表预算分析

生产成本
制造费用
管理费用
销售费用

生产成本
管理费用
销售费用

变动成本法
下利润表
变动成本法
下预计利润表

# 知识链接

## 一、本量利分析

### (一) 成本性态分析

1. 成本的概念

美国会计学会(AAA)所属的成本概念与标准委员会1951年对成本的定义为：成本是指为达到特定的目的而发生或应发生的价值牺牲，它可用货币单位加以计量。

美国注册会计师协会(AICPA)于1957年在所发布的第4号会计名词公报中，对成本的定义为：成本是指为获取货物或劳务而支付的现金或转移其他资产、发行股票、提供劳务或发生负债而以货币衡量的数额。成本可以分为未耗成本和已耗成本，未耗成本形成资产，列示在资产负债表上，已耗成本形成费用，列示在利润表上。

狭义的成本一般仅指产品生产(制造)成本，即生产产品所发生的各项生产耗费，包括直接材料、直接人工和制造费用等。

管理会计中，成本是指企业在生产经营过程中对象化的、以货币表现的为达到一定目的而应当或可能发生的各种经济资源的价值牺牲或代价。

2. 成本的分类

成本可以按各种不同的标准进行分类，以满足企业经营管理上的不同需求。

成本按其经济用途分为生产成本和非生产成本两大类。生产成本又称制造成本，是指在生产过程中为制造产品而发生的成本。生产成本包括直接材料、直接人工和制造费用三个成本项目。非生产成本是指生产成本之外的成本，即销售费用、管理费用、财务费用，又称为期间费用。销售费用是指在流通领域为推销产品而发生的各项成本，包括广告宣传费用、送货运杂费用、销售佣金、销售人员工资及销售部门的其他费用等；管理费用和财务费用之和为管理成本，是指企业行政部门为组织企业生产经营活动所发生的成本。

成本按性态分类，可分为固定成本、变动成本和混合成本三大类。成本性态是指成本总额与特定业务量之间在数量方面的依存关系，又称为成本习性。这里的业务量(以下用 $x$ 表示)是指企业在一定的生产经营期内投入或完成的经营工作量的统称。在最简单的条件下，业务量通常是指生产量或销售量。这里的成本总额主要是指为取得营业收入而发生的营业成本费用，包括全部生产成本和销售费用、管理费用及财务费用等非生产成本。

1) 固定成本的含义

固定成本是指其总额在一定期间和一定业务量范围内，不受业务量变动的影响而保持固定不变的成本。它具有两个特点：第一，固定成本总额(以下用 $a$ 表示)的不变性。这一特点是其概念的再现，在平面直角坐标图上，固定成本线就是一条平行于 $x$ 轴(表示业务量)的直线。第二，单位固定成本(以下用 $\dfrac{a}{x}$ 表示)的反比例变动性。由于第一个特点,单位产品负担的固定成本必然随着业务量的变动成反比例变动,其单位成本模型为 $y=\dfrac{a}{x}$,反映在坐标图上是一条反比例曲线。

2) 变动成本的含义

变动成本是指在一定的期间和一定业务量范围内其总额随着业务量的变动而成正比例变动的成本。变动成本具有两个特点:第一,变动成本总额(以下用 $bx$ 表示)的正比例变动性。这一特点已在其定义中得以反映,在平面直角坐标图上,变动成本是一条以单位变动成本为斜率的直线。单位变动成本越大,即斜率越大,图上体现的直线坡度越陡。第二,单位变动成本(以下用 $b$ 表示)的不变性。由于变动成本总额的正比例变动性,决定了其单位变动成本不受业务量增减变动的影响而保持不变。将此特点反映在坐标图上,单位变动成本是一条平行于 $x$ 轴的直线,因此,单位变动成本的性态模型为 $y=b$。

3) 混合成本

混合成本是指介于固定成本和变动成本之间,既随业务量变动又不成正比例变动的那部分成本。混合成本与业务量之间的关系比较复杂,按照混合成本变动趋势的不同,又可分为阶梯式混合成本、标准式混合成本、低坡式混合成本和曲线式混合成本四类。这里我们主要讨论最基本的阶梯式混合成本和标准式混合成本。

(1) 阶梯式混合成本。

阶梯式混合成本又称半固定成本。这类混合成本的特点是:在一定业务量范围内其成本不随业务量的变动而变动,类似固定成本,当业务量突破这一范围,成本就会跳跃上升,并在新的业务量变动范围内固定不变,直到出现另一个新的跳跃为止。将此变化反映在坐标图上,其成本随业务量的增长呈现出阶梯状增长趋势。企业化验员、保养工、质检员、运货员等人员的工资等就属于这类成本。

(2) 标准式混合成本。

标准式混合成本又称半变动成本。它的固定部分是不受业务量影响的基数成本;变动部分则是在基数成本的基础上随业务量的增长而成正比例增长的成本。例如,企业的电话费用就是由按固定数额计收的月租费和按通话时间及计价标准计算的通话费用两部分组成,属于标准式混合成本;其他公用事业费如水、电、煤气等费用,机器设备的维修保养费及销售人员的薪金也大多属于这类成本。这种成本函数可以直接写成 $y=a+bx$。

4) 总成本

管理会计通常把企业的全部成本分为变动成本和固定成本两大类,那么总成本计算公式必然是:

$$总成本=固定成本总额+变动成本总额$$
$$=固定成本总额+(单位变动成本\times业务量)$$

现设总成本为 $y$、固定成本总额为 $a$、单位变动成本为 $b$、业务量为 $x$,上述总成本的公式可改写为:

$$y = a + bx$$

从数学的观点来看,它是一个直线方程式。式中,$x$ 表示自变量;$y$ 表示因变量(随机变量);$a$ 表示常数,即截距;$b$ 表示直线的斜率。

## (二) 本量利分析

### 1. 本量利分析的概念

本量利分析(CVP 分析),又称盈亏平衡分析,是成本、业务量、利润关系分析的简称,是指在变动成本计算模式的基础上,以数学化的会计模型与图式来揭示固定成本、变动成本、销售量、单价、销售额、利润等变量之间的内在规律性联系,为会计预测、决策和规划提供必要的财务信息的一种定量分析方法。

早在 1904 年,美国就已经出现了有关最原始的 CVP 分析图的文字记载。1922 年,美国哥伦比亚大学的一位会计学教授提出了完整的保本分析理论。进入 20 世纪 50 年代以后,CVP 分析技术在西方会计实践中得到广泛应用,其理论更臻完善,成为现代管理会计学的重要组成部分。

目前,无论是在西方国家还是在我国,盈亏平衡分析的应用都十分广泛。它与经营风险分析相联系,可促使企业努力降低风险;与预测技术相结合,企业可进行保本预测、确保目标利润实现的业务量预测等;与决策融为一体,企业可据此进行生产决策、定价决策和投资不确定性分析;企业还可以将其应用于全面预算、成本控制和责任会计。

### 2. 贡献毛益的概念

在盈亏平衡分析中,贡献毛益是一个十分重要的概念。所谓贡献毛益,是指产品的销售收入与相应变动成本之间的差额,又称边际贡献、贡献边际、边际利润。贡献毛益除了主要以贡献毛益总额(以下简称贡献毛益,记作 $Tcm$)表示外,还有单位贡献毛益(记作 $cm$)和贡献毛益率(记作 $cmR$)两种形式。

单位贡献毛益是指产品的销售单价减去单位变动成本后的差额,亦可用贡献毛益总额除以有关销售量求得;贡献毛益率是指贡献毛益总额占销售收入总额的百分比,又等于单位贡献毛益占单价的百分比。

贡献毛益的这三种形式可以互相换算,公式如下:

$$\begin{aligned}
贡献毛益(Tcm) &= 销售收入 - 变动成本 = px - bx \\
&= 单位贡献毛益 \times 销售量 = cm \times x \\
&= 销售收入 \times 贡献毛益率 = px \times cmR
\end{aligned}$$

$$\begin{aligned}
单位贡献毛益(cm) &= 单价 - 单位变动成本 = p - b \\
&= \frac{贡献毛益}{销售量} = \frac{Tcm}{x} \\
&= 销售单价 \times 贡献毛益率 = p \times cmR
\end{aligned}$$

$$贡献毛益率(cmR) = \frac{贡献毛益}{销售收入} \times 100\% = \frac{Tcm}{px} \times 100\%$$

根据本量利基本公式,贡献毛益、固定成本及营业净利润三者之间的关系可用下式表示:

$$营业净利润(P)=贡献毛益-固定成本=Tcm-a$$

从这一计算公式可看出,企业各种产品提供的贡献毛益,虽然不是企业的营业净利润,但它与企业的营业净利润的形成有着密切的关系。因为贡献毛益首先用于补偿企业的固定成本,只有当贡献毛益大于固定成本时才能为企业提供利润,否则企业将会出现亏损。

**例 2-1** 已知某企业只生产 A 产品,单价 $p$ 为 10 元/件,单位变动成本 $b$ 为 6 元/件,固定成本 $a$ 为 40 000 元。2023 年生产经营能力为 12 500 件。要求:
(1) 计算全部贡献毛益指标。
(2) 计算营业净利润。
(3) 计算变动成本率。
(4) 验证贡献毛益率与变动成本率的关系。

解:(1) 单位贡献毛益$(cm)=p-b=10-6=4$(元/件)

贡献毛益$(Tcm)=cm\times x=4\times 12\,500=50\,000$(元)

贡献毛益率$(cmR)=\dfrac{Tcm}{px}\times 100\%=\dfrac{50\,000}{125\,000}\times 100\%=40\%$

(2) 营业净利润$(P)=Tcm-a=50\,000-40\,000=10\,000$(元)

(3) 变动成本率$(bR)=\dfrac{b}{p}=\dfrac{6}{10}=60\%$

(4) 贡献毛益率+变动成本率$=cmR+bR=40\%+60\%=1$

**3. 保本点的计算**

单一品种的保本点有两种表现形式:一是保本点销售量(简称保本量),二是保本点销售额(简称保本额)。它们都是标志企业达到平衡实现保本的销售业务量指标。在以平面直角坐标系为基础的单一品种保本图上,保本点 BEP 是由上述两个坐标(保本量和保本额)决定其所在位置的,因此,保本点的确定就是计算保本量和保本额的数值或确定其位置的过程。在多品种条件下,虽然也可以按具体品种计算各自的保本量,但由于不同产品的销售量不能直接相加,因而只能确定它们总的保本额,不能确定总保本量。

$$\begin{aligned}营业净利润(P)&=销售收入-变动成本-固定成本\\&=单价\times 销售量-单位变动成本\times 销售量-固定成本\\&=px-bx-a\end{aligned}$$

令营业净利润等于零,此时的销量为盈亏临界点销售量(保本量):

$$0=单价\times 盈亏临界点销售量-单位变动成本\times 保本量-固定成本$$

$$保本量(x_0)=\dfrac{固定成本}{单价-单位变动成本}=\dfrac{a}{p-b}$$

$$保本额(y_0)=单价\times 保本量=p\times x_0$$

**例 2-2** 已知某企业只生产 A 产品,单价 $p$ 为 10 元/件,单位变动成本 $b$ 为 6 元/件,固定成本 $a$ 为 40 000 元。2023 年生产经营能力为 12 500 件。要求:按基本等式法计算该企业的保本点指标。

$$保本量(x_0) = \frac{a}{p-b} = \frac{40\,000}{10-6} = 10\,000(件)$$

$$保本额(y_0) = 10 \times 10\,000 = 100\,000(元)$$

该企业保本量为 10 000 件,保本额为 100 000 元。

**4. 安全边际**

许多企业在计算保本点的基础上,还要考虑企业经营的安全程度,确定安全边际指标。安全边际是指根据现有或预计的销售业务量(包括销售量和销售额两种形式,分别记作 $x_i$ 和 $y_i$)与保本点业务量之间的差量所确定的定量指标。安全边际包括绝对量和相对量两种形式。安全边际绝对量,具体又分为安全边际销售量(以下简称安全边际量,记作 MS 量)和安全边际销售额(以下简称安全边际额,记作 MS 额);安全边际相对量,又称安全边际率(记作 MSR)。它们的计算公式分别是:

$$安全边际量(MS\,量) = 现有(实际)或预计(计划)的销售量 - 保本量$$
$$= x_1 - x_0$$

$$安全边际额(MS\,额) = 现有(实际)或预计(计划)的销售额 - 保本额$$
$$= y_1 - y_0$$

$$安全边际率(MSR) = \frac{安全边际量}{现有或预计销售量} \times 100\%$$
$$= \frac{MS\,量}{x_1}$$
$$= \frac{安全边际额}{现有或预计销售额} \times 100\%$$
$$= \frac{MS\,额}{y_1}$$

显然,安全边际量与安全边际额有如下关系:

$$安全边际额(MS\,额) = 单价 \times 安全边际量$$

安全边际量与安全边际率都是正指标,即越大越好。西方国家一般用安全边际率来评价企业经营的安全程度。

在目标利润和安全边际既定的情况下,保本点指标还可根据以下公式计算:

$$保本量(x_0) = 固定成本 \times \frac{安全边际量}{目标利润}$$

$$保本额(y_0) = 固定成本 \times \frac{安全边际额}{目标利润}$$

**5. 多品种本量利分析**

在多品种条件下,可以运用的盈亏平衡分析方法有多种形式,包括综合贡献毛益率法、顺序法、联合单位法、分算法和主要品种法等。下面结合表2-1所提供的资料,主要介绍综合贡献毛益率法的原理及其应用。

表2-1 项目品种资料表

| 项目<br>品种 | 销量 | 单价 | 单位变动<br>成本 | 销售收入<br>(元) | 贡献毛益<br>(元) | 贡献毛益率 | 固定成<br>本(元) |
|---|---|---|---|---|---|---|---|
| (甲)栏 | ① | ② | ③ | ④=①×② | ⑤=①×<br>(②-③) | ⑥=⑤÷④ | ⑦ |
| A | 100 000 件 | 10(元/件) | 8.5(元/件) | 1 000 000 | 150 000 | 15% | |
| B | 25 000 台 | 20(元/台) | 16(元/台) | 500 000 | 100 000 | 20% | |
| C | 10 000 套 | 50(元/套) | 25(元/套) | 500 000 | 250 000 | 50% | |
| 合计 | — | — | — | 2 000 000 | 500 000 | 25% | 300 000 |

综合贡献毛益率法是指在确定企业综合贡献毛益率(以下记作 $cmR'$)的基础上分析多品种条件下本量利关系的一种方法。该法对各品种一视同仁,不要求分配固定成本,而是将各品种所创造的贡献毛益视为补偿企业全部固定成本的收益来源。在此法下,多品种保本额和保利额的计算公式分别为:

$$多品种保本额 = \frac{固定成本}{综合贡献毛益率} = \frac{a}{cmR'}$$

$$多品种保利额 = \frac{固定成本 + 目标利润}{综合贡献毛益率} = \frac{a+TP}{cmR'}$$

该法的关键是正确计算综合贡献毛益率,具体介绍加权平均法。

加权平均法是指在掌握每种产品本身的贡献毛益率的基础上,按各项产品销售额占全厂收入的比重(记作 $B$)进行加权平均,据以计算综合贡献毛益率的一种方法。公式如下:

$$综合贡献毛益率(cmR') = 某种产品的贡献毛益率 \times 该产品的销售额比重$$

$$某种产品的贡献毛益率(cmR) = \frac{该产品的贡献毛益}{该产品销售收入} \times 100\%$$

$$= \frac{Tcm}{px} \times 100\%$$

$$= \frac{该产品的单位贡献毛益}{该产品的单价} \times 100\%$$

$$= \frac{cm}{p} \times 100\%$$

$$某种产品的销售额比重(B) = \frac{该产品计划销售额}{各种产品销售额合计} \times 100\%$$

在加权平均法下,不仅可以计算综合贡献毛益率,据此确定企业的保本额和保利额,而且还可以在此基础上按销售比重将其分解,计算出每一品种的保本额和保利额,进而算出每一品种的保本量等指标。

## 二、预算管理

### (一) 预算的概念

预算是计划工作的成果,它既是决策的具体化,又是控制生产经营活动的依据。预算在传统上被看成是控制支出的工具,但新的观念又将其看成是"利用企业现有资源增加企业价值的一种方法"。

全面预算是由一系列预算构成的体系,各项预算之间相互联系。全面预算是指用数量形式集中而系统地反映企业在未来一定期间的全部经济活动及其成果,即在预测与决策的基础上,按照规定的目标和内容对企业未来一定时期的销售、生产、成本、利润、现金的流入与流出等有关方面以计划的形式具体、系统地反映出来,以便有效地组织与协调企业的全部生产经营活动,更好地利用企业的经济资源,完成企业的既定目标。

### (二) 预算的分类

全面预算也称总预算,它是由许多不同内容的预算组成的预算体系。全面预算按其涉及的预算期分为长期预算和短期预算。长期预算包括长期销售预算和资本支出预算,有时还包括长期资金筹措预算和研究与开发预算。短期预算是指年度预算,或者时间更短的季度或月度预算,如直接材料预算、现金预算等。通常长期和短期的划分以1年为界限,有时把2到3年期的预算称为中期预算。

全面预算按其涉及的内容分为总预算和专门预算。总预算是指利润表预算和资产负债表预算,它们反映企业的总体状况,是各种专门预算的综合。专门预算是其他反映企业某一方面经济活动的预算。

全面预算按其涉及的业务活动领域分为业务预算、财务预算、专门决策预算。业务预算用于计划企业的基本经济业务,财务预算是关于资金筹措和使用的预算,专门决策预算是为某项专门决策项目编制的。

1. 业务预算

业务预算,是对日常生产经营过程中发生的各项经济活动的预算,旨在规划各项具体业务,又可进一步将其区分为基本业务预算和特殊业务预算。

基本业务预算是反映企业基本业务活动的预算。它因不同业务类型而异。比如,制造业的基本业务预算包括销售预算、生产预算、直接材料采购预算、直接人工预算、制造费用预算、管理费用预算等;流通业的基本业务预算则包括销售预算、采购预算、经营费用预算、管理费用预算等。

特殊业务预算是反映企业基本业务活动之外的特殊业务的预算,通常包括资本支出及其收益预算、融资预算等。显然,业务预算,尤其是基本业务预算是预算内容体系中的基础。

2. 专门决策预算

专门决策预算,是供决策用的预算,是为某一项专门决策项目编制的预算,如投资决策等。这些决策方案一旦采纳,就应将其实施的过程以预算的方式进行合理的安排,使投资方案有计划、有步骤地实施。

3. 财务预算

财务预算,是反映企业未来预计现金收支、财务状况和经营成果的各种预算,旨在综合反映各项业务对企业现金流量和经营成果的影响,从而规划企业的现金流量和经营成果,通常包括现金流量预算、预计损益表和预计资产负债表。

### (三) 全面预算的编制程序

企业预算的编制,涉及经营管理的各个部门,只有执行人参与预算的编制,才能使预算成为他们自愿努力完成的目标,而不是外界强加于他们的枷锁。

为了保证预算工作的顺利进行,应在企业内部建立专门的预算组织机构,如专门成立一个预算编制委员会,由专人负责(一般是总会计师或财务主管),吸收销售、生产、供应、财务等部门的主管人员参加,其职能是协调预算编制过程中可能发生的矛盾,解决可能出现的问题,制定并完善各项规章制度。当然,预算的编制不只是企业某一部门的责任,它涉及每个部门和每个职工。所以,各部门和职工都应关心和积极参与预算的编制。

预算以企业总体目标为依据,通过对总目标进行分解,以确定各部门的具体目标并协调各单位和各方面的工作。各种预算之间应相互联系、密切配合,构成一个完整的预算体系。根据以销定产的原则,企业首先应根据总目标来编制销售预算,确定销售部门的销售任务,然后根据销售预算编制生产预算,确定生产部门的生产任务;再根据生产和销售预算编制各种费用、成本预算,根据预计的收入和支出编制现金收支预算;最后,综合编制预计损益表和预计资产负债表。

全面预算的编制过程可以归结为以下几个步骤:

(1) 根据销售预测编制销售预算;

(2) 根据销售预算结合产品的期初期末存货编制生产预算;

(3) 根据生产预算编制直接材料预算、直接人工预算和制造费用预算,然后编制产品生产成本预算;

(4) 根据生产销售任务编制销售及管理费用预算;

(5) 根据生产销售任务编制资本支出预算;

(6) 根据以上预算中的现金收支情况编制现金预算;

(7) 汇总、综合编制预计资产负债表、损益表。

### (四) 业务预算

制造企业的基本业务预算主要包括销售预算、生产预算和管理预算。其中,销售预算主要包括销售量(额)和销售费用预算、货款结算中的现金收入预算等;生产预算包括直接材料预算、直接人工预算与制造费用预算等三项附属预算;管理预算主要有销售费用、管理费用及其他杂项费用的预算。

1. 销售预算

销售预算是根据计划期的目标利润来编制的。销售预算是对销售过程中有关业务活动的预算。销售过程中发生的业务活动主要是销售产品、收取货款、发生各种费用支出等。所以,销售预算主要包括销售量(额)和销售费用预算(销售费用预算可以与管理费用预算合并编制费用预算)、货款结算中的现金收入预算等。销售预算是编制全面预算的起点,是整个预算体系的关键。销售预算主要以货币为计量单位,为减少工作量,可以在单一产品下用实物反映预计的销售量。

**例 2-3** 某企业生产和销售 A 产品,预计 2023 年度的总销售量为 8 500 件,根据预测,每个季度的销售量分别为 2 000 件、1 800 件、2 200 件、2 500 件,预计销售单价为 100 元/件。根据历史资料和估计,每季销售的产品,当季可收到 60% 的货款,其余部分在下季度全部收回。从年初资产负债表查出应收账款余额为 100 000 元。要求:编制 2023 年度的销售预算。

根据有关资料编制的 2023 年度的销售预算如表 2-2 所示。

表 2-2　2023 年度销售预算　　　　　　　　　　　　　单位:元

| | 摘　要 | 第一季度 | 第二季度 | 第三季度 | 第四季度 | 全年合计 |
|---|---|---|---|---|---|---|
| 预计销售量 | 预计销售量(件)<br>销售单价(元/件)<br>预计销售收入 | 2 000<br>100<br>200 000 | 1 800<br>100<br>180 000 | 2 200<br>100<br>220 000 | 2 500<br>100<br>250 000 | 8 500<br>100<br>850 000 |
| 预计现金收入 | 期初应收款<br>第一季度现金收入<br>第二季度现金收入<br>第三季度现金收入<br>第四季度现金收入 | 100 000<br>120 000 | 80 000<br>108 000 | 72 000<br>132 000 | 88 000<br>150 000 | 100 000<br>200 000<br>180 000<br>220 000<br>150 000 |
| | 现金收入合计 | 220 000 | 188 000 | 204 000 | 238 000 | 850 000 |

**2. 生产预算**

生产预算是在销售预算的基础上编制的,目的是规划未来生产过程中产品的生产活动,使产销衔接。它也是编制材料采购预算和各种费用预算的依据。有了销售预算,就可以根据预计的销售量考虑期初、期末产品的存货来确定生产量。因此,生产预算中的预计生产量可以按照下面的公式计算:

预计生产量＝预计销售量＋(计划期末预计库存量－计划期初预计库存量)

**1) 直接材料预算**

根据计划期的生产任务和产品的材料消耗定额水平,结合材料的市场价格,就可编制直接材料预算,包括材料耗用与采购预算。但在一定时期内,材料耗用量与采购量并不一定相等,为了保证生产对材料的需要,企业应保持一定的库存材料。因此,在确定材料的采购量时,除了保证当期材料的耗用量外,还应考虑材料的期初、期末库存情况。方法是先根据生产任务确定材料的耗用量,再考虑期初、期末库存来确定材料的采购数量。它们之间的关系用公式表示为:

$$预计材料采购量＝预计生产耗用量＋预计期末库存量－期初库存量$$
$$预计生产耗用量＝预计生产量\times 单位产品材料销货定额$$

同时，采购材料需要支付货款，所以，直接材料预算中还应包括采购材料的现金支付情况，为编制现金预算提供资料。预算期采购材料需要支付多少现金，应视货款结算方式以及材料采购方式不同而各有所异。但预算采购材料支付的现金中应包括支付前期所欠的货款和本期采购材料支付的货款两部分。

2）直接人工预算

直接人工是指直接生产产品的生产工人工资，它的高低是由生产产品的劳动生产率和工资率决定的。直接人工预算，是根据预计生产量和单位产品所需的直接人工工时定额以及小时工资率来编制的。在编制时，以各期预计的生产量乘以生产单位产品所需的人工工时，得到各期的人工工时，然后再乘以小时工资率，就得到直接人工成本。

3）制造费用预算

制造费用预算是根据车间和分厂在预算期的生产经营任务及费用开支水平，分费用项目编制的一种费用预算。按制造费用与产品产量的关系，制造费用可分为变动性制造费用和固定性制造费用两部分。为编制财务预算，制造费用预算还必须反映其中需用现金支出的部分。

$$变动性制造费用分配率＝\frac{变动费用预算合计}{预计直接人工总工时}$$

4）单位产品生产成本预算

在变动成本法下，单位产品生产成本是由直接材料、直接人工和变动性制造费用三部分组成的。单位产品生产成本预算就是根据直接材料预算、直接人工预算和制造费用预算来编制的。根据单位成本预算数还可计算期末产成品存货成本。

3. 销售及管理费用预算

销售费用是指在销售过程中为销售产品所发生的各项费用，如运杂费、广告费、销售人员工资、差旅费、展览费等。管理费用是指为组织和管理全厂的生产而发生的支出，如管理人员工资、租赁费、折旧费、修理费等。它们是生产经营中发生的必要支出，因而是预算的内容。按变动成本法来看，这类费用也分为变动费用和固定费用两部分，在编制预算时，应分别列示。其编制方法与制造费用预算的编制方法相同。

（五）财务预算的编制

财务预算是企业的综合性预算，包括现金预算、利润表预算和资产负债表预算。它并非是对基本业务预算及资本预算的简单汇总，还必须同时考虑财务活动自身的内容。

1. 现金预算

全面预算中的现金预算用来反映预算期内企业现金的收支情况以及融资情况。这里所指的现金是指库存现金和银行存款等货币资金。编制现金收支预算的目的在于平衡现金收支,正确地调度资金,保证资金的正常供应。

编制现金预算的依据是业务预算表中有关的现金收支预算数以及其他有关资料。现金预算通常应包括以下四部分。

(1) 现金收入。现金收入包括预算期初的现金余额和预算期内可能发生的现金收入,如产品销售收入应收回的账款、其他销售收入、提供作业和劳务收入收取的账款以及其他现款收入。

(2) 现金支出。现金支出是指预算期内可能发生的所有现金支出,包括采购材料、支付工资、支付各种费用、交纳税金、支付股利、购置设备等方面的支出。

(3) 现金多余或不足。现金收入与支出相抵后,如为正,则为现金多余;如为负,则为现金不足。若出现多余,就可以安排偿还借款或安排其他开支。若出现不足,则需设法筹集不足部分。现金多余或不足可用公式表示为:

$$现金多余(或不足)=现金收入-现金支出$$

(4) 融资。预算期内资金不足,应及时筹措资金,如向银行贷款、发放短期债券等,以保证生产经营活动对资金的正常需要。筹资时,应认真考虑筹资成本,在满足资金需要的前提下,正确选择筹资方式和金额,最大限度地降低筹资成本。

现金预算与我国企业编制的财务收支计划类似,为了有计划地使用和筹集资金,预算时间越短越好。在此,假定以年度分季或按季分月来编制现金预算。

"现金收入"部分包括期初现金余额和预算期现金收入,销货取得的现金收入是其主要来源。年初的"现金余额"是在编制预算时预计的,"销售现金收入"的数据来自销售预算,"可供使用现金"是期初余额与本期现金收入之和。"现金支出"部分包括预算期的各项现金支出。"直接材料""直接人工""制造费用""销售及管理费用"的数据分别来自前述的有关预算。此外,还包括所得税、购置设备、股利分配等现金支出,有关的数据分别来自另行编制的专门预算。

"现金多余或不足"部分列示现金收入合计与现金支出合计的差额。差额为正,说明收大于支,现金有多余,可用于偿还过去向银行取得的借款,或者用于短期投资;差额为负,说明支大于收,现金不足,要向银行取得新的借款。

现金预算的编制,以各项营业预算和资本预算为基础,它反映各预算期的收入款项和支出款项,并做对比说明。其目的在于资金不足时筹措资金,资金多余时及时处理现金余额,并且提供现金收支的控制限额,发挥现金管理的作用。

2. 利润表预算

利润表预算,又称预计损益表预算,是综合反映企业在计划期内生产经营活动的最终财务成果的预算表,它是财务预算中主要的预算表之一。预计的利润表与实际的利润表内容、格式相同,只不过数字是面向预算期的。利润表预算反映的是预计利润与企业目标利润进行比较,如预计利润达不到目标利润的要求,说明整个预算与企业制定的目标不一致,应对预算进行调整,进一步挖掘潜力,努力寻求降低成本、减少开支、增加利润的途径,使预算数达到或超过目标利润。

构成利润表预算的收支项目主要来自两个方面：一是企业生产经营管理活动的收支；二是企业财务活动的收支。对企业各种营业外项目的收支一般不予以考虑。有关生产经营管理活动的收支数据可直接取自各项职能预算。有关的财务活动，在形成现金流出与现金流入的同时，必然还会产生相关的财务费用，包括利息及各项财务管理费用。

3. 资产负债表预算

资产负债表预算是用来反映企业在计划期末预计的财务状况，即企业在计划期结束时各有关资产、负债及所有者权益项目的预算执行结果。它是根据上期末实际资产负债表结合计划期有关的预计数调整后编制的。

编制资产负债表预算的目的，在于判断预算反映的财务状况的稳定性和流动性。如果通过预计资产负债表的分析，发现某些财务比率不佳，必要时可修改有关预算，以改善财务状况。

# 任务执行

## 一、本量利分析

### (一) 成本性态分析

1. 生产成本分析

在成本性态模块，包含生产成本、制造费用、管理费用和销售费用。在生产成本界面，我们会分析直接材料和直接人工，直接材料费用为当期动态资讯的材料基准价格，当然也可以在20%的浮动范围内进行调整。在进行分析时，我们可以查看如图2-17中斜线上的点，能够看到相关产品业务量。

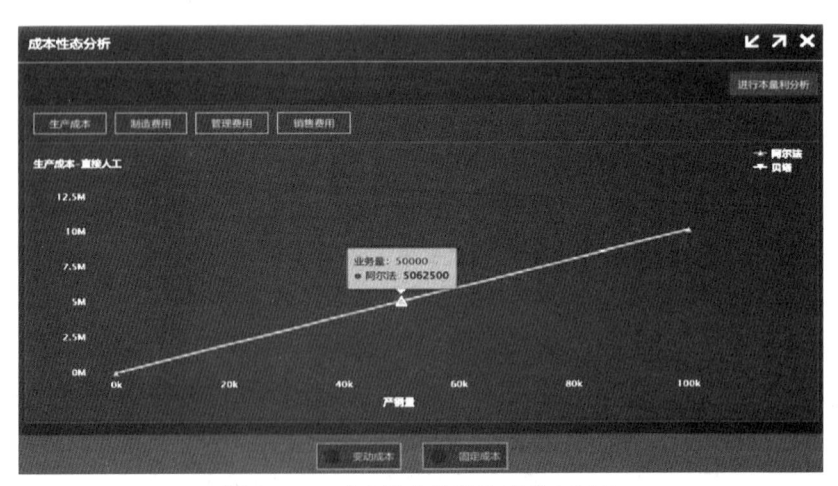

图2-17 成本性态分析生产成本界面

2. 制造费用分析

在制造费用界面，我们可以看到制造费用包含水电费、其他费用、劳保费、质检费、厂房与生产线折旧。通常,厂房折旧表示每个产品全款购买一个厂房,计提的折旧;生产线折旧表示每个产品全款购买一条生产线,计提的折旧。在图 2-18 中,我们可以看到展现了两种产品厂房生产线的呈折线状的折旧情况,折旧影响利润,值得重视。

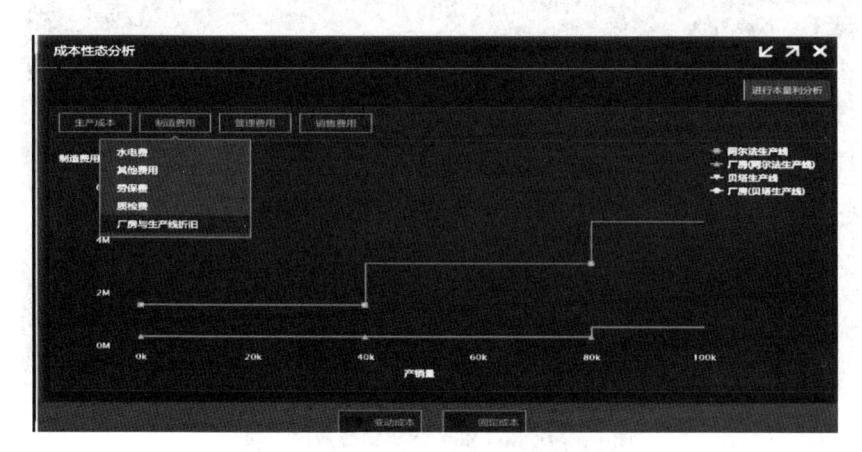

图 2-18　成本性态分析制造费用界面

**3. 管理费用分析**

管理费用属于期间费用,包含董事会与管理人员薪酬、办公费、仓储费、生产人员培训费、研发费、信息咨询费。在经营完每期之后,这些费用在"我的家底"和"经营分析"中都有相关列示,供大家分析并做出下一期的经营决策。

通常,管理人员薪酬按照注册资金一个亿所配置的管理人员数量计算,信息咨询费按所有调研项目的合计金额计算,研发费按照每个产品研发到三级核算。

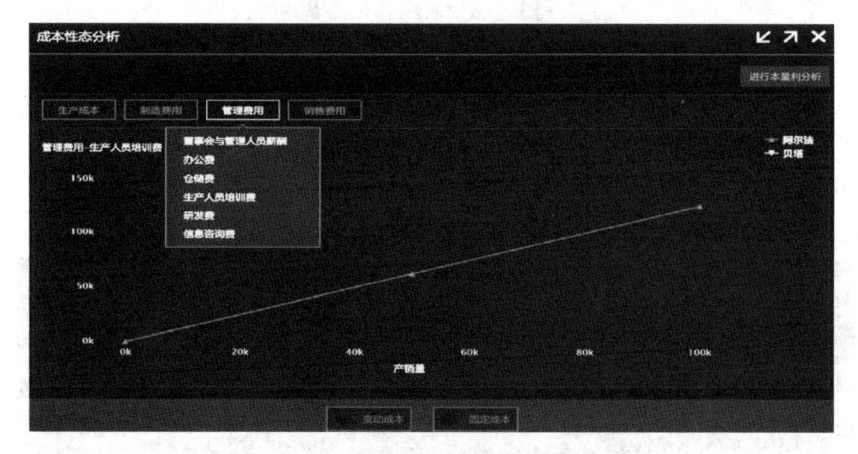

图 2-19　成本性态分析管理费用界面

**4. 销售费用分析**

销售费用也属于期间费用,包含销售人员提成、销售人员固定工资、包装费、网销扣点费、运费、收账费、开设进场与宣传费、专卖店或卖场租金以及广告费。通常需要注意产品运费为每个地区的运费平均单位金额;收账费为每种收账费加权求和;渠道费用及渠道租金按照所有渠道各铺设一个计算;广告费为每个渠道广告的最低限额合计数;销售人员薪酬按照每个区域全渠道各铺设一个所需销售人员数量计算。

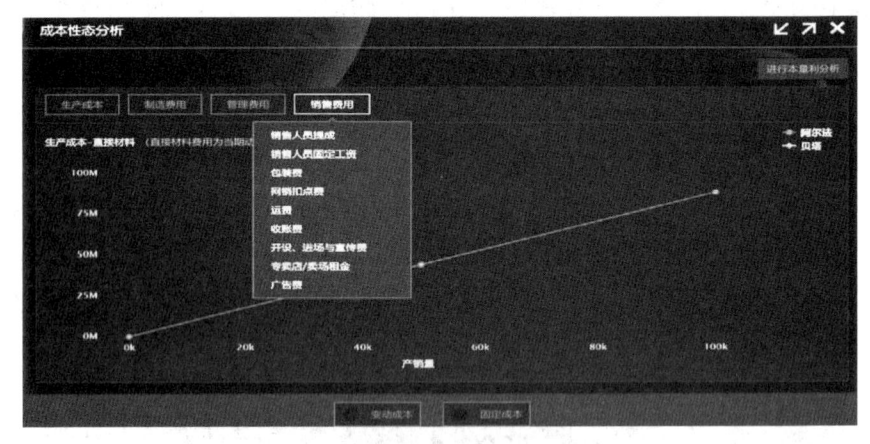

图2-20 成本性态分析销售费用界面

## (二)本量利分析

### 1. 单一产品本量利分析

本量利分析包含单个产品和多品种产品盈亏平衡点、保利量、边际贡献率以及目标利润的计算,同学们可以根据以下管理会计所学理论进行计算。具体公式如下:

$$盈亏平衡点 = \frac{固定成本合计}{销售单价-单位变动成本}$$

$$保利量 = \frac{固定成本合计+目标利润额}{销售单价-单位变动成本}$$

$$边际贡献率 = \frac{销售单价-单位变动成本}{销售单价}$$

在企业经营对抗中,我们需要输入单个产品的销售、成本情况,具体界面如图2-21所示。

图2-21 本量利分析单个产品界面

2. 多品种产品本量利分析

多品种产品本量利分析界面展现了阿尔法和贝塔两种产品，我们可以通过以下公式计算综合边际贡献率、综合保本额和综合保利额。实战对抗的界面如图 2-22 所示。

图 2-22 本量利分析多品种产品界面

$$综合边际贡献率 = \sum(边际贡献率 \times 销售比重)$$

$$综合保本额 = \frac{固定成本合计}{综合边际贡献率}$$

$$综合保利额 = \frac{固定成本合计 + 目标利润额}{综合边际贡献率}$$

## 二、成本预算分析

成本预算分析模块介绍了生产成本、管理费用、销售费用。在实际应用中生产和销售不匹配的情况下，成本分析和报表分析不和预算做对比，不做预算分析。生产成本、管理费用、销售费用三个界面都是对变动成本和固定成本的实际金额、预算金额做比较，如图 2-23 所示。

图 2-23 成本预算分析界面

### 三、报表预算分析

报表预算分析只对利润表进行对比分析,包含利润表分析的一般项目、现金收支预算数以及其他有关资料,如产品销售收入应收回的账款、其他销售收入、提供作业和劳务收入收取的账款以及其他现款收入。"直接材料""直接人工""制造费用""销售及管理费用"的数据分别来自前述的有关预算。此外,还包括所得税、购置设备、股利分配等现金支出。具体实战界面如图 2-24 所示。

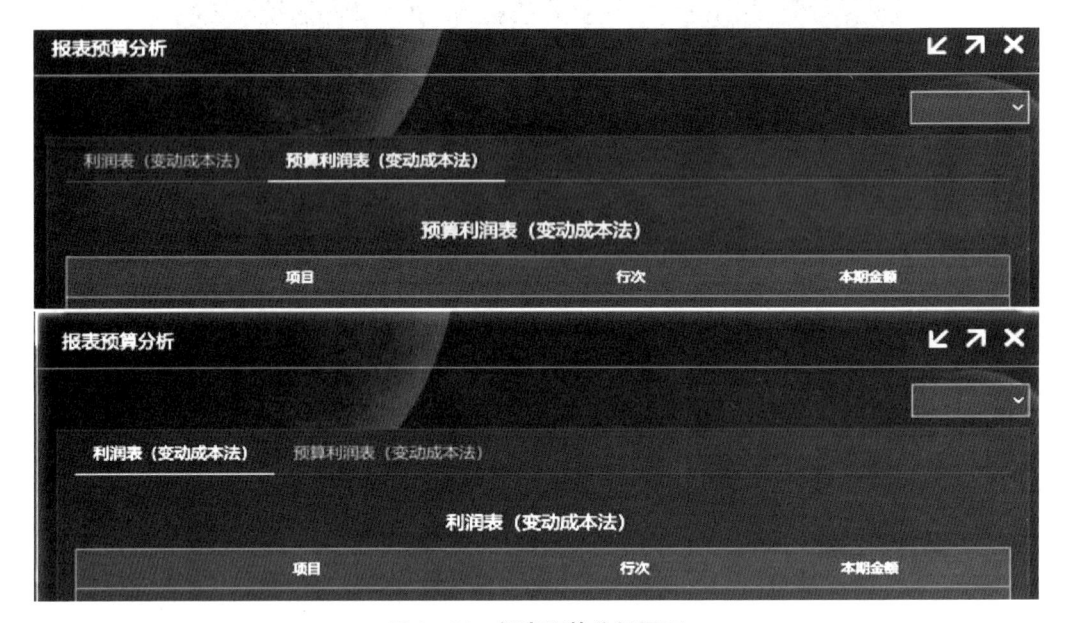

图 2-24 报表预算分析界面

## 任务四 资金筹集

### 任务描述

企业要进行生产、经营以及投资活动,就需要筹集一定数量的资金。筹资是企业进行一系列经济活动的前提和基础。资金筹集业务的主要工作是帮助企业在适当考虑筹资成本的基础上进行筹资渠道、筹资方式的选择与决策问题。

## 实验步骤

```
新增资本注册  →  金融机构贷款  →  资产抵押贷款
```

| 经营各期根据实际经营情况选择新增注册资本数量，普通股和优先股的最大额度各为5 000万元 | 短期贷款<br>长期贷款<br>小贷公司借款 | 选择产权明晰的资产进行抵押 |

## 知识链接

在市场经济环境下，企业可以从不同渠道取得所需资金，而不同的筹资渠道和不同的筹资方式组合都存在一定的资金成本，将给企业带来不同的预期收益，也将使企业承担不同的税负水平。适当利用负债工具，有助于企业在有效控制税负水平的同时，实现预期所有者权益最大化的目标。

**一、筹集资金的概念**

资金是企业持续从事经营活动的基本条件。筹集资金是指企业根据生产经营计划、对外投资方案以及结构调整安排等，经过科学的预测和决策，通过一定的渠道，利用适当的方式，从企业外部或内部获取所需资金的理财行为。

**二、筹集资金的渠道和方式**

**（一）筹资渠道**

筹资渠道是指筹集资金的来源和通道，体现所筹集资金的源泉和性质，涉及企业资金从哪来的问题。

长期以来，我国企业的资金来源渠道主要有国家财政拨款、向银行借入资金和企业自留资金三种。随着经济体制改革的深入进行、市场经济体制的确立、资金市场的开放，企业的资金来源渠道更加多样化。当前企业的资金来源渠道可以归纳为以下几种。

1. 国家财政资金

国家财政部门为了保证国家职能的实现，通过税收等形式集中一部分国民收入，按照国民经济和社会发展计划的要求，进行再分配，其中一部分用于对企业的投资。目前国家财政投资方式主要以直接拨款投资作为企业资金，此外，还可以较长的期限和较低的利息借给企业周转使用。

2. 金融机构资金

金融机构是专门进行资金融通的机构，包括银行、信用社、信托投资公司、租赁公司、财务公司等。这些机构绝大多数可以给企业贷款,有的可以向企业提供委托代理、租赁、担保等服务。

3. 社会闲散资金

社会闲散资金是指个人手中拥有的现金,包括本企业职工在内的城乡居民的经济收入和生活结余。随着社会经济的发展,城乡居民和个体经济收入总是在不断地增长,企业可采用发行股票、债券等方式筹集利用社会闲散资金。

4. 其他企业资金

企业间的购销业务中的商业信用行为会形成企业间的债权债务关系,形成债务人对债权人的信用资金占用。随着企业间横向经济联合的广泛发展,其他企业资金也成为企业资金的重要来源。

5. 企业提留资金

企业提留资金是指企业内部形成的资金,主要是资本公积金、提取盈余公积金、未分配利润而形成的资金,还包括一些经常性的延期支付款项,如应付工资、应交税金、应付股利等形成的资金来源。这一渠道的资金除资本公积外都由企业内部生成或转移,它一般不增加企业资金总量,但能增加可供周转的运营资金;它可以长期留用,不需要偿还和支付筹资费用,不用承担财务风险;它无须通过任何筹资活动,取得最为主动。

6. 境外资金

境外资金包括境外投资者投入资金和借用外资,如进口物资延期付款、补偿贸易、国际租赁、在国外发行企业债券等。我国实施对外开放政策以来,建立了大量的中外合资经营企业、中外合作经营企业和外商独资企业,使这一资金渠道得到了有效的启动。

## (二) 筹资方式

筹资方式是指企业筹集资金所采用的具体形式,体现不同的经济关系(所有权关系或债权关系)。筹资渠道与筹资方式,是一对既有共同之处,但又不完全相同的概念。如果说筹集资金的渠道属于客观存在,那么筹集资金的方式属于企业主观能动行为。企业筹集资金管理的重要内容是,如何针对客观存在的筹资渠道,选择合理的筹资方式进行筹资。认识筹资方式的种类及各种筹资方式的特点,有利于企业选择适宜的筹资方式并有效进行筹资组合,降低筹资成本,提高筹资效益。

1. 吸收直接投资

吸收直接投资(以下简称吸收投资)指企业按照"共同投资、共同经营、共担风险、共享利润"的原则直接吸收国家、法人、个人投入资金的一种筹资方式。吸收直接投资无须公开发行证券。吸收直接投资和发行股票都是自有资金筹集的方式,发行股票有股票这种有价证券作为中介,而吸收直接投资则不以证券为中介。吸收直接投资是非股份制企业筹集权益资本的基本方式,非股份制企业指资本不分为等额股份、不发行股票的企业,包括独资企业、合伙企业、有限责任公司。

吸收投资中的出资者都是企业的所有者,他们对企业具有经营管理权。企业经营状况好,盈利多,各方可按出资额的比例分享利润;但如果企业经营状况差,连年亏损,甚至被迫破产清算,则各方要在其出资的限额内按出资比例承担损失。

2. 发行股票

股票是股份公司为筹集自有资金而发行的有价证券,是投资人投资入股以及取得股利的凭证,它代表了股东对股份公司的所有权。股票持有人即为公司的股东。公司股东作为出资人按投入公司的资本额享有所有者的资产受益、公司重大决策和选择管理者的权利,并以其所持股份为限对公司承担责任。发行股票筹资是股份有限公司筹集自有资金的基本方式。

1) 普通股

普通股是公司发行的具有管理权而股利不固定的股票,是公司资本结构中基本的部分。在通常情况下,股份有限公司只发行普通股。普通股在权利义务方面的特点是:普通股股东对公司有经营管理权。在股东大会上有表决权,可以选举董事会,从而实现对公司的经营管理;普通股股利分配在优先股分红之后进行,股利多少取决于公司的经营情况;公司解散、破产时,普通股股东的剩余财产求偿权位于公司各种债权人和优先股股东之后;在公司增发新股时有认股优先权,可以优先购买新发行的股票。

2) 优先股

优先股是较普通股有某些优先权利同时也有一定限制的股票。其优先权利表现在:① 优先获得股利。优先股股利的分发通常在普通股之前,其股利率是固定的。② 优先分配剩余财产。当公司解散、破产时,优先股的剩余财产求偿权虽位于债权人之后,但位于普通股之前。③ 优先股股东在股东大会上无表决权。在参与公司经营管理上受到一定限制,仅对涉及优先股权利的问题有表决权。

发行优先股筹集的资金属于自有资金,优先股股东的权利与普通股股东有相似之处,两者股利都是在税后利润中支付,而不能像债券利息那样在税前列支,同时优先股又具有债券的某些特征。

由于发行股票筹集的是主权资金。普通股本和留存收益构成公司借入一切债务的基础。有了较多的主权资金,就可为债权人提供较大的损失保障。因而,发行股票筹资既可以提高公司的信用程度,又可为使用更多的债务资金提供有力的支持。同时,发行股票筹集的资金是永久性资金,没有固定的利息负担,在公司持续经营期间可长期使用,能充分保证公司生产经营的资金需求。但不可忽略的是,一般来说,股票筹资的成本要大于债务资金,股票投资者要求有较高的报酬。而且股利要从税后利润中支付,而债务资金的利息可在税前扣除。另外,普通股的发行费用也较高。同时,企业发行新股时,出售新股票、引进新股东会导致公司控制权的分散。

3. 企业内部积累

企业内部积累主要是指对企业税后利润进行分配所形成的公积金。

企业的税后利润并不全部分配给投资者,而应按规定的比例提取法定盈余公积金,有条件的还可提取任意盈余公积金。此项公积金可用以购建固定资产、进行固定资产更新改造、增加流动资产储备、采取新的生产技术措施和试制新产品、进行科学研究和产品开发等。因此,税后利润的合理分配也关系到企业筹资问题。

企业利润的分配一般是在年终或会计期末进行结算的,因此,在利润未被分配以前,可作为公司资金的一项补充来源。企业年末未分配的利润也具有此种功能。企业平时和年末未分配的利润,使用期最长不超过半年,使用时应加以注意。

此外,企业因计提折旧从销售收入中转化来的新增货币资金并不增加企业的资金总量,但却能增加企业可以周转使用的运营资金,因而也可视为一种资金来源和筹资方式。

应当指出,企业内部积累是补充企业生产经营资金的一项重要来源。利用这种筹资方式不必向外部企业办理各种手续,简便易行,而且不必支付筹资、用资的费用,经济合理。

### 4. 银行借款

公司生产经营活动需要大量资金给予支持。除自有资金外,相当多的部分要依靠向银行借款筹集。银行借款是指企业向银行等金融机构借入的款项。

1) 银行借款的种类

(1) 按借款的偿还期限划分,可分为短期借款和长期借款。

短期借款是指企业从银行及其他金融机构借入的偿还期限在一年以内的各种款项。短期借款的目的主要是为了解决企业对资金的临时需求,以缓解资金周转困难,保证生产经营的顺利进行。

长期借款是指企业从银行及其他金融机构借入的偿还期限在一年以上的各种款项。长期借款的目的主要是为了解决企业长期资金的不足和资金需求量的增加,以满足企业对长期资金的需求。例如,企业为了扩大生产规模而购建或改建固定资产,为了扩大经营规模长期增加企业存货库存,这必然会增加企业对长期资金的需求。在当前不能或不利于通过其他方式筹集资金时,企业便可以通过借入长期款项解决对资金的需求。

负债的财务杠杆效应

(2) 按借款有无担保划分,可分为有担保借款和无担保借款。

有担保借款又称抵押借款,是指企业必须以抵押品作为担保取得的借款。作为担保的抵押品必须是能够变现的资产。抵押品有应收账款、存货、房屋、建筑物、机器设备、股票、债券等。如果借款企业到期不能偿还借款,银行等金融机构可以取消企业对抵押品的赎回权,并有权处理抵押品,所得款项用于归还借款。有担保借款可以降低银行的贷款风险,提高贷款的安全性,但对借款企业进行了限制,即企业必须提供抵押资产,限制了企业对资产的使用。

无担保借款又称信用借款,是指企业不需要提供抵押品,仅凭其信用或担保人的信誉而取得的借款。借款企业通常仅出具签字的文书,即可得到无担保借款,但仅有那些资信良好的企业才能获得。由于无担保借款风险较大,企业承担的利息通常要高于其他借款,同时还要受一些附加条件的限制。

2）借款的信用条件

按照国际惯例，银行发放贷款时，往往会附加一些信用条件，主要有信贷额度、周转信贷协定、补偿性余额、借款抵押等。

(1) 信贷额度。

信贷额度也称贷款限额，是银行与借款人在协议中规定的允许借款人借款的最高限额。信贷限额的有效期限通常为一年，但根据情况也可延续一年。通常在信贷额度内，企业可随时向银行申请借款。如借款人超过规定限额继续向银行借款，银行则停止办理。银行并不承担必须提供全部信贷额度的义务。如果企业信誉恶化，即使银行曾经同意按信贷额度提供贷款，企业也可能得不到借款，这时，银行不会承担法律责任。

(2) 周转信贷协定。

周转信贷协定是银行具有法律义务地承诺提供不超过某一最高限额的贷款协定。在协定的有效期内，只要企业的借款总额未超过最高限额，银行必须满足企业任何时候提出的借款要求。企业享用周转信贷协定，通常要就贷款限额的未使用部分付给银行一笔承诺费。

例如，某企业与银行商定的周转信贷额为2 000万元，承诺费率为5‰，借款企业年度内使用了1 600万元，余额为400万元。那么，借款企业应向银行支付承诺费2万元（＝400×5‰）。这是银行向公司提供此项贷款的一种附加条件。

(3) 补偿性余额。

补偿性余额是银行要求企业在银行中保持贷款限额或实际借用额一定百分比（一般为10%～20%）的最低存款余额。从银行的角度讲，补偿性余额可降低贷款风险，补偿遭受的贷款损失。对于企业来说，补偿性余额则提高了借款的实际利率，补偿性余额有助于银行降低贷款风险，加重了企业的利息负担。

**例2-4** 某企业按年利率8%向银行借款10亿元，银行要求维持贷款限额15%的补偿性余额。那么企业实际可用的资金只有8.5亿元。请问该借款的实际利率为多少？

$$该借款的实际利率 = \frac{10 \times 8\%}{10 \times (1-15\%)} \times 100\% = 9.41\%$$

(4) 借款抵押。

银行向财务风险较大的公司或对其信誉不甚把握的公司发放贷款，有时需要有抵押品担保，以减少自己蒙受损失的风险。短期借款的抵押品经常是借款公司的应收账款、存款、股票、债券等。银行接受抵押品后，将根据抵押品的面值决定贷款余额，一般为抵押品面值的30%～90%。这一比例的高低，取决于抵押品的变现能力和银行的风险偏好。抵押借款的成本通常高于非抵押借款，这是因为银行主要向信誉好的客户提供非抵押贷款，而将抵押贷款看成是一种风险投资，故而收取较高的利率；同时银行管理抵押贷款要比管理非抵押贷款困难，为此往往另外收取手续费。此外，公司向贷款人提供抵押品，会限制其财产的使用和将来的借款能力。

除了以上所述的信用条件外，银行有时还要求企业为取得借款而做出其他承诺，如及时提供财务报表、保持适当资产流动性等。若企业违背做出的承诺,银行可要求企业立即归还全部贷款。

5. 发行债券

企业债券又称公司债券,是企业依照法定程序发行的、约定在一定期限内还本付息的有价证券,是持券人拥有公司债权的证书。它代表持券人同公司之间的债权债务关系。持券人可按期取得固定利息,到期收回本金,但无权参与公司经营管理,也不参加分红,持券人对企业的经营盈亏不承担责任。

1) 企业债券的分类

(1) 债券按有无抵押品担保,分为抵押债券、担保债券和信用债券。

抵押债券是以发行债券企业的稳定财产为担保品,如债券到期不能偿还,持券人可以行使其抵押权,拍卖抵押品作为补偿。抵押债券按其抵押品的不同,分为不动产抵押债券、动产抵押债券和证券抵押债券。

担保债券是指由一定保证人作担保而发行的债券。当企业没有足够的资金偿还债券时,债权人可要求保证人偿还。

信用债券又称无抵押担保债券,是仅凭企业自身的信用发行的、没有抵押品作抵押或担保人作担保的债券。在公司清算时,信用债券的持有人因无特定的资产作担保品,只能作为一般债权人参与剩余资产的分配。为了保护债权人的利益,发行信用债券往往要有一些限制条件,如企业债券不能随意增加发行,未清偿债券之前股东分红不能过高等,要指定受托人进行监督等,此外还有一种重要的"反抵押条款",即规定企业不能将其财产抵押给债权人。通常只有历史悠久、信誉良好的企业,才能发行这种信用债券。

(2) 债券按偿还期限不同,分为长期债券和短期债券。

短期债券是指偿还期限在一年以内的债券,长期债券是指偿还期限超过一年的债券,在实务中往往又进一步根据期限长短区分为中期债券和长期债券。偿还期限在1年以上5年以下的为中期企业债券,偿还期限在5年以上的为长期企业债券。我国短期企业债券的偿还期限在1年以内,分为3个月、6个月和9个月三种。1988年,我国企业开始发行短期债券。企业发行短期债券大多是为了筹集临时性周转资金。

(3) 债券按是否记名,分为记名债券和无记名债券。

记名债券是在债券上记有持券人姓名的企业债券,同时企业要把债权人的姓名登记在债券名册上。记名债券表明只有债券上和公司债券存根簿上记载的债权人是该债券的合法持有人,才能享有和行使债权人的权利。如果债券持有人将该债券转让,必须依法相应地变更记名债券上和公司债券存根簿上的持有人名称。

无记名债券则在债券上不记载债券持有人姓名,还本付息时仅以债券为凭,企业见票即还本或付息。无记名债券只需在债券存根簿中载明债券总额、发行日期、债券编号及其他有关事项。

2) 债券发行价格的确定

债券发行价格的高低,取决于以下四项因素:

(1) 债券票面价值,即债券面值。债券售价的高低,从根本上取决于面值大小,但面值是企业将来归还的数额,而售价是企业现在收到的数额。

(2) 债券利率。债券利息是企业在债券发行后一段时间付给债券购买者的,债券利率越高,则售价越高。

(3) 市场利率。市场利率是衡量债券利率高低的参照指标,与债券售价成反比例关系。

(4) 债券期限。债券发行的起止日期越长,则风险越大,售价越低。

企业债券通常按债券的面值出售的,称为等价发行,但是在实践中往往按低于或高于债券面值的价格出售,即折价发行或溢价发行。这是因为债券利率是参照市场利率制定的,市场利率经常变动,而债券利率一经确定就不能变更。从决定债券发行,到债券开印,一直到出售这段时间里,如果市场利率较前有变化,就要依靠调整发行价格(折价或溢价)来调节债券购销双方的利益。

6. 融资租赁

租赁是出租人以收取租金为条件,在契约或合同规定的期限内,将资产租借给承租人使用的一种经济行为。租赁行为在实质上具有借贷属性,不过它直接涉及的是物而不是钱。在租赁业务中,出租人主要是各种专业租赁公司,承租人主要是其他各类企业,租赁物大多为设备等固定资产。

现代租赁已经成为企业筹集资金的一种方式,用于补充或部分替代其他筹资方式。在租赁业务发达的条件下,它为企业所普遍采用,它是企业筹资的一种特殊方式。

1) 融资租赁的特点

融资租赁是由租赁公司按照承租企业的要求融资购买设备,并在契约或合同规定的较长期限内提供给承租企业使用的信用性业务。承租企业采用融资租赁的主要目的是为了融通资金。融资租赁的形式是融物,实质是融资。融资租赁通常为长期租赁,可适应承租企业对设备的长期需要,故有时也称为资本租赁,其主要特点有:

(1) 一般由承租企业向租赁公司提出正式申请,由租赁公司融资购进设备租给承租企业使用。

(2) 租赁期限较长,大多为设备耐用年限的一半以上。

(3) 租赁合同比较稳定,在规定的租期内非经双方同意,任何一方不得中途解约,这有利于维护双方的权益。

(4) 由承租企业负责设备的维修保养和保险,但无权自行拆卸改装。

(5) 租赁期满时,按事先约定的办法处置设备,一般有退还、续租或留购三种选择,通常由承租企业留购。

2) 融资租赁的形式

(1) 直接租赁。直接租赁是融资租赁的典型形式,通常所说的融资租赁是指直接租赁形式。

(2) 售后租回。在这种形式下,制造企业按照协议先将其资产卖给租赁公司,再作为承租企业将所售资产租回使用,并按期向租赁公司支付租金。

(3) 杠杆租赁。杠杆租赁是国际上比较流行的一种融资租赁形式。它一般要涉及承租人、出租人和贷款人三方当事人。从承租人的角度来看,它与其他融资租赁形式并无区别,同样是按合同的规定,在租期内获得资产的使用权,按期支付租金。但对出租人来说不同,出租人只垫支购买资产所需现金的一部分(一般为20%~40%),其余部分(一般为60%~80%)则以该资产为担保向贷款人借资支付。因此,在这种情况下,租赁公司既是出租人又是借资人,据此既要收取租金又要支付债务。这种融资租赁形式,由于租赁收益一般大于借款成本支出,出租人借款购物出租可获得财务杠杆利益,故被称为杠杆租赁。

3) 融资租赁租金的确定

(1) 决定租金的因素:租赁设备的购置成本,包括设备的买价、运杂费和途中保险费等;预计租赁设备的残值,指设备租赁期满时预计可变现净值;利息,指租赁公司为承租企业购置设备融资而应计的利息;租赁手续费,包括租赁公司承办租赁设备的营业费用以及收取的必要的盈利。

(2) 租金的支付方式。租金的支付方式影响每期租金的多少,一般而言,租金支付次数越多,每次的支付额越小。按支付间隔期,分为年付、半年付、季付和月付;按在期初还是在期末支付,分为先付和后付;按每次是否等额支付,分为等额支付和不等额支付。实务中,承租企业与租赁公司商定的租金支付方式,大多为后付等额年金。

4) 租金的计算方法

目前国际流行的租金计算方法主要有平均分摊法、等额年金法、附加率法、浮动利率法。我国大多采用平均分摊法和等额年金法。

(1) 平均分摊法。

平均分摊法是先以商定的利息率和手续费率计算出租赁期间的利息和手续费,然后连同设备成本按支付次数平均。这种方法没有充分考虑时间价值因素。每次应付租金的计算公式可列示如下:

$$R = \frac{(C-S)+I+F}{N}$$

式中,$R$ 为每次支付的租金;$C$ 为租赁设备购置成本;$S$ 为租赁设备预计残值;$I$ 为租赁期间利息;$F$ 为租赁期间手续费;$N$ 为租金支付租期。

**例 2-5** 某企业于 2023 年 1 月 1 日从租赁公司租入一套设备,价值 100 000 元,租期为 5 年,预计租赁期满时的残值为 6 000 元,归租赁公司,年利率为 9%,租赁手续费率为设备价值的 2%。租金每年年末支付一次。租赁该套设备每次支付的租金可计算如下:

$$\frac{(100\,000-6\,000)+[100\,000\times(1+9\%)^5-100\,000]+100\,000\times 2\%}{5}=29\,972(元)$$

(2) 等额年金法。

等额年金法是运用年金现值的计算原理计算每期应付租金的方法。在这种方法下,通常要根据利率和手续费率确定一个租费率,作为折现率。

后付租金的计算。计算公式如下:

$$P = A \times (P/A, i, n)$$

经推导,可求得后付租金方式下每年年末支付租金数额的计算公式如下:

$$A = \frac{P}{(P/A, i, n)}$$

式中,$A$ 为年金,即每年支付的租金;$P$ 为年金现值,即等额租金现值;$(P/A,i,n)$ 为年金现值系数;$n$ 为支付租金期数;$i$ 为贴现率,即租费率。

**例 2-6** 承例 2-5,假定设备残值归属承租企业,租费率为 11%,则承租企业每年年末支付的租金计算如下:

$$A = \frac{100\,000}{(P/A, 11\%, 5)} = \frac{100\,000}{3.696} = 27\,056(元)$$

7. 商业信用

商业信用是指商品交易中以延期付款或预收货款方式进行购销活动而形成的借贷关系,是企业之间的直接信用行为。商业信用是由商品交换中货与钱在空间上和时间上的分离而产生的。

企业之间的商业信用主要有以下几种形式。

1) 应付账款

应付账款即赊购商品,是一种典型的商业信用形式。

为了促使购买企业按期付款、提前付款,销售企业往往规定一定的信用条件。例如,规定"2/10,n/30",意思为购买企业如果在 10 天内付款,可以减免货款的 2%;全部货款应在 30 天内付清。这种折扣称为现金折扣。

应付账款这种信用方式,按其是否支付代价分为免费信用、有代价信用和展期信用三种。

(1) 免费信用。

免费信用是指企业无须支付任何代价而取得的信用,一般包括法定付款期限和销售者允许的折扣期限。前者如银行结算办法规定允许有三天的付款期限,即付款人可从收到付款通知的三天内享受免费信用;后者为一定信用条件的折扣期内购买者可享受免费信用。这两种免费信用都是有时间限制的,没有时间限制的免费信用,容易引发拖欠行为。

(2) 有代价信用。

有代价信用是指企业需要支付一定代价而取得的信用。如在有现金折扣销售的方式下,企业购买者如欲取得商业信用,则需放弃现金折扣,而所放弃的现金折扣就是取得此种信用的代价。放弃现金折扣的商业信用的资本成本可按下列公式计算:

$$放弃现金折扣实际利率 = \frac{折扣率}{1-折扣率} \times \frac{360}{信用期限-折扣期限}$$

**例 2-7** 某企业以"2/10,n/30"的信用条件购进一批原材料,在现金折扣期后付款。则此笔应付账款的资本成本率为：

$$放弃现金折扣实际利率 = \frac{2\%}{1-2\%} \times \frac{360}{30-10} = 36.72\%$$

（3）展期信用。

展期信用是指企业在销售者提供的信用期限届满后以拖延付款的方式强制取得信用。展期信用虽不付出代价，但不同于一般免费信用，它是明显违反结算制度的行为，且会影响企业信誉，是不可取的。

2）商业汇票

商业汇票是指企业之间根据购销合同进行延期付款的商品交易时，开具的反映债权债务关系的票据，是现行的一种商业票据。商业汇票可由销货企业签发，也可由购货企业签发，到期日由销货企业要求付款。商业汇票必须经过承兑，即由有关方在汇票上签章，表示承认到期付款。根据承兑人不同，商业汇票分为商业承兑汇票和银行承兑汇票两种。商业承兑汇票，是指由销货企业或购货企业开出，由购货企业承兑的汇票。银行承兑汇票，是指由销货企业或购货企业开出，由购货企业请求其开户银行承兑的汇票。这两种承兑汇票在同城、异地均可使用。

汇票承兑期限由交易双方商定，一般为1至6个月，最长不超过9个月，遇有特殊情况可以适当延长。如属分期付款，应一次签发若干不同期限的汇票。汇票经承兑后，承兑人即付款人有到期无条件交付票款的责任。

3）票据贴现

票据贴现是指持票人把未到期的商业票据转让给银行，贴付一定的利息以取得银行资金的一种借贷行为。它是商业银行发展的产物，实为一种银行信用。银行在贴现商业票据时，所付金额要低于票面金额，其差额为贴现息。贴现息与票面额的比率，为贴现率。银行通过贴现把款项贷给销货企业，到期向购货企业收款，所以要收利息。贴现率由银行参照流动资金贷款利率规定。计算公式如下：

贴现息＝汇票金额×贴现天数×（月贴现率÷30）

应付贴现票款＝汇票金额－贴现息

4）预收货款

预收货款是指销货企业按照合同或协议规定，在付出商品之前向购货企业预先收取部分或全部货物价款的信用行为。它等于向购货企业先借一笔款项，然后用商品归还，这是另一种典型的商业信用形式。通常购货企业对于紧缺商品乐意采用这种形式。

**（三）资金成本**

资金成本有广义和狭义之分。一般来说，企业筹集和使用任何资金，不论短期资金还是长期资金，都要付出代价。广义的资金成本是这些代价的总和，狭义的资金成本则仅指企业筹集和使用长期资金（包括长期债务资金和股权资金）而付出的代价。由于短期资金规模较小，使用时间较短，游离程度较高,其成本的高低对企业财务决策影响不大,因此,通常意义上的资金成本主要指长期资金成本。

1. 资金成本的概念

资金成本是指企业为筹集和使用资金而付出的代价。在市场经济条件下,企业不能无偿使用资金,必须向资金提供者支付一定比例的费用作为补偿。企业使用资金就要付出代价,所以,企业必须节约使用资金。

资金成本包括筹资费用和用资费用两部分。

(1) 筹资费用。筹资费用是指企业在筹措资金过程中为获取资金而支付的费用,如向银行支付的手续费,因发行股票、债券而支付的发行费、评估费、公证费等。筹资费用通常是在筹措资金时一次支付的,在用资过程中不再发生,属固定费用性质。

(2) 用资费用。用资费用是指企业在投资过程中因使用资金而支付的代价,如向股东支付的股利、向债权人支付的利息等,属变动费用性质。

2. 资金成本的作用

(1) 资金成本是企业选择资金来源和筹资方式的基本依据。企业的资金可以从不同的渠道、采用不同的方式筹集。就筹集长期资金来说,既可以吸收权益资金,又可以向商业银行或其他金融机构借款,还可向政府申请借款。企业究竟通过哪些渠道,采用什么方式筹集资金,首先要考虑的因素就是资金成本的高低。如果仅就几种筹资方式进行比较,在其他条件基本相同的情况下,企业应选择筹资成本最低的筹资方式。而在进行多种筹资方式组合时,在投资收益率大于资金成本的前提下,只有能使企业综合资金成本最低的方案才是最佳筹资方案。

(2) 资金成本是确定最优资本结构的主要参数。不同的资本结构,会给企业带来不同的风险和成本,从而引起股票价格的变动。企业在确定最优资本结构时,考虑的因素主要有资金成本和财务风险。资金成本并不是企业筹资决策中所要考虑的唯一因素,企业筹资还要考虑财务风险、资金期限、偿还方式、限制条件等。但资金成本作为一项重要的因素,直接关系企业的经济效益,是筹资决策时需要考虑的一个首要问题。

(3) 在计算投资评价指标净现值指标时,通常以资金成本作为贴现率。只有当项目的净现值为正时,才说明项目是有利可图的,在经济上是可行的;反之,如果净现值为负,则该项目将无利可图,在经济上是不可行的。因此,采用净现值指标评价投资项目时离不开资金成本。

(4) 在利用内部收益率指标进行项目可行性评价时,一般以资金成本作为基准收益率。即只有当投资项目的内部收益率高于资金成本时,投资项目才可行;反之,当投资项目的内部收益率低于资金成本时,投资项目不可行。

3. 个别资金成本的测算

1) 基本公式

$$资金成本率 = \frac{每年的用资费用}{筹资总额 - 筹资费用}$$

$$= \frac{每年的用资费用}{筹资净额}$$

$$K = \frac{D}{P-F}$$

$$= \frac{D}{P(1-f)}$$

式中，$K$ 表示资金成本率，用百分数表示；$D$ 表示用资费用；$P$ 表示筹资总额；$F$ 表示筹资费用；$f$ 表示筹资费用率，即筹资费用占筹资总额的比率。

2) 债务资金成本

债务资金主要是指通过银行借款和发行企业债券所筹集到的资金。这两种筹资方式的资金成本具有以下共同特点：

第一，利息是按照预先确定的利息率计算的，利息的多少不受企业经营业绩和成本高低的影响。

第二，利息从税前利润中列支，有抵减所得税的效应，对于企业来说得到了少交一部分所得税的好处。故企业实际承担的债务利息是利息费用扣除抵减所得税之后的净额，即债务利息＝利息费用×(1－企业所得税税率)。

(1) 长期银行借款资金成本。长期银行借款资金成本一般是由借款利息和手续费两部分组成，其中借款利息为用资费用，手续费为筹资费用。

$$K_i = \frac{I_i \times (1-T)}{L_i \times (1-F_i)} \times 100\%$$

式中，$K_i$ 表示长期银行借款资金成本；$I_i$ 表示长期银行借款年利息；$T$ 表示所得税税率；$L_i$ 表示长期银行借款筹资总额；$F_i$ 表示长期银行借款筹资费用率。

**例 2-8** 华利公司欲从银行取得一笔长期借款 100 万元，手续费率为 0.1%，年利率为 5%，期限为 3 年，每年付息一次，到期一次还本。公司所得税税率为 25%。要求：计算该笔银行借款的资金成本。

$$银行借款成本 = \frac{100 \times 5\% \times (1-25\%)}{100 \times (1-0.1\%)} \times 100\% = 3.75\%$$

一般情况下，银行借款的手续费很低，此时的筹资费用率常常可以忽略不计，则上式可简化为：

$$K_i = i \times (1-T)$$

式中，$i$ 表示长期银行借款年利率。

(2) 债券成本。债券成本中的利息费用税前支付，也具有减税效应。债券的筹资费用一般较高，这类费用主要包括申请发行债券的手续费、债券注册费、印刷费、上市费以及推销费用等。债券成本的计算公式为：

$$K_i = \frac{I_b \times (1-T)}{L_b \times (1-F_b)} \times 100\%$$

式中，$I_b$ 表示债券每年支付的利息；$T$ 表示企业所得税税率；$L_b$ 表示发行债券筹资总额；$F_b$ 表示发行债券筹资费用率。

企业债券可以按面值发行，也可以溢价发行或折价发行，由于发行企业债券的筹资总额是投资者实际缴付的资金，所以筹资总额应按发行价格计算，而各期利息则应按面值计算。

3) 权益资金成本

权益资金成本由投资者的预期报酬和筹资费用两部分构成。发行优先股和普通股的筹资费用与发行企业债券类似，而投资者的预期报酬与企业债券利息虽然都是资金成本的用资费用，但二者却有很大的差别：

第一，企业债券利息是按事先预定的利息率计算的，而权益资金投资者的报酬除了受企业经营业绩影响外，还受其他因素（如股利政策）的影响，具有较大的不确定性。

第二，债务资金的利息费用可以在所得税前列支，有抵减所得税的效应，而权益资金的报酬是用税后利润支付的，对于企业来说不可能得到抵减所得税的好处。

因此，通常情况下权益资金成本比债务资金成本要高得多。

(1) 优先股成本。

企业发行优先股，既要支付筹资费用，又要定期支付股利。它与债券不同的是股利在税后支付，且没有固定到期日。

优先股成本的计算公式为：

$$K_P = \frac{D_P}{P_P \times (1-f_P)} \times 100\%$$

式中，$K_P$ 表示优先股的资金成本率；$D_P$ 表示优先股股利；$P_P$ 表示优先股筹资总额；$f_P$ 表示优先股筹资费用率。

(2) 普通股成本。

普通股是股份公司的原始股本，与优先股相比，其主要区别表现在普通股股利的不确定性，因此，普通股是一种风险最大的股票。从理论上来讲，普通股资金成本是普通股股东在一定风险条件下所要求的最低投资报酬率。普通股股东承担的风险越大，其相应要求的报酬也越高。普通股报酬随企业生产经营状况的变化而变化，与负债成本和优先股成本的估算相比，普通股成本的估算较为复杂，仅靠某一种方法难以做出较为准确的估算，在计算普通股成本时，通常有三种计算方法。下面分别介绍三种普通股成本估算方法。

① 股利折现模型。普通股的市场价值是一系列期望股利现金流量的现值之和，即：

$$P_0 = \sum_{t=1}^{\infty} \frac{D_t}{(1+K_c)^t}$$

式中，$P_0$ 表示普通股筹资净额，即发行价格扣除发行费用；$D_t$ 表示普通股第 $t$ 年的股利；$K_c$ 表示普通股必要投资报酬率，即普通股资金成本。

运用上述模型估算普通股资金成本，因具体的股利政策不同而有所不同。如果公司采用固定股利政策，即每年分派现金股利 $D$ 元，则普通股的资金成本可按下式计算：

$$K_c = \frac{D}{P_0} \times 100\%$$

**例 2-9** 某公司拟发行一批普通股，发行价格为 12 元，每股发行费用为 12 元，预定每年分派现金股利 1.5 元，则其资金成本为：

$$K_c = \frac{1.5}{12-2} \times 100\% = 15\%$$

如果公司采用固定增长股利政策，股利增长率为 $G$，则普通股的资金成本可按下式计算：

$$K_c = \frac{D_1}{P_0} + G$$

式中，$D_1$ 为第 1 年的股利。

**例 2-10** 华利公司准备增发普通股，每股发行价格为 15 元，筹资费用率为 20%。预定第一年分派现金股利为每股 1.5 元，以后每年股利增长率为 3%。其资金成本为：

$$K_c = \frac{1.5}{15 \times (1-20\%)} + 3\% = 15.5\%$$

② 资本资产定价模型。根据资本资产定价模型方法，假定普通股股东的相关风险只是市场风险，那么投资者所期望的风险报酬就取决于该股票的 $\beta$ 系数和市场风险报酬，普通股股东的期望收益率可以用下式表示：

$$K_c = R_f + \beta(R_m - R_f)$$

式中，$R_f$ 表示无风险收益率；$\beta$ 表示股票的贝塔系数；$R_m$ 表示市场期望投资收益率。

**例 2-11** 假定华利公司普通股股票的 $\beta$ 值为 2.0，无风险收益率为 7%，市场期望投资收益率为 15%，则按资本资产定价模型计算该公司的普通股股票的资金成本为：

$$K_c = R_f + \beta(R_m - R_f) = 7\% + 2.0 \times (15\% - 7\%) = 23\%$$

③ 债券收益加风险报酬法。由于普通股的索赔权不仅在债权之后，而且还次于优先股，因此，持有普通股的风险要大于持有债权的风险。这样，普通股股东就必然要求获得一定的风险补偿，即在债券投资者要求的收益率的基础上再要求一定的风险报酬。按照这一方法，普通股的资金成本计算公式为：

$$K_c = K_b + RP_c$$

式中，$K_b$ 表示债券成本；$RP_c$ 表示股东比债权人承担更大风险所要求的风险溢价。

(3) 留存收益成本。

留存收益是企业的税后净利润形成的,包括提取的盈余公积、公益金和未分配利润。留存收益是企业的一项重要的资金来源,它不仅可以作为以后分配股利的来源,而且也可以作为企业扩大再生产的资金来源。从资本产权界定来说,留存收益属于所有者权益,应归属于普通股股东。因此,企业使用留存收益也存在资金成本问题。留存收益的资金成本可视同普通股股东放弃目前享受这些资金,对企业进行追加投资的机会成本。故留存收益资金成本可以比照普通股资金成本确定,只是在计算留存收益资金成本时不考虑筹资费用。

4. 综合资金成本

企业经营所需要的资金可以通过多种渠道、采用多种方式来筹集,而每种筹资方式的资金成本是不一样的。为了正确进行筹资和投资决策,除了要分别计算不同筹资方式的资金成本,还要计算企业全部资金的综合资金成本。综合资金成本是指分别以各种资金成本为基础,以各种资金占全部资金的比重为权数计算出来的加权平均资金成本。加权平均资金成本率是由个别资金成本率和各种长期资金比例这两个因素所决定的。其计算公式为:

$$K_w = \sum_{i=1}^{n} K_i W_i, \quad \sum_{i=1}^{n} W_i = 1$$

式中,$K_w$ 表示加权平均资金成本;$K_i$ 表示某一个别资金成本;$W_i$ 表示某一个别筹资额占筹资总额的比重;$n$ 表示资金种类。

**例 2-12** 某企业共有资金 100 万元,其中,长期银行借款 10 万元,企业债券 30 万元,优先股 10 万元,普通股 40 万元,留存收益 10 万元,各种筹资方式的资金成本率分别为 6%、8%、10%、15.5% 和 15%。要求:计算该企业的加权平均资金成本。

(1) 计算各种资金所占的比重。

长期银行借款占资金总额的比重 $W_1 = \dfrac{10}{100} \times 100\% = 10\%$

企业债券占资金总额的比重 $W_2 = \dfrac{30}{100} \times 100\% = 30\%$

优先股占资金总额的比重 $W_3 = \dfrac{10}{100} \times 100\% = 10\%$

普通股占资金总额的比重 $W_4 = \dfrac{40}{100} \times 100\% = 40\%$

留存收益占资金总额的比重 $W_5 = \dfrac{10}{100} \times 100\% = 10\%$

(2) 计算加权平均资金成本。

在已知个别资金成本及各种资金占全部资金总额比重的前提下,即可计算加权平均资金成本:

$$K_w = K_1W_1 + K_2W_2 + K_3W_3 + K_4W_4 + K_5W_5$$
$$= 6\% \times 10\% + 8\% \times 30\% + 10\% \times 10\% + 15.5\% \times 40\% + 15\% \times 10\%$$
$$= 11.7\%$$

5. 财务杠杆

1) 财务杠杆的概念

财务杠杆(Financial Leverage)是指由于固定财务费用的存在,使权益资本净利率(用每股盈余来表示)的变动率大于息税前利润变动率的现象。

在资本结构(即负债比率)一定的条件下,企业利用财务杠杆作用,可以获得更多的利润,从而提高权益资本净利率。因为,在投资报酬率大于负债利息率的前提下,无论企业息税前利润多少,债务利息是固定的。当息税前利润增加时,每一元息税前利润负担的债务利息就会相对下降,其创造的税后利润相应增加,从而给投资者带来额外收益,即财务杠杆利益;反之,当息税前利润下降时,每一元息税前利润负担的债务利息就会相对提高,其创造的税后利润相应减少,从而给投资者带来额外损失,即财务风险。可见,财务杠杆是一把"双刃剑"。

2) 财务杠杆系数

只要企业存在债务资本,就存在财务杠杆效应的作用。为了反映财务杠杆作用的程度,正确估计财务杠杆利益的大小,衡量财务风险的高低,需要计算财务杠杆系数。财务杠杆系数,亦称财务杠杆程度,它是指普通股每股盈余的变动率相当于息税前利润变动率的倍数。财务杠杆系数的计算公式如下:

$$DFL = \frac{\frac{\Delta EPS}{EPS}}{\frac{\Delta EBIT}{EBIT}}$$

式中,$DFL$ 表示财务杠杆系数;$EPS$ 表示普通股每股盈余;$\Delta EPS$ 表示普通股每股盈余变动额;$EBIT$ 表示息税前利润;$\Delta EBIT$ 表示息税前利润变动额。

为了便于计算,可以将上式进行推导:

$$EBIT = \frac{(EBIT - I)(I - T)}{C}$$

$$\Delta EBIT = \frac{(EBIT + \Delta EBIT - I)(1 - T)}{C} - \frac{(EBIT - I)(1 - T)}{C}$$

$$= \frac{\Delta EBIT(1 - T)}{C}$$

式中,$I$ 表示债务利息率;$C$ 表示流通在外的普通股股数。

将 $EPS$ 和 $\Delta EPS$ 的表达公式代入上述财务杠杆系数的定义公式中,经推导得出:

$$DFL = \frac{EBIT}{EBIT - I}$$

**例 2-13** 华利公司全部资本总额为 7 500 万元,债务资本比例为 40%,年利息率为 8%,企业所得税税率为 33%,息税前利润为 800 万元,则其财务杠杆系数为:

$$DFL = \frac{EBIT}{EBIT - I} = \frac{800}{800 - 7\,500 \times 40\% \times 8\%} = \frac{800}{560} = 1.43$$

以上计算结果表明,当息税前利润增长 1 倍时,普通股每股盈余则以 1.43 倍的幅度增长;反之,当息税前利润下降 1 倍时,普通股每股盈余将以 1.43 倍的幅度下降。息税前利润增长时表现为财务杠杆利益,息税前利润下降时表现为财务风险。一般而言,财务杠杆系数越大,企业的财务杠杆利益和财务风险就越高;财务杠杆系数越小,企业的财务杠杆利益和财务风险就越低。

在资本总额、息税前利润相同的情况下,负债比率越高,财务杠杆系数就越大,财务风险越高,但预期的每股盈余也越高。在债务利息不变的情况下,息税前利润越大,财务杠杆系数越小,财务风险也越小。因此,企业可以通过合理安排负债比率和增加息税前利润,使财务杠杆利益大于财务风险的不利影响,从而使普通股每股盈余稳步增长。

6. 资本结构

1) 资本结构的概念

资本结构是指企业各种资金的构成及其比例关系。资本结构有广义和狭义之分。狭义的资本结构是指企业长期资金各项目(包括长期借款、长期债券、优先股和普通股等)的构成和比例关系。广义的资本结构是指企业全部资金(包括长期资金和短期资金)的构成和比例关系。

资本结构是企业财务管理理论和实践中的一个极其重要的问题,也是企业筹资管理的核心问题。

2) 资本结构的作用

企业资本结构是由企业采用的各种筹资方式筹集资金而形成的,各种筹资方式不同的组合类型决定着企业资本结构及其变化。企业筹资方式虽然很多,但主要分为债务资金和权益资金两类,资本结构问题总的来说是债务资金的比例问题,即合理安排负债在全部资金中所占的比重。因此,必须了解债务资金的作用。

(1) 合理利用债务资金有利于降低资金成本。由于债务资金必须按期还本付息,对资金供应者来说,其风险明显小于权益资金,因此,负债利息率一般低于权益资金的报酬率。同时,负债利息可以在税前支付,债务资金成本必然低于权益资金成本。在一定的限度内增加负债筹资,就可以降低加权平均资金成本,从而提高企业价值。

(2) 合理利用债务资金有利于提高权益资金的收益水平。根据财务杠杆原理,在资产报酬率大于负债利息率的前提下,适当提高负债比率,就可以使得权益资本获得很大的财务杠杆利益,在一定程度上提高股票的每股盈余,从而使股票价格上扬。

(3) 合理安排债务资金比例可以增加企业的价值。一般来说,企业的价值等于其债务资金的市场价值与权益资金的市场价值之和,用公式表示为:

$$V = B + S$$

式中，$V$ 表示企业总价值；$B$ 表示债务资金的市场价值；$S$ 表示权益资金的市场价值。

上述公式清楚地表达了按资金的市场价值反映的资本结构与企业价值之间的内在关系。企业的总价值与资本结构是紧密联系的，合理安排债务资金在一定程度上有利于增加企业的市场价值。

(4) 过度负债会造成较大的财务风险。债务资金对于企业来说是一把"双刃剑"。虽然债务资金的利息率一般低于权益资金报酬率，合理利用负债可以给企业带来降低加权平均资金成本、提高每股盈余的好处，但过度负债也加大了企业的财务风险。这种风险是由未来 $EBIT$ 的不确定性造成的，当 $EBIT$ 降低时，过高的固定利息支付不仅给企业造成严重的负担，从而使每股盈余大幅度地下降，而且过高的债务负担增加了还本的压力，加大了企业破产的风险。

## 任务执行

### 一、新增资本注册

进入新增资本注册界面，如图 2-25 所示，点击上下键，填入新增注册资本金额，点击"修改保存"，则可新增普通股和优先股。普通股和优先股的最大额度各为 5 000 万元，资本注册额度根据经营规划确定。

图 2-25　新增资本注册界面

### 二、金融机构贷款

进入贷款界面，可进行短期贷款、长期贷款、小贷公司贷款，点击"添加筹资"，选择筹资类型，选择贷款期限，填写贷款金额，系统自动显示本期贷款额度。贷款额度和注册资本及信用等级相关。本界面可查看信用评级明细得分，信用评级 D 以下不能贷款。

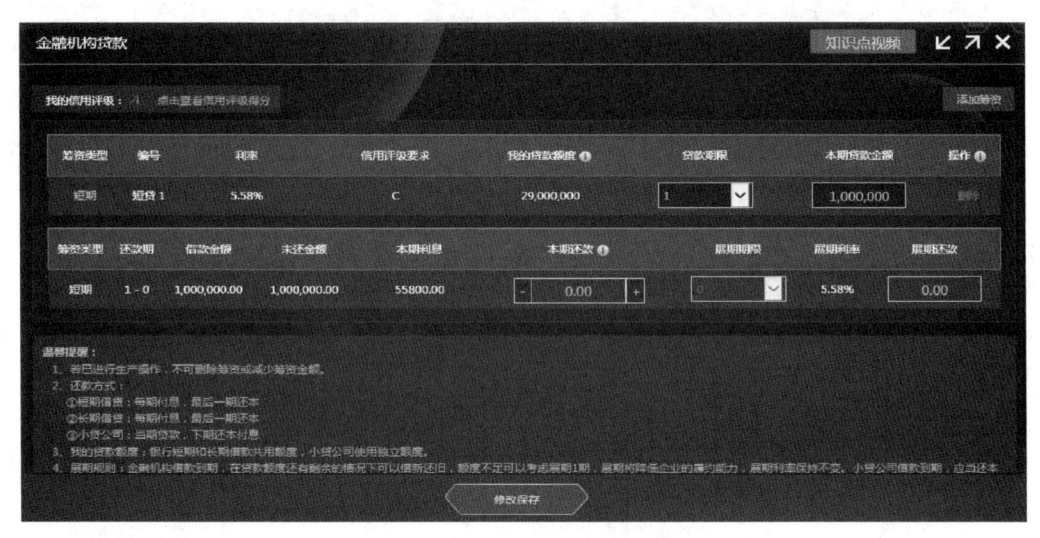

图 2-26 金融机构贷款界面

### 三、资产抵押贷款

当企业资金不足时,可以考虑将资产进行抵押。资产抵押的前提必须是拥有产权明确的资产。固定资产属于全款购买的,或者按揭购买已经到期的,可以将资产进行抵押,点击"抵押贷款"即可完成,若要取消贷款,则当期可以取消抵押贷款。

图 2-27 资产抵押贷款界面

## 任务五 长期投资

### 任务描述

企业投资是公司对现在所持有现金的一种运用,其目的是在未来一定时期内获得与风险相匹配的报酬。投资包括对内投资和对外投资。投资业务主要是为企业开始正常生产经营配备的长期使用的基础设施,如厂房和生产线。

## 实验步骤

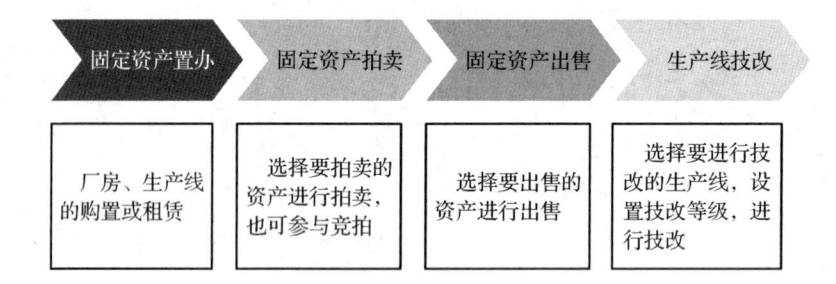

```
固定资产置办 → 固定资产拍卖 → 固定资产出售 → 生产线技改
```

| 厂房、生产线的购置或租赁 | 选择要拍卖的资产进行拍卖,也可参与竞拍 | 选择要出售的资产进行出售 | 选择要进行技改的生产线,设置技改等级,进行技改 |

## 知识链接

此业务涉及财务管理的基本价值观念与项目投资决策相关理论,下面分别予以阐述。

### 一、货币时间价值

#### (一) 货币时间价值的定义

资金的时间价值是指一定量的资金经过一段时间的再投资所增加的价值。如将100元存入银行,假设银行年利率为2%,1年以后将得到本息102元。100元经过1年时间的投资增加了2元,这就是资金的时间价值。

实际工作中,时间价值是用相对数表示的。即由于竞争的存在,各部门的投资利润率将趋于平均化,保证企业的投资项目至少要取得社会平均资金利润率,否则就会投资于其他项目和其他行业。因此,资金的时间价值通常表示为没有风险和没有通货膨胀条件下的社会平均资金利润率。

#### (二) 资金时间价值的计算

1. 终值与现值

终值也叫本利和(记为 $F$),是指现在一定量的资金在未来某一时间点上的价值。
现值也叫本金(记为 $P$),是指未来某一时点上的一定量的资金相当于现在时点的价值。

2. 复利终值和复利现值的计算

复利是指本金生息、利息也生息的计息方式,俗称"利滚利"。即每期生产的利息并入本金一起参与计算下一期利息的计息方式。在资本不断资本化的条件下,资本的累计应该用复利方式计算终值与现值。

1) 复利终值的计算

复利终值是指一定量的货币在若干期之后按复利计算的本利和。其计算公式为:

$$F = P \times (1+i)^n$$

式中，$(1+i)^n$ 为复利终值系数或 1 元的复利终值，通常记为 $(F/P, i, n)$。

**例 2-14** 华利公司现在存入银行 100 万元，存期三年，年利率 8%，每年计息一次，则到期可以取出现金为多少？

$$F = P \times (1+i)^n = 100 \times (1+8\%)^3 = 100 \times (F/P, 8\%, 3) = 126(万元)$$

2）复利现值的计算

复利现值指在复利计息条件下，将来某一特定时间点的款项相当于现在的价值。复利现值是复利终值的逆运算。其计算公式为

$$P = F \times (1+i)^{-n}$$

式中，$(1+i)^{-n}$ 为复利现值系数，通常记为 $(P/F, i, n)$。

**例 2-15** 如果银行利率为 10%，为在 5 年后获得 60 000 元，则现在应存入银行的资金为多少？

$$P = F \times (1+i)^{-n} = F \times (P/F, i, n) = 60\,000 \times 0.621 = 37\,260(元)$$

3. 年金的计算

年金就是系列收付款项的特殊形式。它是指某一特定时期内，每间隔相等的时间收付相等金额的款项，如租金、优先股利、直线法计提的折旧、保险费、零存整取、整存零取、等额分期收（付）款等。年金按其每次收付发生的时间不同，可以分为普通年金、预付年金、递延年金、永续年金等几种。

1）普通年金

普通年金又称后付年金，是指从第一期起一定时期内每期期末收付的年金。

（1）普通年金终值的计算（已知年金 $A$，求年金终值 $F$）。

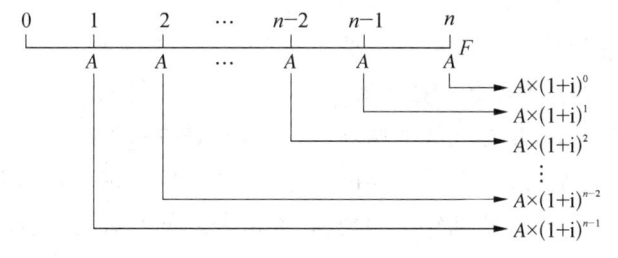

$n$ 年的年金终值为：

$$F = A \times (1+i)^0 + A \times (1+i)^1 + \cdots + A \times (1+i)^{n-2} + A \times (1+i)^{n-1}$$
$$= A \times \frac{(1+i)^n - 1}{i}$$

式中，$\dfrac{(1+i)^n - 1}{i}$ 称为年金终值系数，记作 $(F/A, i, n)$。

**例 2-16** 某人定期在每年年末存入银行 2 000 元,银行年利率为 12%。则 10 年后此人可以一次性从银行取出多少款项?

$$F = 2\,000 \times (F/A, 12\%, 10) = 2\,000 \times 17.55 = 35\,100(元)$$

(2) 普通年金现值的计算(已知年金 $A$,求年金现值 $P$)。

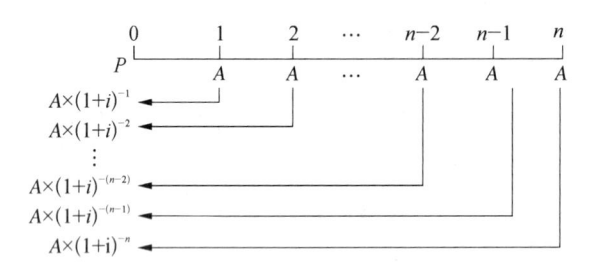

$n$ 年的年金终值为:

$$P = A \times (1+i)^{-1} + A \times (1+i)^{-2} + \cdots + A \times (1+i)^{-(n-1)} + A \times (1+i)^{-n}$$

$$= A \times \sum_{t=1}^{n} (1+i)^{-n}$$

$$= A \times \frac{1-(1+i)^{-n}}{i}$$

式中,$\frac{1-(1+i)^{-n}}{i}$ 称为年金现值系数,记作 $(P/A, i, n)$。

**例 2-17** 假设某人在今后 10 年内,每年年末需要支付保险费 660 元,银行年利率为 10%,则他现在应一次性存入银行的现金为多少?

$$P = A \times (P/A, i, n) = 660 \times (P/A, 10\%, 10) = 660 \times 6.145 = 4\,055.7(元)$$

2) 预付年金

预付年金,是指在一定时期内每期期初等额收付款项的年金。

预付年金与普通年金的区别在于普通年金的每期收付款项在期末,而预付年金的每期收付款项在期初,在期数相等的情况下,二者只是收付款时点不一样,如计算年金终值,预付年金要比普通年金多计一年的利息,如计算年金现值,则预付年金要比普通年金少折现一年。因此,在普通年金的现值、终值公式的基础上,乘以 $(1+i)$ 便可计算出预付年金的现值与终值。

(1) 预付年金终值的计算(已知即付年金 $A$,求年金终值 $F$)。

$$F = A \times (1+i)^1 + \cdots + A \times (1+i)^{n-2} + A \times (1+i)^{n-1} + A \times (1+i)^n$$

$$= A \times \frac{(1+i)^n - 1}{i} \times (1+i)$$

$$= A \times \left[\frac{(1+i)^{n+1} - 1}{i} - 1\right]$$

式中，$\left[\dfrac{(1+i)^{n+1}-1}{i}-1\right]$称为预付年金终值系数，记作$[(F/A,i,n+1)-1]$。

**例 2-18** 某人每年年初存入银行 2 000 元，存款年利率为 8%，则第 10 年年末的本利和为多少？

$F = 2\,000 \times [(F/A,8\%,11)-1] = 2\,000 \times (16.65-1) = 31\,300(元)$

(2) 预付年金现值的计算(已知即付年金 $A$，求年金现值 $P$)。

$$P = A \times (1+i)^0 + A \times (1+i)^{-1} + A \times (1+i)^{-2} + \cdots + A \times (1+i)^{-(n-1)}$$
$$= A \times \dfrac{1-(1+i)^{-n}}{i} \times (1+i)$$
$$= A \times \left[\dfrac{1-(1+i)^{-(n-1)}}{i}+1\right]$$

式中，$\left[\dfrac{1-(1+i)^{-(n-1)}}{i}+1\right]$称为预付年金现值系数，记作$[(P/A,i,n-1)+1]$。

**例 2-19** 某人 10 年分期付款购房，每年年初支付 20 000 元，设银行利率为 10%，则该项分期付款相当于一次支付了多少现金？

$P = A[(P/A,i,n-1)+1] = 20\,000 \times [(P/A,10\%,9)+1]$
$= 20\,000 \times (5.759+1) = 135\,180(元)$

3) 递延年金

递延年金是指第一次收付发生在若干期(假设为 $s$ 期，$s \geq 1$)以后，即从 $s+1$ 期开始每期期末收付的等额款项。它是普通年金的特殊形式，凡不是从第一期开始的普通年金都是递延年金。

```
0    1    2   ...   s    s+1  ...  n-1    n
F                        A    ...   A     A F
```

(1) 递延年金终值的计算。

递延年金终值的计算与递延期 $s$ 无关，其计算方法与普通年金终值相同。

(2) 递延年金现值的计算。

方法一：先计算出 $n$ 期的普通年金现值，然后减去前 $s$ 期的普通年金现值，即递延年金现值。

$$P = A \times [(P/A,i,n)-(P/A,i,s)]$$

方法二：先将递延年金现值视为 $(n-s)$ 期普通年金，求出在第 $s$ 期的现值，然后再折算为第一期期初的现值。

$$P = A \times (P/A,i,n-s) \times (P/F,i,s)$$

**例 2-20** 华利公司融资租赁一台设备，协议中约定从第 5 年年初开始，连续 6 年每年年初支付租金5 600元,若年利率为10%。则相当于现在一次性支付的金额为多少?

$$P = 5\,600 \times [(P/A, 10\%, 9) - (P/A, 10\%, 3)]$$
$$= 5\,600 \times (5.759 - 2.487)$$
$$= 18\,323.2(元)$$

或者,

$$P = 5\,600 \times (P/A, 10\%, 9-3) \times (P/F, 10\%, 3)$$
$$= 5\,600 \times 4.355 \times 0.751$$
$$= 18\,315.39(元)$$

4) 永续年金

永续年金是指无限期的等额定期收付的年金,也可以视为普通年金的特殊形式,即期限趋于无穷大的普通年金。由于永续年金的期限 $n$ 趋于无穷大,因此,它只能计算现值,不能计算终值。永续年金现值的计算公式为:

$$P = A \times \frac{1}{i}$$

## 二、风险价值观念

### (一) 风险的概念及其分类

1. 风险的概念

风险一般是指某一行动的结果具有多样性。从财务管理角度分析风险主要是指无法达到预期报酬的可能性,或由于各种难以预测和无法达到预期报酬的可能性,或由于各种难以预料和无法控制的因素作用,使企业的实际收益与预期收益发生背离,而蒙受经济损失的可能性。风险可能带来超出预期的损失,呈现其不利的一面,也可能带来超出预期的收益,呈现其有利的一面。

2. 风险的分类

1) 按风险能否分散,分为不可分散风险和可分散风险

不可分散风险是指那些影响所有企业的风险,也称市场风险或系统风险,如战争、自然灾害、通货膨胀、利率调整等。因为这些因素影响所有投资,所以不可能通过多样化投资分散风险。

可分散风险也称公司特有风险或非系统风险,是指发生于个别公司的特有事件给企业造成的风险,如罢工、新产品开发失败等。这类事件是随机发生的,仅影响与之有关的公司,可以通过多样化投资分散风险。

2) 按风险形成的原因,分为经营风险与财务风险

经营风险是指企业因经营上的原因导致利润变动的不确定性。例如,原材料价格变动、市场销售因素、生产成本因素等变动,使得企业的收益变得不确定。经营风险是不可避免的。

财务风险也叫作筹资风险,是指因借款而增加的风险,是筹资决策带来的风险。因为借款利息固定,当企业经营状况不佳时,将导致企业所有者收益下降甚至无法按期支付利息,影响偿债能力。财务风险是不可避免的,如果企业不举债,则企业就没有财务风险。

### (二) 风险的衡量

1. 概率

概率是用百分数或小数来表示随机事件发生可能性的大小,或出现某种结果的可能性大小的数值。概率一般用 $P$ 表示,它是介于 0 到 1 之间的一个数。通常把肯定发生的事件的概率定为 1,把肯定不会发生的事件的概率定为 0,而一般随机事件的概率则是介于 0 到 1 之间的一个数,所有事件的概率之和应等于 1。

2. 期望值

期望值是一个概率分布中所有可能结果以其概率为权数进行加权平均的加权平均数,反映事件的集中趋势。期望值可以用于考察期望报酬率或预期报酬率的高低。其计算公式为:

$$\bar{E} = \sum_{i=1}^{n} P_i X_i$$

式中,$X_i$ 为第 $i$ 种结果出现的预期收益(或预期收益率);$P_i$ 为第 $i$ 种结果出现的概率;$n$ 为所有可能性结果的数目。

3. 标准离差

标准离差是各种可能的收益(或收益率)偏离期望收益(或收益率)的综合差异,是反映离散程度的一种量度。标准离差用于考察风险程度的大小。其计算公式为:

$$\sigma = \sqrt{\sum_{i=1}^{n}(X_i - \bar{E})^2 P_i}$$

在期望值相等的情况下,标准离差越大,意味着风险越大。

4. 标准离差率

标准离差率是标准离差同期望值的比值。如果各项方案的期望值不同,还需要进一步用标准离差率来衡量各项方案的风险程度大小。其计算公式为:

$$V = \frac{\sigma}{E}$$

标准离差率越大,风险程度就越大。在期望值不相等的情况下,应用标准离差率比较风险大小。

### (三) 风险报酬的计算

1. 风险报酬的概念

风险报酬是指投资者由于冒风险进行投资而获得的超过资金时间价值的额外收

益,又称投资风险收益或投资风险价值,可以用风险报酬额或风险报酬率来反映。风险报酬额与投资额的比率即风险报酬率。

2. 风险报酬的计算

风险与报酬的关系是,风险越大,要求的报酬率越高。用公式表示如下：

$$K = 无风险报酬率 + 风险报酬率 = R_F + bV$$
$$风险报酬率 = 风险报酬系数 \times 标准离差率 \times 100\%$$

式中,$K$ 为期望投资报酬率；$R_F$ 为无风险报酬率；$b$ 为风险报酬系数；$V$ 为标准离差率。

风险报酬的计算关键是风险报酬系数 $b$ 的确定。风险报酬系数是个经验数据,它可以根据对历史资料的分析、统计回归、专家评议等获得,或者由政府等专门机构公布。

### (四) 证券投资组合的收益率

1. 单项资产的期望收益率

美国财务经济学家在一系列假定的基础上建立了证券期望收益率与风险之间数量关系的模型,即资本资产定价模型。

$$k_i = k_{rf} + \beta_i(k_m - k_{rf}) = k_{rf} + \beta_i(RP_m) = k_{rf} + RP_i$$

式中,$k_m$ 表示市场全部证券投资组合的期望收益率；$k_{rf}$ 表示无风险证券收益率；$\beta_i$ 表示第 $i$ 种证券的 $\beta$ 系数；$RP_m$ 表示市场风险补偿；$k_i$ 表示第 $i$ 种证券的期望收益率；$RP_i$ 表示第 $i$ 种证券的风险补偿。

这一模型是公司财务理论中最重要的内容之一。它表明,某种证券投资的期望收益率正好等于无风险证券的收益率与该证券的风险补偿之和。

2. 证券组合的期望收益率

按照某个证券的期望收益率公式可得出如下证券组合的期望收益率公式：

$$k_p = k_{rf} + \beta_p(k_m - k_{rf}) = k_{rf} + RP_p$$

式中,$RP_p$ 表示证券组合的风险补偿。投资组合的 $\beta$ 系数是单个证券 $\beta$ 系数的加权平均数,权数为各种证券在投资组合中所占的比重。其计算公式如下：

$$\beta_p = \sum_{i=1}^{n} W_i \beta_i$$

式中,$\beta_p$ 为证券组合的 $\beta$ 系数；$\beta_i$ 表示第 $i$ 种证券的 $\beta$ 系数；$W_i$ 表示第 $i$ 种证券的权重。

## 三、项目投资

### (一) 项目投资的含义和特点

项目投资是一种以特定项目为对象,直接与新建项目或更新改造项目有关的长期投资行为。其通常包括固定资产投资、无形资产及其他资产投资和流动资金投资等。

与其他形式的投资相比,项目投资具有投资内容独特(每个项目都至少涉及一项固定资产投资)、投资数额多、影响时间长(至少一年或一个营业周期以上)、发生频率低、变现能力差和投资风险大的特点。

### (二) 现金流量

在固定资产项目投资决策中,要按收付实现制计算的现金流量作为评价投资项目经济效益的基础。其原因在于:首先,采用现金流量有利于考虑时间价值因素;另外,只有采用现金流量才能使固定资产项目投资决策更符合客观实际情况。

1. 现金流量的定义及分类

在项目投资决策中,现金流量是指投资项目在其计算期内因资本循环而可能或应该发生的各项现金流入量与现金流出量的统称。从时间特征上看,现金流量包括初始现金流量、营业现金流量和终结现金流量。

另外值得一提的是,在投资决策分析中,"现金"是一个广义的概念,它不仅包括货币资金,还包括项目所需要投入企业所拥有的非货币资源的变现价值。比如在投资某项目时,投入企业的原有固定资产的价值,这时的"现金"就包含了该固定资产的变现价值或其重置成本。

按照现金流动的方向,可以将投资活动的现金流量分为现金流入量、现金流出量和净现金流量。一个方案的现金流入量是指该方案引起的企业现金收入的增加额;现金流出量是指该方案引起的企业现金收入的减少额;净现金流量是指一定时间内现金流入量与现金流出量的差额。现金流入量大于现金流出量,净现金流量为正值;反之,净现金流量为负值。

按照现金流量发生时间,投资活动的现金流量又可以分为初始现金流量、营业现金流量和终结现金流量。因为使用这种分类方法计算现金流量比较方便,所以下面将详细分析这三种现金流量包括的主要内容。

2. 初始现金流量

(1) 投资前费用。投资前费用是指在正式投资之前为做好各项准备工作而开支的费用,主要包括勘察设计费、技术资料费和其他费用。

(2) 设备购置及安装费用。设备购置费用是指为购买投资项目所需各项设备而开支的费用。设备安装费用是指为安装各种设备所开支的费用。

(3) 建筑工程费。建筑工程费是指进行土建工程所开支的费用。

(4) 营运资本的垫支。投资项目建成后,必须垫支一定的营运资本才能投入运营。这部分垫支的营运资本一般要到项目寿命终结时才能收回。所以,这种投资应看作长期投资,而不属于短期投资。

(5) 原有固定资产的变价收入扣除相关税金后的净收益。变价收入主要是指固定资产更新时变卖原有固定资产所得的现金收入。

3. 营业现金流量

营业现金流量一般以年为单位计算。这里,现金流入一般是指营业现金收入。现金流出是指营业现金支出和缴纳的税金。如果一个投资项目的每年销售收入等于营业现金收入,付现成本(指不包括折旧的成本)等于营业现金支出,那么,年营业净现金流量(NCF)可用下列公式计算:

$$每年营业净现金流量(NCF) = 年营业收入 - 年付现成本 - 所得税$$
$$= 税后净利 + 折旧$$

4. 终结现金流量

终结现金流量主要包括:固定资产的残值收入或变价收入(指扣除了所需要上缴的税金等支出后的净收入);原有垫支在各种流动资产上的资金的收回;停止使用的土地的变价收入等。

5. 计算投资项目现金流量时的相关假设

1) 财务可行性分析假设

假设投资决策是从企业投资者的立场出发,投资决策者确定现金流量就是为了进行项目财务可行性研究,该项目已经具备技术可行性和国民经济可行性。

2) 项目投资假设

假设在确定项目的现金流量时,站在企业投资者的立场上,考虑全部投资的运动情况,而不具体区分自有资金和借入资金等具体形式的现金流量。即使实际存在借入资金也将其作为自有资金对待。

3) 时点指标假设

为便于利用资金时间价值的形式,不论现金流量具体内容所涉及的价值指标实际上是时点指标还是时期指标,均假设按照年初或年末的时间指标处理。其中,建设投资在建设期内有关年度的年初或年末发生,流动资金投资则在年初发生;经营期内各年的收入、成本、折旧、摊销、利润、税金等项目的确认均在年末发生;项目最终报废或清理均发生在终结点。

4) 确定性因素假设

这一假设是指假定与项目现金流量有关的价格、产销量、成本水平、所得税税率等因素均为已知常数。

5) 产销平衡假设

在项目投资决策中,假定运营期同一年的产量等于该年的销售量。在这个假设下,假定按成本项目计算的当年成本费用等于按要素计算的成本费用。

**例 2-21** 某公司因业务发展需要,准备购入一套设备。现有甲、乙两个方案可供选择,其中,甲方案需要投资 20 万元,使用寿命为 5 年,采用直线法计提折旧,5 年后设备无残值。5 年中每年销售收入为 8 万元,每年的付现成本为 3 万元。乙方案需要投资 24 万元,也采用直线法计提折旧,使用寿命也为 5 年,5 年后有残值 4 万元。5 年中每年的销售收入为 10 万元,付现成本第一年为 4 万元,以后随着设备不断折旧,逐年增加日常修理费2 000元,另需垫支运营资金3万元。假设所得税税率为25%。要求:计算两个方案的现金流量。

解:(1)计算两个方案的每年折旧额。

甲方案每年的折旧额=200 000÷5=40 000(元)

乙方案每年的折旧额=(240 000-40 000)÷5=40 000(元)

(2)先计算两个方案的营业现金流量,然后再结合初始现金流量和终结现金流量编制两个方案的全部现金流量表,如表2-3、表2-4所示。

表2-3 投资项目的营业现金流量计算表　　　　　　　　单位:元

| 时间 | 1 | 2 | 3 | 4 | 5 |
| --- | --- | --- | --- | --- | --- |
| 甲方案 | | | | | |
| 销售收入 | 80 000 | 80 000 | 80 000 | 80 000 | 80 000 |
| 付现成本 | 30 000 | 30 000 | 30 000 | 30 000 | 30 000 |
| 折旧 | 40 000 | 40 000 | 40 000 | 40 000 | 40 000 |
| 税前利润 | 10 000 | 10 000 | 10 000 | 10 000 | 10 000 |
| 所得税 | 2 500 | 2 500 | 2 500 | 2 500 | 2 500 |
| 税后净利 | 7 500 | 7 500 | 7 500 | 7 500 | 7 500 |
| 现金流量 | 47 500 | 47 500 | 47 500 | 47 500 | 47 500 |
| 乙方案 | | | | | |
| 销售收入 | 100 000 | 100 000 | 100 000 | 100 000 | 100 000 |
| 付现成本 | 40 000 | 42 000 | 44 000 | 46 000 | 48 000 |
| 折旧 | 40 000 | 40 000 | 40 000 | 40 000 | 40 000 |
| 税前利润 | 20 000 | 18 000 | 16 000 | 14 000 | 12 000 |
| 所得税 | 5 000 | 4 500 | 4 000 | 3 500 | 3 000 |
| 税后净利 | 15 000 | 13 500 | 12 000 | 10 500 | 9 000 |
| 现金流量 | 55 000 | 53 500 | 52 000 | 50 500 | 49 000 |

表2-4 投资项目的现金流量计算表　　　　　　　　单位:元

| 时间 | 0 | 1 | 2 | 3 | 4 | 5 |
| --- | --- | --- | --- | --- | --- | --- |
| 甲方案 | | | | | | |
| 固定资产投资 | -200 000 | | | | | |
| 营业现金流量 | | 47 500 | 47 500 | 47 500 | 47 500 | 47 500 |
| 现金流量合计 | -200 000 | 47 500 | 47 500 | 47 500 | 47 500 | 47 500 |
| 乙方案 | | | | | | |
| 固定资产投资 | -240 000 | | | | | |

续 表

| 时间 | 0 | 1 | 2 | 3 | 4 | 5 |
|---|---|---|---|---|---|---|
| 运营资金垫支 | −30 000 | | | | | |
| 营业现金流量 | | 55 000 | 53 500 | 52 000 | 50 500 | 49 000 |
| 固定资产残值 | | | | | | 40 000 |
| 运营资金回收 | | | | | | 30 000 |
| 现金流量合计 | −270 000 | 55 000 | 53 500 | 52 000 | 50 500 | 119 000 |

### (三) 净现值

#### 1. 净现值的定义

净现值(NPV)是指在项目计算期内,按设定折现率或基准收益率计算的各年净现金流量现值的代数和。其基本计算公式为:

$$净现值(NPV) = \sum_{t=0}^{n}(第\ t\ 年的现金流量 \times 第\ t\ 年的复利现值系数)$$

$$= \sum_{t=0}^{n}[NCF_t \times (P/F, i, t)]$$

式中,$i$ 为行业基准收益率。

#### 2. 净现值指标计算的一般方法

(1) 公式法。公式法是指根据净现值的定义,直接利用理论计算公式来完成该指标计算的方法。

(2) 列表法。列表法是指通过现金流量表计算净现值指标的方法。即在现金流量表上,根据已知的各年净现金流量,分别乘以各年的复利现值系数,从而计算出各年折现的净现金流量,最后求出项目计算期内折现的净现金流量的代数和,就是所求的净现值指标。

**例 2-22** 有关净现金流量数据见例 2-21,该项的基准折现率为 10%。要求:分别用公式法和列表法计算该项目的净现值。

解:(1) 按公式法计算:

$NPV_甲 = 47\ 500 \times (P/A, 10\%, 5) - 200\ 000$
$\quad\quad = 47\ 500 \times 3\ 790.8 - 200\ 000 = -19\ 937(元)$

$NPV_乙 = 55\ 000 \times (P/F, 10\%, 1) + 53\ 500 \times (P/F, 10\%, 2) + 52\ 000 \times$
$\quad\quad (P/F, 10\%, 3) + 50\ 500 \times (P/F, 10\%, 4) + 119\ 000 \times$
$\quad\quad (P/F, 10\%, 5) - 270\ 000$
$\quad\quad = 55\ 000 \times 0.909\ 1 + 53\ 500 \times 0.826\ 4 + 52\ 000 \times 0.751\ 3 + 50\ 500 \times$
$\quad\quad 0.683\ 0 + 119\ 000 \times 0.620\ 9 - 270\ 000 = 241\ 659.1 - 270\ 000$
$\quad\quad = -28\ 340.9(元)$

(2) 按列表法计算:

表 2-5 项目现金流量表  单位:元

| 时间 | 0 | 1 | 2 | 3 | 4 | 5 | 合计 |
|---|---|---|---|---|---|---|---|
| 甲方案 ||||||||
| 固定资产投资 | −200 000 | | | | | | |
| 营业现金流量 | | 47 500 | 47 500 | 47 500 | 47 500 | 47 500 | |
| 现金流量合计 | −200 000 | 47 500 | 47 500 | 47 500 | 47 500 | 47 500 | — |
| 10%的现值系数 | 1 | | | 3.790 8 | | | |
| 折现的净现金流量 | −200 000 | | | 180.063 | | | −19 937 |
| 乙方案 ||||||||
| 固定资产投资 | −240 000 | | | | | | |
| 运营资金垫支 | −30 000 | | | | | | |
| 营业现金流量 | | 55 000 | 53 500 | 52 000 | 50 500 | 49 000 | |
| 固定资产残值 | | | | | | 40 000 | |
| 运营资金回收 | | | | | | 30 000 | |
| 现金流量合计 | −270 000 | 55 000 | 53 500 | 52 000 | 50 500 | 119 000 | |
| 10%的现值系数 | 1 | 0.909 1 | 0.826 4 | 0.751 3 | 0.683 0 | 0.620 9 | — |
| 折现的净现金流量 | −270 000 | 50 000.5 | 44 212.4 | 39 067.6 | 34 491.5 | 73 887.1 | −28 340.9 |

3. 净现值的优缺点

净现值指标的优点是综合考虑了资金时间价值、项目计算期内的全部净现金流量和投资风险;缺点是无法从动态的角度直接反映投资项目的实际收益率水平,而且计算比较烦琐。

只有净现值指标大于或等于零的投资项目才具有财务可行性。

**(四)静态投资回收期**

静态投资回收期(简称回收期),是指以投资项目经营净现金流量抵偿原始投资所需要的全部时间。它有"包括建设期的投资回收期($PP$)"和"不包括建设期的投资回收期($PP'$)"两种形式。确定静态投资回收期指标可分别采用公式法和列表法。

1. 公式法

如果某一项目的投资均集中发生在建设期内,投产后一定期间内每年经营净现金流量相等,且其合计大于或等于原始投资额,可按以下简化公式直接求出不包括建设期的投资回收期:

$$\text{不包括建设期的投资回收期}(PP') = \frac{\text{原始投资合计}}{\text{投产后若干年每年相等的净现金流量}}$$

包括建设期的投资回收期$(PP)$＝不包括建设期的投资回收期＋建设期

**例 2-23** 已知企业拟购建一项固定资产,需在建设起点一次投入全部资金 1 000 万元,按直线法折旧,使用寿命 10 年,期末有 100 万元净残值。建设期为 1 年,发生建设期资本化利息 100 万元。预计投产后每年可获息税前利润 100 万元。要求:判断是否可用公式法计算静态回收期,如果可以,请计算其结果。

解:依题意,建设期 $s=1$ 年,投产后 2~10 年净现金流量相等,$m$ 为 9 年,经营期前 9 年每年净现金流量 $NCF_{2\sim10}$ 为 200 万元,原始投资额 $I$ 为 1 000 万元。

因为,$m \times$ 经营期前 $m$ 年每年相等的净现金流量＝$9 \times 200 = 1\,800$(万元)＞原始投资额＝1 000(万元),所以,可以用简化公式计算静态投资回收期。

不包括建设期的投资回收期 $PP' = 1\,000 \div 200 = 5$(年)

包括建设期的投资回收期 $PP = PP' + s = 5 + 1 = 6$(年)

2. 列表法

所谓列表法,是指通过列表计算"累计净现金流量"的方式,来确定包括建设期的投资回收期,进而再推算出不包括建设期的投资回收期的方法。因为在任何情况下,都可以通过这种方法来确定静态投资回收期,所以此法又称为一般方法。

该法的原理是按照回收期的定义,包括建设期的投资回收期满足以下关系式,即:

$$\sum_{t=0}^{PP} NCF_t = 0$$

这表明在财务现金流量表的"累计净现金流量"一栏中,包括建设期的投资回收期恰好是累计净现金流量为零的年限。

无法在"累计净现金流量"栏上找到零,必须按下式计算包括建设期的投资回收期:

包括建设期的投资回收期$(PP)$＝最后一项为负值的累计净现金流量对应的年数$(m')$＋
最后一项为负值的累计净现金流量绝对值÷
下年净现金流量

**例 2-24** 天天公司打算进行一项投资,初始投资额为 10 000 万元,项目为期 5 年,每年净现金流量有关资料如表 2-6 所示,试计算该方案的投资回收期。

表 2-6 天天公司投资回收期的计算表　　　　　　　　　　　　　单位:万元

| 年　次 | 每年净现金流量 | 累计净现金流量 | 年末尚未回收的投资额 |
|---|---|---|---|
| 0 | －10 000 | －10 000 | |
| 1 | 3 000 | －7 000 | 7 000 |
| 2 | 4 000 | －3 000 | 3 000 |

续　表

| 年　次 | 每年净现金流量 | 累计净现金流量 | 年末尚未回收的投资额 |
|---|---|---|---|
| 3 | 2 000 | −1 000 | 1 000 |
| 4 | 2 000 | 1 000 | 0 |
| 5 | 3 000 | 4 000 | — |

解：因为，第3年的累计净现金流量小于零，第4年的累计净现金流量大于零，所以$m'=3$。

包括建设期的投资回收期 $PP=3+\dfrac{|-1\,000|}{2\,000}\approx 3.5$（年）

不包括建设期的投资回收期 $PP'=3.5-0=3.5$（年）

3. 静态投资回收期的优缺点

静态投资回收期的优点是能够直观地反映原始总投资的返本期限，便于理解，计算也比较简单，可以直接利用回收期之前的净现金流量信息；缺点是没有考虑资金时间价值因素和回收期满后继续发生的现金流量，不能正确反映不同投资方式对项目的影响。只有静态投资回收期指标小于或等于基准投资回收期的投资项目才具有财务可行性。

## 任务执行

### 一、固定资产置办

学生进入已经选好的区域，根据经营规划及相关投资理论购置或租赁厂房、生产线。选择资产、获取方式、按揭期数或租赁期数，点击"加入列表"。加入列表后，点击"新增保存"，保存已经选好购买的资产。

图2-28　固定资产置办界面

## 二、固定资产拍卖

### (一) 新增拍卖

当企业资金不足,固定资产处于闲置状态时,可以将资产进行拍卖。点击"我要拍卖",再点击"新增拍卖"。

图 2-29 新增拍卖界面

### (二) 设置起拍价和一口价

选择需要拍卖的资产,设置起拍价,若企业需要,也可以同时设置一口价,设置完成后,点击"新增保存",如图 2-30 所示。

图 2-30 设置起拍价界面

## （三）参与竞拍

企业可以拍卖自己的固定资产，也可以参与竞拍，点击上下键设置"我要竞拍"的价格，点击"参与竞拍"。拍卖采取价高者得的原则，最后谁竞拍出价高，谁获得拍卖标的。参拍界面如图2-31所示。

图2-31 参与竞拍界面

### 三、固定资产出售

当固定资产处于闲置状态，或资金不足时，企业可以点击"出售"将资产卖出。当期若要取消出售，则点击"取消出售"即可。

图2-32 固定资产出售界面

### 四、生产线技改

当生产线满足技改条件时，企业可以选择技改等级投入资金，进行技改操作。技改增加生产线产能的效果将在下期生效。生产技术改造界面，如图2-33所示。

图 2-33 生产技术改造界面

## 任务六　营运管理

### 任务描述

一个企业要维持正常的运转就必须要拥有适量的运营资金,提高运营管理的效率和效益,因此,适当的采购原材料,保证生产的正常进行,并迅速抢占市场,获取订单,销售产品,是提高企业营运管理的重要环节。平台模拟企业经营的过程,营运管理业务主要是进行物资购销、生产运营和市场营销。

### 实验步骤

```
物资购销         生产运营         市场营销

原材料采购    生产人员招聘      市场调研
原材料出售    生产人员薪酬设计  渠道铺设
             产品研发          品牌建设
             产品生产          销售发货
             来料加工          代销清仓
```

### 知识链接

本任务需要应用运营管理、人力资源、市场营销等方面的理论知识,现就这些内容分别进行介绍。

## 一、运营管理

### (一) 运营资金的含义

运营资金又称循环资本,是指一个企业维持日常经营所需的资金,通常指流动资产减去流动负债后的差额。用公式表示为:

$$运营资金总额＝流动资产总额－流动负债总额$$

其中,流动资产指在一年以内或超过一年的一个营业周期内变现或耗用的资产。流动负债指在一年以内或超过一年的一个营业周期内必须清偿的债务。

### (二) 运营资金的特点

1. 运营资金周转的短期性

企业占用在流动资产上的资金,周转一次所需时间较短,通常会在一年或超过一年的一个营业周期内收回,对企业影响的时间比较短,根据这一特点,运营资金可通过商业信用、银行短期借款等短期筹资方式来加以解决。

2. 实物形态具有易变现性

交易性金融资产、应收账款、存货等流动资产一般具有较强的变现能力,如果遇到意外情况,企业出现资金周转不灵、现金短缺时,便可迅速变卖这些资产,以获取现金。这对财务上应付临时性资金需求具有重要意义。

3. 运营资金数量的波动性

流动资产的数量会随企业内外条件的变化而变化,时高时低,波动很大。季节性企业如此,非季节性企业也如此。随着流动资产数量的变动,流动负债的数量也会相应发生变动。

4. 运营资金实物形态的变动性

企业运营资金的实物形态是经常变化的,一般在现金、材料、在产品、产成品、应收账款、现金之间顺序转化。为此,在进行流动资产管理时,必须在各项流动资产上合理配置资金数额,以促进资金周转顺利进行。

5. 运营资金来源的灵活多样性

企业筹集长期资金的方式一般比较少,只有吸收直接投资、发行股票、发行债券、银行长期借款等方式。而企业筹集运营资金的方式却较为灵活多样,通常有银行短期借款、商业信用、应交税费、应付股利、应付职工薪酬、应付预收款、票据贴现等。

### (三) 现金管理

货币资金,是指在生产过程中暂时停留在货币形态的资金,包括库存现金、银行存款、其他货币资金等。一般在财务管理中我们称其为广义的现金。

1. 货币资金持有动机与成本

1) 货币资金的持有动机

(1) 交易性动机。交易性动机是指需要货币资金作为日常业务过程的支付手段。

(2) 预防性动机。预防性动机是指企业持有货币资金，以应付意外事件对货币资金的需求。

(3) 投机性动机。投机性动机是指置存货币资金以备用于不寻常的购买机会。

2) 持有货币资金的成本

企业持有货币资金的成本通常由以下三个部分组成：

(1) 持有成本。

货币资金的持有成本，是指企业因保留一定货币资金余额而增加的管理费及丧失的再投资收益。

(2) 转换成本。

货币资金的转换成本，是指企业用货币资金购入有价证券以及转让有价证券换取货币资金时付出的交易费用，即货币资金同有价证券之间相互转换的成本，如委托买卖佣金、委托手续费、证券过户费、实物交割手续费等。

(3) 短缺成本。

货币资金的短缺成本，是指由于货币资金持有量不足而又无法及时通过有价证券变现加以补充而给企业造成的损失，包括直接损失与间接损失。货币资金的短缺成本与货币资金持有量呈反方向变动关系。

2. 最佳货币资金持有量的确定

最佳货币资金持有量，即能使总成本最低的货币资金持有量。确定最佳货币资金持有量的模式主要有成本分析模式、存货模式、货币资金周转期模式以及米勒-奥尔货币资金管理模式。以下主要介绍前三种模式。

1) 成本分析模式

成本分析模式是通过分析公司持有现金的相关成本，寻求使持有现金的相关总成本最低的货币资金持有量的一种方法。

运用成本分析模式确定最佳货币资金持有量时，只考虑因持有一定量的货币资金而产生的机会成本及短缺成本，而不予考虑管理费用和转换成本，如图 2-34 所示。

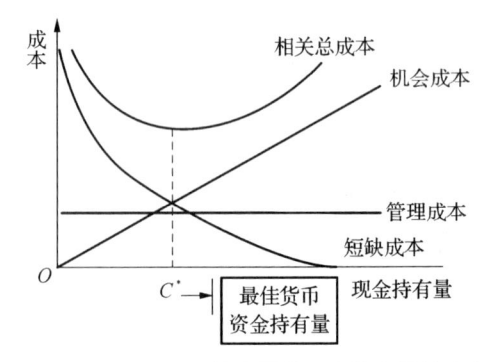

图 2-34 成本分析模式最佳现金持有量的确定

该模式相对简单,易于理解。但应用前提建立在要能够比较准确地确定相关成本与货币资金持有量的函数关系基础上。

**例 2-25** 某企业有四种货币资金持有方案,它们各自的机会成本、短缺成本、总成本如表 2-7 所示。

表 2-7 四种货币资金持有方案的机会成本、短缺成本、总成本

| 方案及货币资金持有量 | 机会成本(12%) | 短缺成本 | 总成本 |
| --- | --- | --- | --- |
| A(10 000) | 1 200 | 5 600 | 6 800 |
| B(20 000) | 2 400 | 2 500 | 4 900 |
| C(30 000) | 3 600 | 1 000 | 4 600 |
| D(40 000) | 4 800 | 0 | 4 800 |

通过分析可知,该企业应选择 C 方案作为最佳的货币资金持有量,因为其总成本最低。

2) 存货模式

存货模式,由美国经济学家鲍莫(William J. Baumol)提出,因此又称为鲍莫模式(Baumol Model)。

存货模式的着眼点是将货币资金看作企业的一种特殊存货,按照存货管理中的经济批量法的原理确定企业最佳货币资金持有量的方法。即将存货经济订货批量模型原理用于确定目标货币资金持有量,其着眼点也是货币资金相关成本之和最低。

具体说来,该模式将公司货币资金持有量和有价证券联系起来衡量,即将持有货币资金机会成本同转换有价证券的交易成本进行权衡,以求得二者相加总成本最低时的货币资金余额,从而得出目标货币资金持有量,如图 2-35 所示。

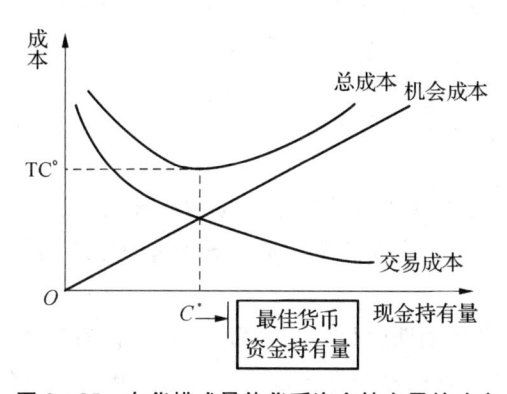

图 2-35 存货模式最佳货币资金持有量的确定

最佳货币资金持有量模型为:

$$TC = \frac{N}{2} \times i + \frac{T}{N} \times b$$

式中,$N$ 为最佳货币资金持有量(每次证券变现的数量);$T$ 为一个周期内货币资

金总需求量；$b$ 为每次转换有价证券的固定成本；$i$ 为有价证券利息率（机会成本）；$TC$ 为相关总成本。

$$机会成本 = 平均货币资金持有量 \times 有价证券利率 = \frac{N}{2} \times i$$

$$交易成本 = 转换次数 \times 每次转换成本 = \frac{T}{N} \times b$$

如果货币资金余额大，则持有货币资金的机会成本高，但转换成本可减少。如果货币资金余额小，则持有货币资金的机会成本低，但转换成本要上升。两种成本合计最低条件下的货币资金余额即为最佳货币资金余额。使 $TC$ 最小的货币资金持有量 $C$ 即最佳货币资金持有量，利用微分求导可得：

$$N^* = \sqrt{\frac{2Tb}{i}}$$

**例 2-26** 假设 A 公司预计每月需要货币资金 720 000 元，货币资金与有价证券转换的交易成本为每次 100 元，有价证券的月利率为 1%。

要求：(1) 计算该公司最佳货币资金持有量；
(2) 计算该公司每月有价证券交易次数；
(3) 计算该公司持有货币资金的总成本。

解：(1) $N^* = \sqrt{\dfrac{2 \times 720\,000 \times 100}{1\%}} = 120\,000$（元）

该公司最佳货币资金持有量为 120 000 元。

(2) 每月有价证券交易次数 = 720 000 ÷ 120 000 = 6（次）

(3) 公司每月货币资金持有量的总成本为：

$$TC = \frac{120\,000}{2} \times 1\% + \frac{720\,000}{120\,000} \times 100 = 600 + 600 = 1\,200（元）$$

存货模式可以精确地测算出最佳货币资金余额和变现次数，表述了货币资金管理中基本的成本结构，它对加强企业的货币资金管理有一定作用。但同样，该模型也存在一定的局限性：

第一，这一模型假设计划期内只有货币资金流出，没有货币资金流入。事实上，绝大多数公司在每一个工作日内都会发生货币资金流入和货币资金流出；

第二，这一模型没有考虑安全货币资金库存，以减少发生货币资金短缺的可能性。

3）货币资金周转期模式

该模式是根据企业货币资金的周转速度来确定最佳货币资金持有量的一种方法。
货币资金周转期的计算公式如下：

货币资金周转期 = 存货周转期 + 应收账款周转期 − 应付账款周转期

货币资金周转期确定后,便可确定最佳货币资金余额。其计算公式如下:

$$最佳货币资金余额 = \frac{企业年货币资金需求总额}{360} \times 货币资金周转期$$

货币资金周转期模式简单明了,易于计算。但是这种方法假设材料采购与产品销售产生的货币资金流量在数量上一致,企业的生产经营过程在一年中持续稳定地进行,即货币资金需要和货币资金供应不存在不确定的因素。如果以上假设条件不存在,则求得的最佳货币资金余额将发生偏差。

### (四) 存货规划与控制

存货,是指企业在日常活动中持有以备出售的产成品或商品、处在生产过程中的在产品、在生产过程或提供劳务过程中耗用的材料和物料等。

**1. 存货的成本**

存货成本是指企业持有存货发生的成本支出,主要包括以下内容。

1) 进货成本

进货成本,也称采购成本,是指存货的取得成本,包括存货进价、进货费用。

$$存货进价 = 采购单价 \times 采购数量$$

在一定时期(通常为一年)进货总量既定、物价不变的条件下:

(1) 如果没有采购数量折扣(或称商业折扣、价格折扣),全年进价成本固定不变,与每次进货量无关,属于决策无关成本。

(2) 如果存在采购数量折扣,每次进货量越大,全年进价成本越低;每次进货量越小,全年进价成本越高。这就属于决策相关成本。

2) 进货费用

进货费用,也称订货成本,是指企业为组织进货而开支的费用。进货费用按其与订货次数的关系分为:

(1) 变动性进货费用。每次变动性进货费用不变,全年变动性进货费用与订货次数成正比,在全年进货总量一定的情况下,与进货批量成反比,属于决策相关成本。

(2) 固定性进货费用。在一定时期内,固定性进货费用总额不变,与订货次数无关,从而与进货批量无关,属于决策无关成本。

3) 储存成本

储存成本,即企业为持有存货而发生的费用。其主要包括存货资金占用费或机会成本、仓储费用、保险费用、存货残损霉变损失等。

储存成本可以按照与储存数额的关系分为变动性储存成本和固定性储存成本两类。

(1) 变动性储存成本。

变动性储存成本与存货储存数额成正比。存货进货批量越大,存货储存数额就越高。变动性储存成本与进货批量相关,属于决策相关成本。

(2) 固定性储存成本。

固定性储存成本与存货储存数额没有直接联系,一定时期总额不变,属于决策无关成本。

4) 缺货成本

缺货成本是指因存货不足而给企业造成的停工损失、延误发货的信誉损失及丧失销售机会的损失等。缺货成本还可表现为紧急采购替代材料的额外开支。

(1) 如果允许缺货,则缺货成本与存货数量反向相关,属于决策相关成本。

(2) 如果不允许缺货,则缺货成本为0,决策时无须考虑。

2. 存货经济批量基本模型

存货经济批量是指能够使一定时期存货的相关总成本达到最低点的进货数量。

1) 经济进货批量基本模型的假设

(1) 一定时期的进货总量可以准确地予以预测;

(2) 存货的消耗比较均衡;

(3) 价格稳定,且不存在数量折扣,并且每当存货量降为0时,下一批存货能马上一次到位;

(4) 仓储条件以及所需现金不受限制;

(5) 不允许缺货;

(6) 存货市场供应充足。

2) 经济进货批量基本模式

$$变动性进货费用 = 平均储存量 \times 单位存货年储存成本 = \frac{Q}{2} \times C$$

$$变动性进货费用 = 进货次数 \times 平均每次进货费用 = N \times B$$

$$= \frac{存货全年进货总量}{每次进货批量} \times 每次进货费用 = \frac{A}{Q} \times B$$

$$相关总成本 = 变动性储存成本 + 变动性进货费用$$

$$TC = \frac{Q}{2} \times C + \frac{A}{Q} \times B$$

当相关总成本最低时,变动性储存成本 = 变动性进货费用。

当变动性储存成本等于变动性进货费用时,存货相关总成本最低,此时的进货批量就是经济进货批量。

$$Q = \sqrt{\frac{2AB}{C}}$$

经济进货批量平均占用资金:

$$W = \frac{Q}{2} \times P = P\sqrt{\frac{AB}{2C}}$$

年度最佳进货次数：

$$N = \frac{A}{Q} = \sqrt{\frac{AC}{2B}}$$

式中，$Q$ 表示进货批量；$A$ 表示某种存货全年进货总量；$B$ 表示平均每次进货费用；$C$ 表示企业存货年储存成本；$P$ 表示进货单价；$TC$ 表示相关总成本；$N$ 表示进货次数；$W$ 表示经济进货批量平均占用资金。

3. 经济订货量的扩展模型

1）数量折扣模型

在实行数量折扣条件下，存货相关成本包括变动性进货费用、变动性储存成本、存货进价成本。

相关总成本＝存货进价＋变动性储存成本＋变动性进货费用

$$TC = P \times A + \frac{Q}{2} \times C + \frac{A}{Q} \times B$$

在实行数量折扣的情况下，存货采购单价受进货批量的影响，因此，$P$ 是 $Q$ 的函数。能使相关总成本最低的订货量就是实行数量折扣条件下的经济订货量。

2）再订货点模型

在提前订货的情况下，企业再次发出订货单时，尚有存货的库存量，称为再订货点，用 $R$ 来表示。

$$R = L \times D = 交货时间 \times 每日需求量$$

订货提前期对经济订货量并无影响。经济订货量的确定与基本模型一致。

3）陆续供货模型

(1) 基本原理。

设每批订货数为 $Q$，每日送货量为 $P$，每日耗用量为 $d$，则：

$$最高库存 = (P - d) \times \frac{Q}{P}$$

$$年平均库存 = \frac{Q}{2} \times \frac{P-d}{P} = \frac{Q}{2} \times \left(1 - \frac{d}{P}\right)$$

式中，$(P-d)$ 表示每日库存净增量；$\frac{Q}{P}$ 表示送完该批货所需日数。

(2) 与批量有关的总成本。

$$订货变动成本 = 年订货次数 \times 每次订货成本 = \frac{D}{Q} \times K$$

$$存储变动成本 = 年平均库存量 \times 企业存货的年储存成本 = \frac{Q}{2} \times \left(1 - \frac{d}{P}\right) \times KC$$

(3) 基本公式。

存货陆续供应和使用的经济订货量公式为：

$$Q = \sqrt{\frac{2 \times K \times D}{KC \times \left(1-\frac{d}{P}\right)}}$$

存货陆续供应和使用的经济订货量总成本公式为：

$$Q = \sqrt{2 \times K \times D \times KC \times \left(1-\frac{d}{P}\right)}$$

4）安全储备量模型

为了防止需求增大或送货延迟所造成缺货或供货中断的损失,而多储备一些存货即为全储备(保险储备)。考虑保险储备的再订货点的计算公式如下：

$$R = 交货时间 \times 平均日需求量 + 保险储备 = L \times d + B$$

## 二、人力资源管理

### (一) 人力资源与人力资源管理

人力资源是指在一定范围内的人所具有的劳动能力的总和,或能够推动整个经济和社会发展的、具有智力劳动和体力劳动的总和。

人力资源管理是指根据企业发展战略的要求,有计划地对人力资源进行合理配置,通过对企业中员工的招聘、培训、使用、考核、激励、调整等一系列过程,调动员工的积极性,发挥员工的潜能,为企业创造价值,给企业带来效益。

### (二) 人力资源的组成

1. 高管人员

高管人员包括决策层和执行层人员。企业董事会成员和董事长构成企业的决策层,是决定企业发展战略的关键管理人员。决策层团队应具有战略眼光,具备国内国际形势和宏观政策的分析判断能力,对同行业、本企业的优势具有很强的认知度。执行层通常又被称为经理层,应当树立"执行力"这一重要理念。

2. 专业技术人员

核心技术是企业赖以生存与发展的关键所在,专业技术人员是企业核心技术的创造者和维护者。

3. 一般员工

一般员工是企业人力资源的主体,也是企业人力资源管理的主要部分。

### (三) 人力资源需求预测

人力资源需求预测是指根据企业的发展规划和企业的内外条件,选择适当的预测技术,对人力资源需求的数量、质量和结构进行预测。

人力资源需求预测的方法包括主观判断法和定量分析预测法。

1. 主观判断法

这是一种较为简单、常用的方法。此方法是由有经验的专家或管理人员进行直觉判断预测,其精度取决于预测者的个人经验和判断力。主观判断法又包括经验推断法和团队预测法两种。

2. 定量分析预测法

1) 工作负荷法

工作负荷法即按照历史数据,先算出对某一特定工作每单位时间的每人的工作负荷,再根据未来的生产量目标计算出所需要完成的总工作量,然后根据前一标准折算出所需的人力资源数。

2) 趋势预测法

预测者必须拥有过去一段时间的历史数据资料,然后用最小平方法求得趋势线,将趋势线延长,就可预测未来的数值。

3) 多元回归预测法

多元回归预测法是一种从事物变化的因果关系来进行预测的方法,运用事物之间的各种因果关系,根据多个自变量的变化来推测与之有关的因变量变化。

(四)薪酬结构

1. 薪酬支付方式

薪酬支付方式包括经济的和非经济的方式。经济的方式指直接货币形式和可间接转化为货币的其他形式,非经济的方式指工作本身和工作环境等。

2. 薪酬类型

1) 工资

工资有广义和狭义之分。广义的工资从内涵上讲,包括货币形式和非货币形式的报酬;从外延上讲,包括支付给劳动者的报酬。狭义的工资是指付给从事体力劳动的员工货币形式的报酬;如果接受报酬的主体是脑力劳动者,人们习惯性称之为薪水,如果报酬的客观表现形式是实物而不是货币,人们常称之为福利。总体上讲,工资可做如下分类:

(1) 基本工资。员工只要仍在企业中就业,就能定期获得固定数额的劳动报酬。基本工资常以时薪、月薪、年薪等计时工资的形式出现。基本工资又分为基础工资、工龄工资、职位工资等。

(2) 激励工资。激励工资是指工资中随着员工工作努力程度和劳动成果的变化而变化的部分。激励工资又类似奖金的性质,可以分为两种形式:投入激励工资,即随着员工工作努力程度变化而变化的工资;产出激励工资,即随着员工产出变化而变化的工资,具体包括计件工资、提成工资等形式。

(3) 成就工资。当员工工作卓有成效、为企业做出突出贡献时,企业以提高员工基本工资的形式付给员工的报酬。

成就工资与激励工资的区别表现在:成就工资是对员工在过去较长一段时间内所取得成就的"追认",而激励工资是与员工现在的表现和成就挂钩的;成就工资是员工工资的长期性增加,而激励工资则是一次性的。

2) 奖金

奖金是企业对员工超额劳动部分或劳动绩效突出部分所支付的奖励性报酬,是企业为了鼓励员工提高劳动效率和工作质量付给员工的货币奖励。奖金具有以下几个特性:

(1) 超常性。奖金的支付客体是超额劳动而非正常劳动,或者是突出劳动绩效而非正常劳动绩效。也就是说,奖金仅支付给提供了超额劳动或突出劳动绩效的员工。

(2) 货币性。奖金是货币奖励而非实物奖励。

(3) 动态性。奖金的数额随着超额劳动或劳动绩效的变动而变动。

(4) 多样性。奖金的表现形式包括红利、利润分享及通常所说的奖金等。

3) 津贴与补贴

津贴是指对工资或薪水等难以全面、准确反映的劳动条件、劳动环境、社会评价等对员工身心造成某种不利影响或者为了保证员工工资水平不受物价影响而支付给员工的一种补偿。人们常把与工作相关的补偿称为津贴,如员工的工作环境对身体健康有害,员工的工作条件对员工造成伤害的可能性较大等情况给予的补偿。人们常把与员工生活相联系的补偿称为补贴,如交通补贴、住房补贴、生育补贴、物价补贴。津贴与补贴常以货币形式支付给员工。

4) 福利

福利也有广义和狭义两种含义。广义的福利包括工资,根据福利经济学家的观点,一切促进经济发展、人民生活水平提高的都是福利的增加。狭义的福利是指用人单位支付给员工的除工资或薪水以外的劳动报酬,经常不以货币形式直接支付,而多以实物或服务的形式支付,如社会保险(失业保险、养老保险、医疗保险等)、带薪假期、廉价住房、单位提供的子女入托服务、免费午餐、免费交通服务等。从支付对象上看,福利常表现为以下三种形式:

(1) 全员福利,是企业内所有员工都能享受的待遇,其分配基础显然是公平原则。

(2) 特种福利,是针对企业内核心人力资源(如高层经营管理人员、高级专业技术人员等)设计的,其分配基础是价值,是对核心人力资源所具有的特殊价值的认可。现实生活中常见的特种福利包括高档轿车服务、头等舱服务、高级宾馆饭店服务、股票优惠购买权、高级住宅服务等。

(3) 特困福利,是为有特殊困难(如工伤伤残、重病等)的员工提供的,其分配基础是需求。

5）股权

股权是将企业的一部分股份作为薪酬授予员工,使员工成为企业的股东。授予员工股权,是一种长期激励手段,能够让员工为企业长期利润最大化而努力。现实中管理者持股是股权薪酬的典型形式。股权薪酬与以上四种薪酬的区别主要表现在其支付形式上,它既不是货币,又不是一种简单的实物或服务,而是一种权力的授予。

### 三、市场营销

#### （一）市场营销与市场营销管理

市场营销就是企业在一定的市场环境中,在有效的时间、有效的地点,以顾客接受的价格和沟通方式将符合顾客需求的产品出售给目标顾客,并实现顾客的满足与忠诚的过程。市场营销既是一种组织职能,也是为组织自身及利益相关者的利益而创造、传播、传递客户价值,管理客户关系的过程。

市场营销管理是企业为了实现其目标,创造、建立并保持与目标市场之间的互利互换关系而进行的分析、计划、实施和控制的过程。它的基本任务包括分析市场机会、制定营销策略、发展市场营销组合、决定营销预算、执行与控制营销计划。

市场营销管理必须根据经营战略的要求进行,各战略经营单位的市场营销部门必须分析企业的基本战略和目标,它们是对市场营销管理的具体要求和约束,是市场营销计划的导向。例如,经营战略和目标是成本领先与扩大市场占有率,那么市场营销管理就必须与生产管理、财务管理、人力资源管理和研究与开发管理职能相结合,严格贯彻战略方针。

#### （二）市场营销管理的过程

企业的市场营销过程,是在企业已确定的业务经营范围内,由企业的市场营销部门按照企业总体战略中已规定的任务目标、产品投资组合和增长战略模式,从外部环境出发分析、评价各种产品业务增长的市场机会,结合企业的资源状况,综合考虑各项因素后,选择目标市场,进行市场定位,确定市场营销组合,制订市场营销计划,管理市场营销活动的完整过程。

1. 分析市场机会

市场营销环境是指对企业的市场和营销活动产生影响与冲击的不可控制的行动者及社会力量。任何企业都是在不断变化的社会环境中运行的,其营销活动除了受自身条件的约束外,还要受外部环境的制约。对各种企业营销活动产生影响的外部不可控制的变量,构成了企业的市场营销环境。环境的变化,既可能给企业营销带来机会,也可能造成营销威胁。企业营销人员必须全面、准确地认识市场营销环境及其变化趋势,以把握机会,防范威胁,趋利避害地开展营销活动。

2. 选择目标市场

企业要在竞争激烈的市场上取胜,首先要以消费者为中心。消费者人数众多,他们的需求千差万别。因此,企业必须对整个市场进行细分,从中选择最佳的细分市场,制定切实可行的战略,在比竞争对手更有效地为目标市场服务的同时获得收益。具体来说,这一过程包括市场细分、目标市场选择和市场定位三个阶段。

3. 设计市场营销组合

所谓市场营销组合是企业针对选定的目标市场而整合的一系列可控的市场营销手段。1960年,麦卡锡(E. J. McCarthy)在《基础营销》一书中提出了著名的4P组合,即产品(Product)、渠道(Place)、价格(Price)、促销(Promotion)四要素,市场营销组合策略包括产品策略、渠道策略、价格策略、促销策略。

4. 管理市场营销活动

所有的营销战略和战术都必须付诸实践,这就需要实施营销活动管理,营销管理由计划、组织和控制等职能组成。企业首先要制订整体战略计划,并将它转化为各部门、产品或者品牌的营销计划或其他计划。通过执行,企业将计划转化为行动。无论是计划的制订还是实施,都离不开有效的市场营销组织。最后,还要对营销活动进行测量和评价,必要时采取纠偏措施,即控制。

### (三) 市场营销组合策略

市场营销组合策略的基本思想在于:从制定产品策略入手,同时制定价格、促销及分销渠道策略,组合成策略整体。企业经营的成败,在很大程度上取决于这些组合策略的选择以及它们的综合运用效果。根据美国学者麦卡锡教授提出的著名的4P营销组合策略,他认为一次成功和完整的市场营销活动,就是以适当的产品、适当的价格、适当的渠道、适当的促销手段,将适当的产品和服务投放到特定市场的行为。市场营销组合策略包括产品策略、价格策略、促销策略和渠道策略。

1. 产品策略

从营销学的意义上讲,产品的本质是一种满足消费者需求的载体,是提供给市场,能够满足消费者某一需求和欲望的任何有形物品和无形服务。在现代营销学中,产品概念有极其宽广的外延和深刻的内涵,产品整体概念包括核心产品、形式产品、期望产品、延伸产品和潜在产品五个层次的内容。

1) 产品组合策略

产品组合策略是指企业根据自身的营销利润目标,对其产品组合的广度、长度、深度和密集度进行最佳组合的策略。企业在进行产品组合时应遵循两个原则:一是要有利于市场销售,二是要有利于增加企业的目标总利润。企业在制定产品组合策略时,可根据具体情况选择扩展产品组合策略、减缩产品组合策略、产品线延伸策略、产品线现代化策略等。

2) 产品生命周期各阶段营销策略

一种产品进入市场后,它的销售情况和获利能力会随着时间的推移而改变,呈现出一个由少到多再由多到少的过程,就如同人的生命一样,由诞生、成长到成熟,最终走向衰亡。所谓产品的生命周期就是指产品进入市场,直到最终退出市场所经历的市场生命过程。典型的产品生命周期可分为四个阶段：引入期、成长期、成熟期和衰退期。

3）新产品开发策略

市场营销意义上的新产品是指企业向市场提供的较原先已经提供的有根本不同的产品。一般而言，营销意义上的新产品应具备以下条件：在原理、结构、性能、材料、工艺等某一方面或几个方面有显著改进、提高或独创；具有先进性、实用性，能提高经济效益，具有推广价值；在一定范围或区域内第一次试制成功。具体来说，新产品可分为完全创新产品、换代新产品、改革新产品和仿制新产品四类。

企业进行新产品开发时，必须根据市场需求、竞争情况和企业自身能力，采取正确的策略，才能使新产品开发获得成功。常用的新产品开发策略有改进现有产品、扩大现有产品的品种、增加产品种类和挖掘顾客潜在需求。

4）产品品牌策略

品牌是用以识别某个或某群销售者的产品或服务，并使之与竞争对手的产品或服务区别开来的商业名称及其标志，通常由文字、标记、符号、图案或颜色等要素或这些要素的组合构成。企业的产品品牌策略主要有品牌有无策略、品牌归属策略、品牌统分策略和品牌延伸策略。

5）包装策略

包装是产品的重要组成部分，它不但保证了产品的使用价值，而且还增加了产品的整体价值，良好的包装是获得市场竞争力的有效手段。企业产品的包装策略有类似包装策略、配套包装策略、分类包装策略、等级包装策略、再使用包装策略、附赠品包装策略和改变包装策略等。

2. 价格策略

价格策略是市场营销组合中非常重要且独具特色的部分，通常也是影响交易成败的关键因素。在制定价格的过程中，企业既要考虑自身的成本与利润，又要考虑消费者对价格的接受能力，并考虑受到主要竞争对手价格策略的影响，同时还要与其他营销策略及产品的市场定位相协调。

由于产品成本、市场需求和竞争状况是决定价格高低的主要因素，企业在选择定价方法时，首先要研究如何以这些要素为导向为产品制定合理的基本价格。在实际定价中，企业往往只能侧重考虑其中一类因素，选择一种定价方法，然后通过一定的定价策略和技巧对计算结果进行修订，形成最终的价格表。

企业定价的基本方法主要有以下三种：

（1）成本导向定价法。成本导向定价法以成本作为定价的基础，根据具体算法的不同，又可分为成本加成定价法、目标收益定价法和变动成本定价法。

（2）需求导向定价法。这是一种以市场需求强度及消费者对产品的感知而不是企业的生产成本为主要依据的定价方法，主要包括认知价值定价法和反向定价法两种方法。

（3）竞争导向定价法。它是以市场上竞争对手的同类产品价值为主要依据，随竞争状况的变化确定和调整价格水平的定价方法,具体有随行就市定价法和密封投标定价法两种方法。

3. 促销策略

促销是企业通过人员或非人员的方式,向目标顾客传递商品或服务信息,帮助消费者认识商品或服务所带来的利益,从而引起消费者兴趣,激发消费者的购买欲望及购买行为。促销是企业营销活动的重要组成部分,在产品的销售过程中具有极其重要的作用。

1) 人员推销

人员推销是指企业派出专职或兼职的推销人员或销售代表,直接与可能的购买者接触,介绍、宣传产品,帮助和说服顾客购买某种产品或服务的过程。人员推销作为一种被企业广泛采用的双向沟通方式,具有寻求顾客、沟通信息、推销产品、收集情报和提供服务等多项功能。企业采用人员推销时,可运用多种推销策略,主要有试探性策略、针对性策略和诱导性策略等。

2) 广告

广告是指企业为了促进产品销售,利用大众媒体进行付费宣传的促销活动。广告由广告主、广告信息、广告媒体、广告费用和广告对象五个要素构成。

广告策略的基本表现形式通常有五种:① 配合产品策略采取的广告策略,即广告产品策略;② 配合市场目标采取的广告策略,即广告市场策略;③ 配合营销时机而采取的广告策略,即广告发布时机策略;④ 配合营销区域而采取的广告策略,即广告媒体策略;⑤ 配合广告表现而采取的广告策略,即广告表现策略。广告策略必须围绕广告目标,因商品、因人、因时、因地而异,还应符合消费者心理。

3) 公共关系

公共关系是企业为了使社会大众对本企业商品产生好感,在社会上树立企业声誉,运用各种传播手段,通过制造舆论向广大公众进行公开宣传的促销活动。企业公共关系的目标是促进公众了解企业,通过企业与公众的双向沟通,改善或转变公众态度,它具有信息监测、舆论宣传、沟通协调、危机处理、决策咨询等职能。

企业公共关系的目标和功能需要通过有计划的、具体的公共关系活动来实现,企业经常采用的公共关系活动有专题活动、新闻宣传、事件策划、赞助和支持各项公益活动、印制宣传品、公关广告、导入企业形象识别系统等。

4) 营业推广

营业推广又称销售促进,是指那些能够刺激顾客做出强烈需求反应,在短期内迅速产生购买行为的促销方式。

营业推广根据市场特点和企业销售目标的不同,可分为针对消费者的营业推广、针对中间商的营业推广和针对销售人员的营业推广三种形式。针对消费者的营业推广方式有免费赠送样品、付费赠送、赠券或印花、赠送优惠券、退费优惠、折价优待、举办展销会、服务促销、有奖销售、消费信贷、包装促销、产品陈列和现场示范等具体形式;针对中间商的营业推广有批量折扣、期间补贴、现金折扣、经销津贴、免费附赠补贴等形式;针对销售人员的营业推广有销售红利提成、销售竞赛、特别推销金等形式。

4. 渠道策略

所谓分销渠道是指某种产品或服务从制造商向消费者转移的通路,由一系列执行中介职能的相互依存的企业和个人组成。渠道策略是市场营销策略组合中最具挑战性的策略。因为在现代经济体系中,大部分生产者不直接向最终消费者出售产品,而是借助中间商实现对最终消费者的销售。居于分销渠道上的中间商不是生产者的雇佣者,也不是生产者铸造的营销链条上的一个环节,而是独立的机构或个人。当中间商努力发展并拥有自己的顾客时,他们在市场上就占据比生产者更重要的地位。因此,能否掌控分销渠道就成为生产者实现产品或劳务销售的关键。

渠道策略主要研究使商品顺利到达消费者手中的途径和方式等方面的策略。生产者分销渠道的设计过程,由确定渠道目标、确定主要渠道的选择方案和评估渠道方案几个主要步骤构成。

## 任务执行

### 一、物资购销

#### (一) 原材料采购

1. 查看原材料价格信息

在采购原材料前可以先点击"原材料价格配比信息"和"原材料价格趋势图",查看相应信息,便于操作执行。

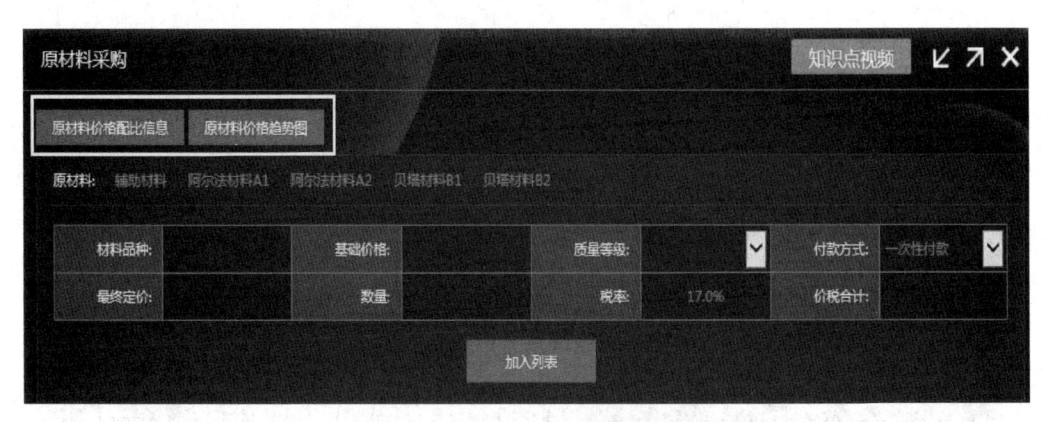

图 2-36 原材料采购界面

2. 新增物资

购买某种材料时,选择质量等级、付款方式,输入购买数量,点击"加入列表"即可。质量等级和付款方式都会影响材料的最终定价。

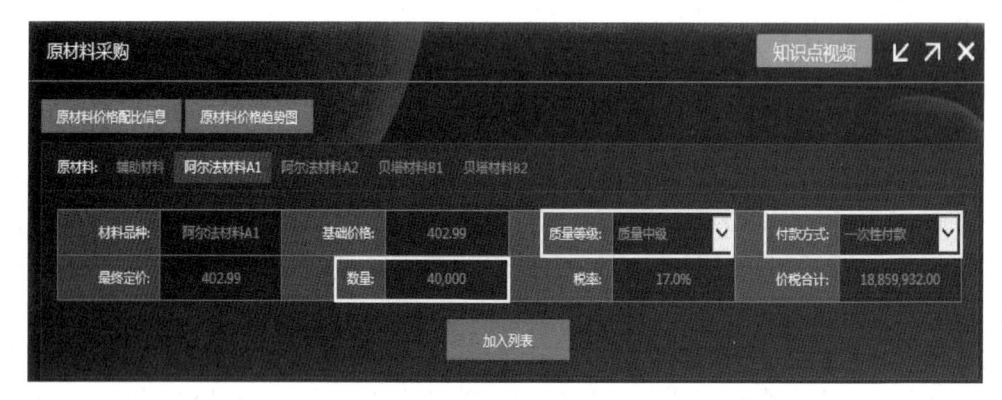

图 2-37 新增原材料界面

加入列表后点击"新增保存",保存要购买的材料。如果要删除该条购买信息,点击"删除"按钮。点击"期初原材料库存",可以查看每期期初原材料的剩余数量。

图 2-38 期初原材料界面

3. 原材料协议采购

系统每期提供原材料采购协议单,选择需要的协议单,点击"签订协议",如图 2-39 所示。

图 2-39 原材料协议采购单界面

签订原材料采购协议单后,需要在限制的期数内,完成约定的协议采购数量。输入本期采购数量,点击"保存"。

图 2-40　协议采购数量界面

## (二) 原材料出售

当企业出现资金紧张、材料库存太大等情况时,可以将原材料进行出售。

原材料只能出售期初库存材料,本期购入材料不能出售,将要出售材料的数量填入"出售数量"列中即可。

图 2-41　原材料出售界面

## 二、生产运营

### (一) 生产人员招聘

1. 生产人员招聘测算

在进行生产人员招聘前需要进行生产人员招聘测算,填写预计投产数量、加班幅度(加班幅度不得超过 20%),点击"进行测算",系统会自动计算出投产人数。

2. 新增生产人员

测算出招聘人数后,在购置固定资产的区域填写已经测算好的本期招聘人数,点击"新增保存"。

图 2‐42　生产人员招聘测算界面

## （二）生产人员薪酬设计

### 1. 生产人员薪酬设计测算

点击"生产人员薪酬设计测算"按钮，进入测算界面，选择区域，填写人均固定薪酬、单位计件工资、预计产量、加班幅度（不能超过 20%），点击"进行测算"，系统将自动测算出人均工资，如果界面出现红色警示标志，则表示测算不成功。人均工资不得低于当地平均薪酬的 75%。

图 2‐43　生产人员薪酬设计测算界面

2. 生产人员薪酬设计

把薪资测算的结果填入薪酬设计界面,点击"新增保存"即可。

### (三) 产品生产

填写产品投产数量、安排人员,选择生产质检等级,点击"修改保存",即可完成产品生产。

图 2-44 产品生产界面

### (四) 来料加工

首先,选择来料加工订单签订。签订后,选择生产线,安排人员,点击"现在保存",即可完成来料加工订单。

图 2-45 来料加工界面

### (五) 产品研发

进入研发界面,点击上下键,选择当期投入金额,点击"修改保存",则完成了当期研发。研发业务分为自主研发和外购研发,自主研发能降低辅助材料的耗用量,外购研发能提高产品的竞争力。

图 2‑46　产品研发界面

### 三、市场营销

#### （一）市场调研

市场调研分为三大类：宏观经济、市场需求量和竞争对手信息。

进入市场调研界面，点击"信息咨询费"，并成功支付信息咨询费的，便可查看调研信息，根据调研信息做出经营分析和决策。

图 2‑47　市场调研界面

## (二)渠道铺设

进入渠道铺设界面,选择线上渠道,填写线下渠道专卖店和大卖场的设置数量,点击"新增保存",则完成渠道铺设。点击"渠道人员说明",查看渠道人员安排;点击"渠道费用说明",查看渠道费用明细;点击"渠道租金说明",查看渠道租金明细。

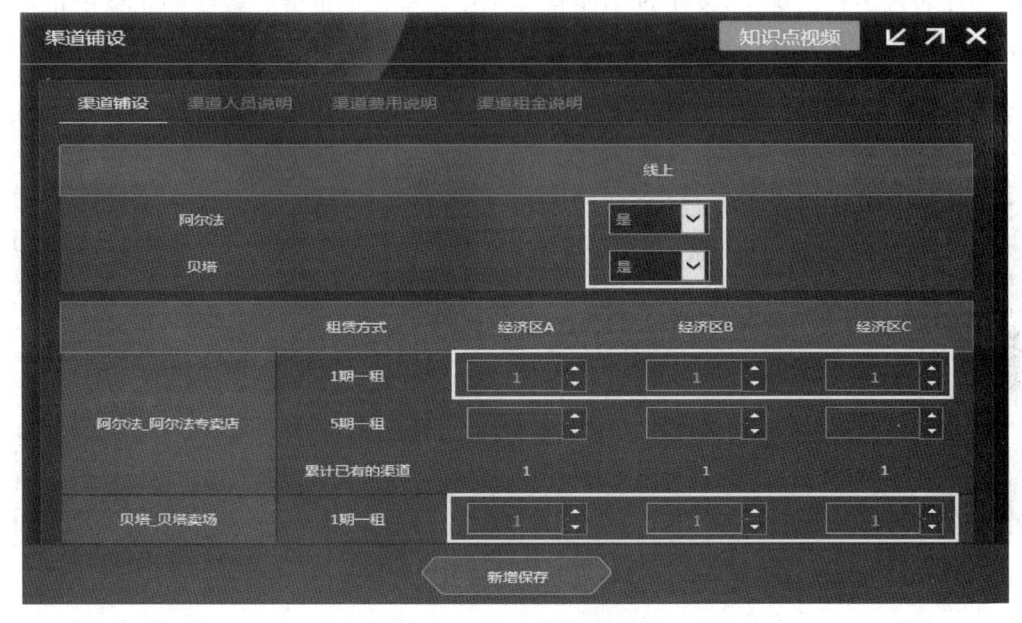

图 2-48 渠道铺设界面

## (三)品牌建设

进入品牌建设界面,选择要投入广告的区域,点击进入。随意点击已经铺设的渠道,然后点击上下键,填写投入广告金额,点击"新增保存"则完成该渠道的广告投入。点击"广告投放效果查询",可查看该广告的投放效果;点击"返回",即返回广告投放区域选择界面。广告投放金额的多少影响企业的市场份额。

图 2-49 品牌建设界面

## (四)销售发货

点击进入销售发货区域选择界面,选择要发货的区域。

进入发货界面,输入定价、本期发货数量,选择收款方式,系统会自动计算预计销售额、预计销项税、预计本期收款、预计运费、预计收账费用、下期收款。价格由学生在定价范围内自己确定,发货量不能超过库存数量。定价会直接影响企业的市场份额。

图 2-50　销售发货界面

## (五)代销清仓

点击进入代销清仓选择界面,选择要进行代销或清仓的产品。

与销售发货页面类似,输入定价、手续费率、本期发货数量,选择收款方式,系统会自动计算预计销售额、预计销项税、预计本期收款、预计运费、预计收账费用、预计代销手续费、下期收款。价格由学生在定价范围内自己确定,手续费率不能超过指定范围,发货量不能超过库存数量。定价与手续费率会直接影响企业的市场份额。

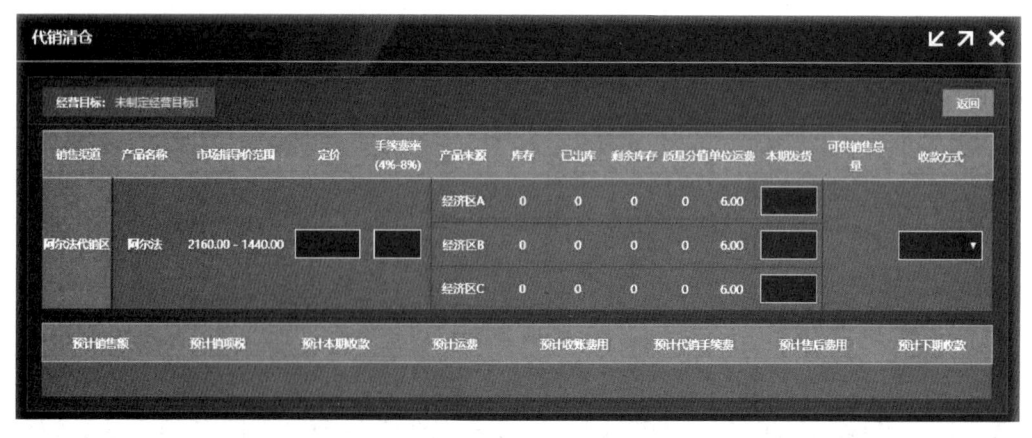

图 2-51　代销清仓界面

# 任务七　利润分配

## 任务描述

平台模拟企业经营过程中的股利分配业务。当企业未分配利润为负数时,不能分配普通股股利和优先股股利。当企业未分配利润为正数时,则要分配优先股股利,如果优先股股利分配后仍有剩余,则可以考虑分配普通股股利。

## 实验步骤

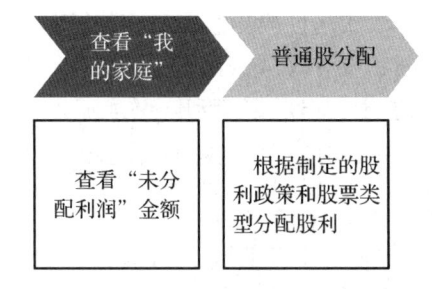

查看"我的家庭" → 普通股分配

查看"未分配利润"金额 | 根据制定的股利政策和股票类型分配股利

## 知识链接

利润分配是指企业对一定时期实现的收益按照国家的有关规定在企业和投资者以及其他各方之间进行的分配,它是利用价值形式对社会剩余产品进行的分配。

### 一、利润分配的内容

按《中华人民共和国公司法》(以下简称《公司法》)规定,公司利润分配的项目包括以下两个部分。

#### (一) 盈余公积

盈余公积是企业在税后利润中计提的用于弥补公司亏损、扩大公司生产经营或转增公司资本的资金。盈余公积包括法定盈余公积和任意盈余公积两种。法定盈余公积按照税后利润的10%提取,当年盈余公积累计额达到公司注册资本的50%时,可不再提取。其主要用于弥补亏损、转增资本,并可用于分配股利(超过注册资本的25%的部分)。任意盈余公积的提取由股东会根据需要决定。

#### (二) 股利

股利是指股份有限公司发给股东的投资报酬。根据《公司法》的规定,公司弥补亏损和提取盈余公积后所余税后利润,可以向股东(投资者)分配股利(利润),其中有限责任公司股东按照实缴的出资比例分取红利,全体股东约定不按照出资比例分取红利的除外;股份有限公司按照股东持有的股份比例分配,但股份有限公司章程规定不按持股比例分配的除外。

## 二、股利支付形式

### (一) 现金股利

现金股利,是以现金支付的股利,它是股利支付的最常见的方式。发放现金股利的多少主要取决于公司的股利政策和经营业绩。上市公司发放现金股利主要出于三个原因:投资者偏好、减少代理成本和传递公司的未来信息。公司采用现金股利形式时,必须具备两个基本条件:第一,公司要有足够的未指明用途的留存收益(未分配利润);第二,公司要有足够的现金。

### (二) 股票股利

股票股利,是公司以增发股票的方式所支付的股利,我国实务中通常也称其为"红股"。发放股票股利又称为送股或送红股。股票股利是股利分配的主要形式之一。

对公司来说,发放股票股利没有现金流出企业,也不会导致公司的财产减少,而只是将公司的留存收益转化为股本。但股票股利会增加流通在外的股票数量,同时降低股票的每股价值。它不会改变公司股东权益总额,但会改变股东权益构成。

## 三、股利政策的类型

所谓股利政策是指在法律允许的范围内,企业是否发放股利、发放多少股利以及何时发放股利的方针及对策。企业的净收益可以支付给股东,也可以留存在企业内部,股利政策的关键问题是确定分配和留存的比例。通常可供选择的股利政策包括:剩余股利政策、固定股利或稳定增长股利政策、固定股利支付率政策以及低正常股利加额外股利政策。

### (一) 剩余股利政策

剩余股利政策,是指公司生产经营所获得的税后利润首先应较多地考虑满足公司有利可图的投资项目的需要,即增加资本或公积金。

只有当增加的资本额达到预定的目标资本结构(最佳资本结构),如果有剩余,则派发股利;如果没有剩余,则不派发股利。

### (二) 固定股利或稳定增长股利政策

固定股利或稳定增长股利政策,是指公司将每年派发的股利额固定在某一特定水平或是在此基础上维持某一固定比率逐年稳定增长。只有在确信公司未来的盈利增长不会发生逆转时,才会宣布实施固定股利或稳定增长股利政策。

在固定股利或稳定增长股利政策下,首先确定的是股利分配额,而且该分配额一般不随资金需求的波动而波动。

### (三) 固定股利支付率政策

固定股利支付率政策,是指公司将每年净收益的某一固定百分比作为股利分派给股东。这一百分比通常称为股利支付率,股利支付率一经确定,一般不得随意变更。固定股利支付率越高,公司留存的净收益越少。在这一股利政策下,只要公司的税后利润一经计算确定,所派发的股利也就相应确定了。

### (四) 低正常股利加额外股利政策

低正常股利加额外股利政策,是指企业事先设定一个较低的正常股利额,每年除了按正常股利额向股东发放现金股利外,还在企业盈利情况较好、资金较为充裕的年度向股东发放高于每年度正常股利的额外股利。

## 任务执行

点击上下键进行普通股股利分配,如图 2-52 所示,当未分配利润为负数时,不能分配,可以选择不分普通股,但是会影响成绩得分。优先股股利分配,系统会根据未分配利润自动计算。

图 2-52 股利分配界面

# 任务八 经营分析

## 任务描述

企业经营分析是在经营目标的指引下,运用特定的指标和标准,采用科学的方法,按照一定的程序,对企业一定时期内的经营活动及结果做出客观、公正、全面的评价。企业可通过"我的家底"和"经营分析"模块中的"商业分析""指标对比""财务报表""期间费用""生产成本"查看结算结果和上一期整体经营情况。

## 实验步骤

经营分析 → 我的家底

经营分析：
生产成本
期间费用
财务报表
指标分析
指标对比
商业分析
经营大数据分析

我的家底：
现金流水　我的资产
我的员工　我的生产
我的研发　我的渠道
我的存货　我的订单
我的筹资　我的分配
我的成绩

## 知识链接

### 一、财务分析概述

**(一) 财务分析的概念及不同使用者的目的**

财务分析是以企业的财务会计报告为基础,综合其他资料,借助一定的财务指标和步骤,对企业的财务报告和经营成果进行分析和评价的一种方法。财务分析既是对企业一定期间的财务活动总结,又为企业进行下一步的财务预测提供依据。财务分析通过发现问题帮助企业发现问题产生的原因,并采取对策。

企业财务信息的使用者出于不同的需要对财务信息进行分析,侧重点有所不同。国家政府关心的是企业遵纪守法、按期纳税;企业经营者为改善企业的经营必须全面了解企业的生产经营情况和财务状况;企业投资者一般更关心企业的盈利能力;债权人则一般侧重于分析企业的偿债能力。

**(二) 主要财务报表介绍**

1. 资产负债表

资产负债表是反映企业在某一特定日期所拥有的资产、需偿付的债务和股东(投资者)拥有的净资产的一张财务报表。在我国,资产负债表采用账户式结构,报表分为左右两方,左方列示资产类项目,反映全部资产的分布及存在形态;右方列示负债和所有者权益类项目,反映全部负债和所有者权益的内容及构成情况。根据"资产＝负债＋所有者权益"的会计等式,我国资产负债表的左右双方平衡相等。

账户式资产负债表的优点在于资产和权益的恒等关系一目了然。此外,为了使报表使用者比较不同时点资产负债的数据,我国会计制度规定企业需要提供比较资产负债表,资产负债表就各项目再分为"期初余额"和"期末余额"两栏分别填列。我国资产负债表的格式如表2-8所示。

表2-8 资产负债表

编制单位： 2022年12月31日 单位:千元

| 项　目 | 期末余额 | 期初余额 | 项　目 | 期末余额 | 期初余额 |
| --- | --- | --- | --- | --- | --- |
| 流动资产: | | | 流动负债: | | |
| 货币资金 | | | 短期借款 | | |
| 应收票据 | | | 应付票据 | | |
| 应收账款 | | | 应付账款 | | |
| 预付款项 | | | 预收款项 | | |
| 应收利息 | | | 应付职工薪酬 | | |
| 应收股利 | | | 应交税费 | | |
| 其他应收款 | | | 应付利息 | | |
| 存货 | | | 应付股利 | | |
| 划分为持有待售的资产 | | | 其他应付款 | | |
| 一年内到期的非流动资产 | | | 一年内到期的非流动负债 | | |
| 其他流动资产 | | | 其他流动负债 | | |
| 流动资产合计 | | | 流动负债合计 | | |
| 非流动资产: | | | 非流动负债: | | |
| 可供出售金融资产 | | | 长期借款 | | |
| 持有至到期投资 | | | 应付债券 | | |
| 长期应收款 | | | 长期应付款 | | |
| 长期股权投资 | | | 预计负债 | | |
| 投资性房地产 | | | 递延收益 | | |
| 固定资产 | | | 递延所得税负债 | | |
| 在建工程 | | | 其他非流动负债 | | |
| 工程物资 | | | 非流动负债合计 | | |
| 固定资产清理 | | | 负债合计 | | |
| 生产性生物资产 | | | 所有者权益: | | |
| 油气资产 | | | 股本 | | |
| 无形资产 | | | 资本公积 | | |
| 开发支出 | | | 其他综合收益 | | |
| 商誉 | | | 盈余公积 | | |
| 长期待摊费用 | | | 未分配利润 | | |

续　表

| 项　目 | 期末余额 | 期初余额 | 项　目 | 期末余额 | 期初余额 |
|---|---|---|---|---|---|
| 递延所得税资产 | | | 归属于母公司所有者权益合计 | | |
| 其他非流动资产 | | | 少数股东权益 | | |
| 非流动资产合计 | | | 所有者权益合计 | | |
| 资产总计 | | | 负债和所有者权益总计 | | |

2. 利润表

利润表又称损益表,是反映企业在一定会计期间的经营成果的会计报表,它是反映企业财务成果的动态报表。通过利润表,可以反映企业在一定会计期间收入、费用、利润(或亏损)的数额,帮助财务报表使用者全面了解企业的经营成果。当企业盈利时,不仅表现为企业收入和利润的增加,还表现为企业的资产也增多了;反之,则表现为企业收入和利润的减少,其相应的资产也会减少。

利润表依据权责发生制和配比原则的要求,以"收入－费用＝利润"的会计等式为基础进行编制。不同国家和地区对利润表的结构和格式要求不同,一般存在两种利润表的编制格式——单步式利润表和多步式利润表。我国企业的利润表采用多步式。

多步式利润表分以下三个步骤编制:

第一步,以营业收入为基础,减去营业成本、营业税金及附加、销售费用、管理费用、财务费用、资产减值损失,加上公允价值变动收益(减损失)和投资收益(减去投资损失),计算出营业利润。

第二步,以营业利润为基础,加上营业外收入,减去营业外支出,计算出利润总额。

第三步,以利润总额为基础,减去所得税费用,计算出净利润(或净亏损)。普通股或潜在普通股已公开交易的上市公司,或正处于公开发行普通股或潜在普通股的公司,还需在利润表中披露每股收益的信息。

我国企业利润表格式,如表2-9所示。

表2-9　利润表

编制单位:　　　　　　　　　2022年12月31日　　　　　　　　　单位:千元

| 项　目 | 2022年度 | 2021年度 |
|---|---|---|
| 一、营业总收入 | | |
| 其中:营业收入 | | |
| 二、营业总成本 | | |
| 其中:营业成本 | | |

续　表

| 项　　目 | 2022年度 | 2021年度 |
| --- | --- | --- |
| 营业税金及附加 | | |
| 销售费用 | | |
| 管理费用 | | |
| 财务费用 | | |
| 资产减值损失 | | |
| 加:公允价值变动收益(损失以"－"号填列) | | |
| 投资收益(损失以"－"号填列) | | |
| 其中:对联营企业和合营企业的投资收益 | | |
| 汇兑收益(损失以"－"号填列) | | |
| 三、营业利润(亏损以"－"号填列) | | |
| 加:营业外收入 | | |
| 其中:非流动资产处置利得 | | |
| 减:营业外支出 | | |
| 其中:非流动资产处置损失 | | |
| 四、利润总额(亏损总额以"－"号填列) | | |
| 减:所得税费用 | | |
| 五、净利润(净亏损以"－"号填列) | | |
| 归属于母公司所有者的净利润 | | |
| 少数股东损益 | | |
| 六、其他综合收益的税后净额 | | |
| 归属母公司所有者的其他综合收益的税后净额 | | |
| (一)以后不能重分类进损益的其他综合收益 | | |
| 1. 重新计量设定受益计划净负债或净资产的变动 | | |
| 2. 权益法下在被投资单位不能重分类进损益的其他综合收益中享有的份额 | | |
| (二)以后将重分类进损益的其他综合收益 | | |
| 1. 权益法下在被投资单位以后将重分类进损益的其他综合收益中享有的份额 | | |
| 2. 可供出售金融资产公允价值变动损益 | | |
| 3. 持有至到期投资重分类为可供出售金融资产损益 | | |
| 4. 现金流量套期损益的有效部分 | | |
| 5. 外币财务报表折算差额 | | |

续　表

| 项　目 | 2022年度 | 2021年度 |
|---|---|---|
| 6. 其他 | | |
| 归属于少数股东的其他综合收益的税后净额 | | |
| 七、综合收益总额 | | |
| 归属于母公司所有者的综合收益总额 | | |
| 归属于少数股东的综合收益总额 | | |
| 八、每股收益 | | |
| （一）基本每股收益 | | |
| （二）稀释每股收益 | | |

3. 现金流量表

现金流量表的结构主要包括正表和附注两部分。我国企业现金流量表的正表采用直接法进行编制。直接法下，对各类活动引起的现金流量的确认直接根据有关账户记录分析填列。

现金流量表的正表包括表头和主要内容。表头应标明报表名称、编制单位的名称、编制时间和金额单位。现金流量表的主要内容有六个方面：经营活动产生的现金流量、投资活动产生的现金流量、筹资活动产生的现金流量及汇率变动对现金及现金等价物的影响，最后汇总反映企业某一期间现金及现金等价物的净增加额和期末现金及现金等价物余额。其具体格式，如表2-10所示。

表2-10　现金流量表

编制单位：　　　　　　　　2022年12月31日　　　　　　　　单位：千元

| 项　目 | 本期发生额 | 上期发生额 |
|---|---|---|
| 一、经营活动产生的现金流量 | | |
| 销售商品、提供劳务收到的现金 | | |
| 收到的税费返还 | | |
| 收到其他与经营活动有关的现金 | | |
| 经营活动现金流入小计 | | |
| 购买商品、接受劳务支付的现金 | | |
| 支付给职工以及为职工支付的现金 | | |
| 支付的各项税费 | | |
| 支付其他与经营活动有关的现金 | | |
| 经营活动现金流出小计 | | |

续 表

| 项　目 | 本期发生额 | 上期发生额 |
|---|---|---|
| 经营活动产生的现金流量净额 | | |
| 二、投资活动产生的现金流量 | | |
| 收回投资收到的现金 | | |
| 取得投资收益收到的现金 | | |
| 处置固定资产、无形资产和其他长期资产收回的现金净额 | | |
| 处置子公司及其他营业单位收到的现金净额 | | |
| 收到其他与投资活动有关的现金 | | |
| 投资活动现金流入小计 | | |
| 购建固定资产、无形资产和其他长期资产支付的现金 | | |
| 投资支付的现金 | | |
| 取得子公司及其他营业单位支付的现金净额 | | |
| 支付其他与投资活动有关的现金 | | |
| 投资活动现金流出小计 | | |
| 投资活动产生的现金流量净额 | | |
| 三、筹资活动产生的现金流量 | | |
| 吸收投资收到的现金 | | |
| 其中：子公司吸收少数股东投资收到的现金 | | |
| 取得借款收到的现金 | | |
| 发行债券收到的现金 | | |
| 收到其他与筹资活动有关的现金 | | |
| 筹资活动现金流入小计 | | |
| 偿还债务支付的现金 | | |
| 分配股利、利润或偿付利息支付的现金 | | |
| 支付其他与筹资活动有关的现金 | | |
| 筹资活动现金流出小计 | | |
| 筹资活动产生的现金流量净额 | | |
| 四、汇率变动对现金及现金等价物的影响 | | |
| 五、现金及现金等价物净增加额 | | |
| 加：期初现金及现金等价物余额 | | |
| 六、期末现金及现金等价物余额 | | |

### (三) 财务分析的方法

财务分析最常用的基本方法有比较分析法、比率分析法、因素分析法。

**1. 比较分析法**

比较分析法是财务分析中最常用的一种分析方法,是指将彼此联系的指标进行对照,从数量上确定它们之间的差异,并进行差异分析用以评价财务活动好坏的方法。

1) 比较分析法按比较对象分类

(1) 与本企业历史比,即同一企业不同时期指标相比;

(2) 与同类企业比,即与行业平均数或竞争对手比较;

(3) 与本企业预算比,即将实际执行结果与计划指标比较。

2) 按比较内容分类

(1) 比较会计要素的总量。总量是指财务报表项目的总金额,如资产总额、净利润等。总量比较主要用于趋势分析,以分析发展趋势;有时也用于横向比较,分析企业的相对规模和竞争地位。

(2) 比较结构百分比。把资产负债表、利润表、现金流量表转换成百分比报表,如以收入为100%,看损益表各项目的比重。通过分析结构百分比,有助于发现有显著问题的项目。

(3) 比较财务比率。财务比率表现为相对数,排除了规模的影响,使不同对象间的比较变得可行。

3) 按比较方法分类

(1) 水平分析法。水平分析法又称水平分析或横向比较法,是指把企业实际达到的结果同某一标准进行比较,观察这些项目的变化情况,用以揭示这些项目增减变化的原因与趋势。可以用绝对数做比较,也可以用相对数做比较。

(2) 垂直分析法。垂直分析法又称结构分析法、纵向比较分析法,是计算财务报表中的各项目占总体的比重,它反映财务报表中每一项目与其相关总量之间的百分比及其变动情况,准确分析企业财务活动的发展趋势。在这一方法下,每项数据都有一个相关的总量对应,并被表示为占这一总量的百分比形式。

**2. 比率分析法**

比率分析法是财务分析的最基本、最重要的方法。有时人们会将财务分析与比率分析等同,认为财务分析就是比率分析。比率分析法实质上是将影响财务状况的两个相关因素联系起来,通过计算比率,反映它们之间的联系,以此来揭示企业的财务状况的分析方法。比率分析的形式有:① 百分比;② 比例;③ 分数。

**3. 因素分析法**

因素分析法是依据分析指标与其影响因素的关系,按照一定的程序和方法,从数量上确定各因素对分析指标影响方向和影响程度的一种方法。因素分析法是经济活动分析中最重要的方法之一。因素分析法按其分析特点可分为以下两种方法。

1) 连环替代法

连环替代法是将分析指标分解为各个可以计量的因素,并根据各个因素之间的依存关系,顺次用各因素的比较值(通常为实际值)替代基准值(通常为标准值或计划值),据以测定各因素对分析指标的影响。

**例 2-27** 某企业 2023 年 3 月甲材料费用发生情况如表 2-11 所示。根据表中资料,甲材料费用实际比计划增加了 2 000 元,这是由于产品产量、单位产品材料消耗量和材料价格三个因素变动共同影响的结果。下面运用连环替代法,计算各因素变动对材料费用总额的影响程度。

表 2-11 材料费用计算表

| 项 目 | 单 位 | 计划数 | 实际数 | 差异增(+)减(-) |
|---|---|---|---|---|
| 产品产量 | 件 | 500 | 550 | +50 |
| 单位产品材料消耗量 | 千克 | 10 | 8 | -2 |
| 材料单价 | 元 | 4 | 5 | +1 |
| 材料费用 | 元 | 20 000 | 22 000 | +2 000 |

计划指标:500×10×4=20 000(元)　①
第一次替换:550×10×4=22 000(元)　②
第二次替换:550×8×4=17 600(元)　③
第三次替换(实际数):550×8×5=22 000(元)　④
产量增加的影响=②-①=22 000-20 000=2 000(元)
材料节约的影响=③-②=17 600-22 000=-4 400(元)
价格提高的影响=④-③=22 000-17 600=4 400(元)
三个因素的影响=2 000-4 400+4 400=2 000(元)

2) 差额计算法

差额计算法是连环替代法的一种简化形式,也是因素分析法的一种形式,其计算原理与连环替代法相同,区别是差额计算法的分析程序比连环替代法简单。差额计算法是利用各个因素的比较值与基准值之间的差额,来计算各因素对分析指标的影响。差额计算法在实际分析工作中被广泛运用。

**例 2-28** 仍以表 2-11 所列数据为例,采用差额分析法计算确定各因素变动对材料费用的影响。

(1) 产量增加对材料费用的影响=(550-500)×10×4=2 000(元)
(2) 材料节约对材料费用的影响=550×(8-10)×4=-4 400(元)
(3) 价格提高对材料费用的影响=550×8×(5-4)=4 400(元)

运用因素分析法要注意以下几个问题:
(1) 构成财务指标的各个因素与财务指标之间客观上存在因果关系。

(2) 确定正确的替代顺序。在实际工作中,一般是先替换数量指标,后替换质量指标;先替换实物指标,后替换价值指标;先替换主要指标,后替换次要指标。

(3) 因素替换要按顺序依次进行,不能从中间隔替换,替换过的指标要用实际指标,尚未替换过的指标用计划指标(或基期指标)。

## 二、财务报告分析

### (一) 资产负债表分析

1. 资产负债表水平分析

资产负债表的水平分析,就是指通过对企业各项资产、负债和所有者权益的对比分析,揭示企业筹资与投资过程的差异,反映各项生产经营活动、会计政策及其变更对企业筹资和投资的影响。

2. 资产负债表垂直分析

资产负债表垂直分析,就是指通过将资产负债表中各项目与总资产或权益总额的对比,分析企业的资产结构、负债结构和股东权益结构的具体构成,揭示企业资产结构和资本结构的合理程度,探索优化企业资产结构和资本结构的思路。

3. 资产负债表项目分析

资产负债表项目分析,就是指在资产负债表全面分析的基础上,对资产、负债和所有者权益的主要项目,结合报表附注的资料进行深入分析,包括会计政策、会计估计等变动对相关项目影响的分析,从而更清晰地了解企业各项财务活动的变动情况及其变动的合理性。

### (二) 利润表分析

1. 利润表水平分析

通过对利润表的水平分析,从利润的形成角度,反映利润额的变动情况,揭示企业在利润形成过程中的管理业绩及存在的问题。

2. 利润表结构分析

利润结构变动分析,主要是在对利润表进行垂直分析的基础上,揭示各项利润及成本费用与收入的关系,以反映企业各环节的利润构成、利润及成本费用水平。

3. 利润表项目分析

利润表项目分析主要是根据利润表附注及财务情况说明书等相关详细信息,分析说明企业利润表及附表中重要项目的变动情况,深入揭示利润形成及分配变动的主观原因与客观原因,具体包括企业收入分析、成本费用分析等。

(1) 企业收入分析。收入是影响利润的重要因素。企业收入分析的内容包括:收入的确认与计量分析;影响收入的价格因素与销售量因素分析;企业收入的构成分析等。

(2) 成本费用分析。成本费用分析包括产品销售成本分析和期间费用分析两部分。产品销售成本分析包括销售总成本分析和单位销售成本分析;期间费用分析包括销售费用分析、财务费用分析和管理费用分析。

此外,还可以根据企业利润表的资料,对一些重要项目进行深入分析,如对财务费用与营业外收入的变动情况的分析、有关会计调整对净利润的影响的分析。

### (三) 现金流量表分析

1. 现金流量表水平分析

现金流量表水平分析,是通过分别对各类现金流量项目的增减额和增减率的计算,分析本期现金流量与上期相比较的增减变动情况以及增减变动的原因,了解本期与上期比较现金流量的变化情况。

2. 现金流量表结构分析

现金流量表结构分析,是通过对企业的现金流入结构、现金流出结构和现金净流量结构的分析,来揭示企业现金流量的结构状况及其变动情况。

3. 现金流量表项目分析

现金流量表项目分析,是通过对现金流量表中各项活动的各个项目加以比较、分析和评价,了解企业的财务状况和现金流量情况,发现存在的问题,从而为决策提供有用信息。

## 三、财务效率分析

### (一) 偿债能力分析

偿债能力是企业经营者、投资者、债权人都非常关心的重要问题,站在各自的角度,分析的目的是不同的。偿债能力是指偿还各种债务的能力,包括短期偿债能力和长期偿债能力。

1. 短期偿债能力分析

反映企业短期偿债能力的财务指标主要有:营运资金、流动比率、速动比率和现金比率。

1) 营运资金

营运资金是企业流动资产减去流动负债后的差额,是企业在某一时点以流动资产抵偿流动负债后的剩余。其计算公式为:

$$营运资金 = 流动资产 - 流动负债$$

营运资金是反映企业短期偿债能力的绝对数指标。营运资金越多,则说明企业可用于偿还流动负债的资金越充足,短期偿债能力越强。对某一时段企业短期偿债能力的分析,可用期初和期末两个时点的营运资金进行对比,加以判断和分析。

2) 流动比率

流动比率是流动资产与流动负债的比率,用于衡量企业流动负债到期时流动资产用于偿还流动负债的能力。其计算公式为：

$$流动比率=\frac{流动资产}{流动负债}$$

流动比率是衡量企业短期偿债能力的最基本、最通用的指标,表明某一时点企业每一元流动负债所对应的可用于偿还的流动资产量,反映企业在短期债务到期时其流动资产可变现用于偿还流动负债的能力。国际上根据经验判定该项指标保持在200%以上,故流动比率称为"二对一比率"。流动比率最基本的功能在于显示企业短期债权人安全边际的大小。一般而言,从企业债权人角度看,流动比率越高,债权越有保障,借出资金越安全。但从企业所有者与经营者角度看,只要保持较好的偿债能力,企业可根据需要实施负债经营,而不是流动比率越高越好。事实上,过高的流动比率一定程度上也表明企业经营者过于保守,尚未充分利用目前的借款能力,资产的利用率低。

3）速动比率

速动比率是企业的速动资产与流动负债的比率,用于衡量企业流动资产中可近期用于偿还流动负债的能力。其计算公式为：

$$速动比率=\frac{速动资产}{流动负债}$$

所谓速动资产,指可以迅速转换成现金或已属于现金形式的资产,计算方法为流动资产减去变现能力较差且不稳定的存货、预付账款、一年内到期的非流动资产和其他流动资产等之后的余额。

一般而言,速动资产在流动负债中的比重越高,企业的短期偿债能力越强；国际上一般认为这一比率应保持在100%,速动比率高于100%,说明企业短期偿债能力强；速动比率低于100%,说明企业短期偿债能力不强；速动比率越低,短期偿债能力越弱。

4）现金比率

现金比率又称货币资金率,是企业的现金类资产与流动负债的比率。所谓现金类资产,是指库存现金、银行存款、短期有价证券等现金及其等价物。现金比率用于衡量企业流动资产中立即用于偿还流动负债的能力。其计算公式为：

$$现金比率=\frac{库存现金+银行存款+短期有价证券}{流动负债}$$

现金比率反映企业以广义的现金及其等价物偿还流动负债的能力。一般而言,现金比率越高,企业短期偿债能力越强；现金比率越低,则企业短期偿债能力越弱。但是,与流动比率和速动比率类似,现金比率过高,也可能说明企业现金及其等价物闲置过多,周转不灵,资产运营效率低,经营者过于保守。国际上一般认为这一比率应保持在20%。

2. 长期偿债能力分析

评价企业长期偿债能力的财务指标主要有资产负债率、产权比率和已获利息倍数。

1) 资产负债率

资产负债率是负债总额除以资产总额的百分比,它反映企业资产总额中有多大比重是通过借债来筹资的,以及企业保护债权人利益的程度。其计算公式如下:

$$资产负债率 = \frac{负债总额}{资产总额} \times 100\%$$

企业在确定负债规模时,必须考虑财务杠杆的因素;当企业总体的资金报酬率高于借入资金的利息率时,负债规模越大,企业自有资金的收益率越高;当企业总体的资金报酬率低于借入资金的利息率时,负债规模越大,企业自有资金的收益率越低。为此,资产负债率指标也称为杠杆性分析指标,用于分析企业负债的规模与还债的保障。

一般来说,资产负债率越低,企业长期偿债能力越强,长期经营的风险越小;资产负债率越高,企业长期偿债能力越弱,长期经营的风险越大。事实上,从不同角度评估资产负债率,对企业长期偿债能力的认识是不完全一致的。对于债权人来讲,企业的资产负债率越低,其投资的风险越小,权益越能得到保障。对企业所有者和经营者来讲,资产负债率则并非越低越好。资产负债率太低,说明企业负债规模过小,经营理念保守;相反,在经营状况良好的前提下,企业资产负债率高,有利于通过负债扩大经营规模以及利用财务杠杆的效应获得更大收益。

一般认为,债权人投入企业的资金应不高于企业所有者投入的资金,即企业自有资金应高于负债资金。若负债资金高于自有资金,则意味着收益固定的债权人承担了较大的企业经营风险,而所有者却承担着相对较少的企业经营风险。即负债率为50%较为合适。当负债率超过100%,则表明企业资不抵债,面临破产。

2) 产权比率

产权比率也称负债股权比率,是负债总额与所有者权益总额的比率,表明债权人提供的资金与所有者权益提供的资金之间的比例及企业投资者承担风险的大小。其计算公式为:

$$产权比率 = \frac{负债总额}{所有者权益总额} \times 100\%$$

产权比率与资产负债率对评价偿债能力的作用基本相同,两者的主要区别是:资产负债率侧重于分析债务偿付安全性的物质保障程度,产权比率则侧重于揭示财务结构的稳健程度以及自有资金对偿债风险的承受能力。产权比率高,是高风险的财务结构,产权比率低,是低风险的财务结构。

3) 已获利息倍数

已获利息倍数是企业息税前利润和企业全年利息费用的比率,又称利息保障倍数,反映企业经营活动所获得的收益是企业所需支付利息费用的倍数。企业以息税前利润偿还利息费用的能力大小,是衡量长期偿债能力的重要指标。其计算公式为:

$$利息保障倍数 = \frac{息税前利润}{利息费用}$$

$$= \frac{利润总额 + 利息费用}{利息费用}$$

$$= \frac{净利润 + 所得税 + 利息费用}{利息费用}$$

一般偿债利息保障倍数越大,说明企业用经营活动中所获得的收益偿还利息的能力越强;反之,则越弱。适当的利息保障倍数表明企业不能偿付其利息费用的风险较小。保持良好偿付利息记录的企业,可以筹集到较高比例的债务。

从稳健角度出发,利用利息保障倍数分析企业偿付其利息费用的能力,应选择若干年中最低的指标值作为最基本的偿付利息能力指标。因为在借入资金等额的前提下,每年的利息支出额相等。以最低年度的数据为依据,可以了解企业最低偿付利息的能力。

由于利息保障倍数不是一个定数,只能根据企业的实际情况并结合同行业平均水平进行确定。同时,此项指标无法反映企业能否偿还债务本金,因此,在进一步分析时还要考虑其他相关资料和指标进行分析。

4) 现金对利息的保障倍数

利息倍数存在一个问题:它是基于息税前利润的,但在计算息税前利润时,非现金项目折旧已经被减去,因而息税前利润并不能真正度量可以用于支付利息的现金有多少。由于利息多数情况下是对债权人的现金流出,所以可以定义一个现金对利息的保障倍数。

$$现金对利息的保障倍数 = \frac{EBIT + 折旧和摊销}{利息}$$

"$EBIT + 折旧和摊销$"简称息税折旧摊销前利润($EBITDA$),这是公司经营活动产生现金流量能力的基本度量指标,通常用于衡量公司对财务负担的承受能力。

### (二) 营运能力分析

营运能力是指企业经营管理中利用资金运营的能力,主要表现为资产管理,即资产利用的效率,反映了企业的劳动效率和资金周转状况。通过对企业的营运能力的分析,可以了解企业的运营状况和经营管理水平。劳动效率高、资金周转状况好,说明企业的经营管理水平高、资金利用效率高。评价企业的营运能力常用的财务比率有:存货周转率、应收账款周转率、流动资产周转率、固定资产周转率和总资产周转率等。

资产运营能力的强弱取决于资产的周转速度,通常用周转率和周转期来表示。周转率是企业在一定时期内资产的周转额与平均余额的比率,它反映企业资产在一定时期的周转次数。周转期是周转次数的倒数与计算天数的乘积,反映资产周转一次所需要的天数。其计算公式为:

$$周转率(周转次数) = 周转额 \div 资产平均余额$$
$$周转期(周转天数) = 计算期天数 \div 周转次数$$
$$= 资产平均余额 \times 计算期天数 \div 周转额$$

1. 流动资产营运能力分析

流动资产营运能力主要通过应收账款周转率、存货周转率、流动资产周转率等指标反映。

1) 应收账款周转率分析

应收账款周转率,又称应收账款周转次数,是指企业一定时期商品赊销收入净额与应收账款平均余额的比率。其计算公式为:

$$应收账款周转率 = \frac{商品赊销收入净额}{应收账款平均余额}$$

其中,

$$商品赊销收入净额 = 销售收入 - 现销收入 - 销售退回 - 销售折扣与折让$$

$$应收账款平均余额 = \frac{期初应收账款 + 期末应收账款}{2}$$

财务比率指标要求分子和分母的计算口径一致,所以计算公式中分子用"商品赊销收入净额",分母的应收账款数额应包括资产负债表中的"应收账款"与"应收票据"等全部赊销款项。

$$应收账款周转天数 = \frac{360}{应收账款周转次数}$$
$$= \frac{平均应收账款余额 \times 360}{营业收入净额}$$

周转天数是反指标,一般来说越小越好。

2) 存货周转率分析

存货周转率是评价存货流动性大小的重要财务比率,反映存货周转速度。

$$存货周转率 = \frac{销售成本}{平均存货余额}$$

$$平均存货余额 = \frac{期初存货余额 + 期末存货余额}{2}$$

式中的销售成本可以从利润表中取数,平均存货余额是期初存货余额和期末存货余额的平均数,可以根据资产负债表数据计算得出。

存货周转率反映存货的周转速度,可以用来衡量企业的销售能力的强弱及其存货是否过量。一般情况下,存货周转率高,表明存货变现速度快,周转额较大,资金占用水平较低;存货周转率低,常常表明企业经营管理不善,销售状况不好,造成存货积压。存货周转率并非越高越好,若存货周转率过高,也可能反映企业存货管理方面存在一些问题,如存货水平太低或采购次数过于频繁,批量太小等。

3) 流动资产周转率分析

流动资产周转率是指企业一定时期营业收入净额同平均流动资产总额的比值。流动资产周转率是评价企业资产利用效率的另一主要指标。

流动资产周转率有两种表示方法:周转次数和周转天数。

$$流动资产周转次数 = \frac{营业收入净额}{平均流动资产总额}$$

$$平均流动资产总额 = \frac{流动资产年初数 + 流动资产年末数}{2}$$

式中,营业收入净额是指企业当期销售产品、提供劳务等主要经营活动所取得的收入减去折扣与折让后的数额。数据取值于利润表及其附表。

平均流动资产总额是指企业流动资产总额的年初数与年末数的平均值。数值取值于资产负债表。

$$流动资产周转天数 = \frac{360}{流动资产周转次数}$$

流动资产周转率越高,表明资产周转速度越快,企业流动资产的运用效益越高,增强了企业偿债能力和获利能力;反之,则表明企业利用流动资产进行经营的能力差,流动资产利用效益差。

2. 总资产营运能力分析

总资产周转率是指企业一定时期营业收入净额同平均资产总额的比值。总资产周转率是综合评价企业全部资产经营质量和利用效率的重要指标。

$$总资产周转率 = \frac{营业收入净额}{平均资产总额}$$

$$平均资产总额 = \frac{资产总额年初数 + 资产总额年末数}{2}$$

式中,营业收入净额是指企业当期销售产品、商品、提供劳务等主要经营活动所取行的收入减去折扣与折让后的数额。平均资产总额是指企业资产总额年初数与年末数的平均值。

总资产周转率可用来分析企业全部资产的使用效益。该指标越高,周转速度越快,表明资产有效使用程度越高,总资产的运用效益越好,其结果将使企业的偿债能力和获利能力增强;反之,则说明企业利用全部资产进行经营的效益较差,最终影响企业获利能力。

在总资产中,周转速度最快的应属流动资产,因此总资产周转速度受流动资产周转速度的影响较大。总资产周转速度与流动资产周转速度的关系公式如下:

$$全部资产周转次数=\frac{营业收入净额}{平均流动资产总额}\times\frac{平均流动资产总额}{平均资产总额}$$
$$=流动资产周转次数\times流动资产占总资产的比重$$

可见,总资产周转率的快慢取决于两大因素:一是流动资产周转率,因为流动资产的周转速度往往高于其他类资产的周转速度,加速流动资产周转,就会使总资产周转速度加快;反之,则会使总资产周转速度减慢。二是流动资产占总资产的比重,因为流动资产周转速度快于其他类资产周转速度,所以企业流动资产所占比例越大,总资产周转速度就越快;反之,则越慢。

### (三) 盈利能力分析

反映企业盈利能力的指标很多,通常使用的指标有:销售净利率、销售毛利率、成本费用利润率、盈余现金保障倍数、资产报酬率、净资产报酬率、资本保值增值率等。

#### 1. 销售净利率

销售净利率是企业净利润与销售收入净额的比率。其计算公式为:

$$销售净利率=\frac{净利润}{销售收入净额}$$

该指标反映的是每一元销售收入带来的净利润的多少。该指标越高,反映企业主营业务市场竞争力越强,发展潜力越大,盈利能力越强。

#### 2. 销售毛利率

销售毛利率也称毛利率,是企业毛利额与销售收入的比率。其中,毛利额是销售收入与销售成本之差。其计算公式为:

$$销售毛利率=\frac{毛利额}{销售收入}$$
$$销售毛利=销售收入-销售成本$$

销售毛利率表示每一元销售收入扣除销售成本后,有多少钱可用于各项期间费用和形成盈利。毛利是基础,没有足够大的毛利率,企业就不可能盈利。

#### 3. 成本费用利润率

1) 主营业务成本率

主营业务成本是指公司生产和销售与主营业务有关的产品或服务所必须投入的直接成本,主要包括原材料、人工成本(工资)和固定资产折旧等。主营业务成本率衡量的是主营业务收入净额中主营业务成本所占比例,该比例高表示主营业务收入的盈利贡献低。

$$主营业务成本率=\frac{主营业务成本额}{主营业务收入净额}$$

2）管理费用率

$$管理费用率 = \frac{管理费用}{主营业务收入净额}$$

3）财务费用率

$$财务费用率 = \frac{财务费用}{主营业务收入净额}$$

4）销售费用率

销售费用率是指公司的销售费用与主营业收入净额的比率。它体现企业为取得单位收入所花费的单位销售费用。

$$销售费用率 = \frac{销售费用}{主营业务收入净额}$$

5）总营业费用率

$$总营业费用率 = \frac{总营业费用}{主营业务收入净额}$$

注意：这里的总营业费用不包含财务费用，只包含销售费用和管理费用。

4. 盈余现金保障倍数

盈余现金保障倍数是企业一定期间经营现金净流量与净利润的比率。

$$盈余现金保障倍数 = \frac{经营现金净流量}{净利润}$$

通常来说，当企业当期净利润大于零时，盈余现金保障倍数应当大于1。该指标越大，表明企业经营活动产生的净利润对现金的贡献越大，企业的利润质量越高。

5. 资产报酬率

资产报酬率也称资产收益率、资产利润率或投资报酬率，是企业一定时期内息税前利润与平均资产总额的比率。

$$资产报酬率 = \frac{息税前利润}{平均资产总额}$$

资产报酬率主要用来衡量企业利用资产获取利润的能力，反映了企业总资产的利用效率。该指标越高，表明企业的资产利用效率越好，整个企业盈利能力越强，说明企业在增加收入和节约资金使用等方面取得了良好的效果，否则相反。

6. 净资产报酬率

净资产报酬率，也称净资产收益率、净值报酬率或所有者权益报酬率，它是企业一定时期的净利润与平均净资产总额的比率。其计算公式为：

其中，
$$净资产报酬率 = \frac{净利润}{平均净资产总额} \times 100\%$$

净资产报酬率是评价企业获利能力的一个重要财务比率。一般认为，净资产收益率越高，企业自有资本获取收益的能力越强，运营效益越好，对企业投资人、债权人的保证程度越高。

7. 资本保值增值率

资本保值增值率是扣除客观因素后的年末所有者权益总额与年初所有者权益总额的比率。

$$资本保值增值率 = \frac{扣除客观因素后的年末所有者权益总额}{年初所有者权益总额} \times 100\%$$

一般认为，资本保值增值率越高，表明企业的资本保全状况越好，所有者权益增长越快，债权人的债务越有保障，该指标通常应大于100%。

### （四）发展能力分析

发展是企业生产经营的重中之重。反映企业发展能力的指标主要有：销售增长率、资本积累率和资产增长率。

1. 销售增长率

销售增长率是企业本年销售收入增长额与上年销售收入总额的比率。其计算公式为：

$$销售增长率 = \frac{本年销售收入增长额}{上年销售收入总额} \times 100\%$$

其中，

$$本年销售收入增长额 = 本年销售收入总额 - 上年销售收入总额$$

销售增长率若大于零，表示企业本年销售收入较大增长，指标值越高表明增长速度越快，企业市场前景越好。销售增长率若小于零，表示企业本年销售收入有所减少，企业市场表现不好，应查明原因，及时采取对策。

2. 资本积累率

资本积累率是企业年末所有者权益增长额与年初所有者权益的比率。其计算公式为：

$$资本积累率 = \frac{年末所有者权益增长额}{年初所有者权益} \times 100\%$$

其中，

$$年末所有者权益增长额 = 所有者权益期末总额 - 所有者权益期初总额$$

资本积累率若大于零，则指标值越高，表明企业的资本积累越多，应付风险、持续发展的能力越大。资本积累率若小于零，则表明企业的资本积累缩减，应付风险、持续发展的能力削弱。

3. 资产增长率

资产增长率是企业本年总资产增长额与年初资产总额的比值。其计算公式为：

$$资产增长率=\frac{本年总资产增长额}{年初资产总额}\times100\%$$

资产增长率是用来衡量企业资产规模增长幅度的财务指标。当资产增长率为正数,表明企业本年度的资产规模获得增加,数额越大,说明增长的速度越快;资产增长率为负数,则说明本年的资产规模减少;资产增长率为0,说明企业本年度的资产规模不增不减。

**四、综合绩效分析——杜邦分析法**

杜邦财务分析体系又称杜邦分析法,是指根据各主要财务比率指标之间的内在联系,建立财务分析指标体系,综合分析企业财务状况的方法。这种方法首先由美国杜邦公司创造出来,故命名杜邦分析法。它是一种用来评价公司赢利能力和股东权益回报水平,从财务角度评价企业绩效的一种经典方法。

杜邦分析体系的基本思路是将净资产收益率逐级分解为多项财务比率的乘积,通过对净资产收益率的变动原因进行分析,可深入了解企业的经营业绩和财务状况,从而给投资者和管理层提供一张明晰的考察公司盈利能力、资产管理效率和筹资结构是否最优的路线图。

在杜邦分析体系中,包含了几种主要的指标关系,可以分为两大层次。

第一层次包括:

(1) 净资产收益率＝总资产净利率×权益乘数
(2) 总资产净利率＝销售净利率×总资产周转率

从以上两个关系式可以看出,影响净资产收益率的最重要的因素有三个,即销售净利率、总资产周转率、权益乘数,他们之间的关系式为:

净资产收益率＝销售净利率×总资产周转率×权益乘数

第二层次包括:
(1) 销售净利率的分解:

$$销售净利率=\frac{净利润}{营业收入}\times100\%=\frac{总收入-总成本费用}{营业收入}\times100\%$$

(2) 总资产周转率的分解:

$$总资产周转率=\frac{营业收入}{总资产}=\frac{营业收入}{流动资产+非流动资产}$$

杜邦分析法是一个多层次的财务比率分解体系。它将各项财务比率在每个层次上与本企业历史或同业的财务比率比较,比较之后向下一级分解,逐级向下分级,逐步覆盖企业经营活动的每一个环节,将企业的诸多方面都包含进去,形成一个综合的分析体系,称为杜邦分析体系。杜邦分析体系可通过杜邦分析图(见图2-53)来表示。

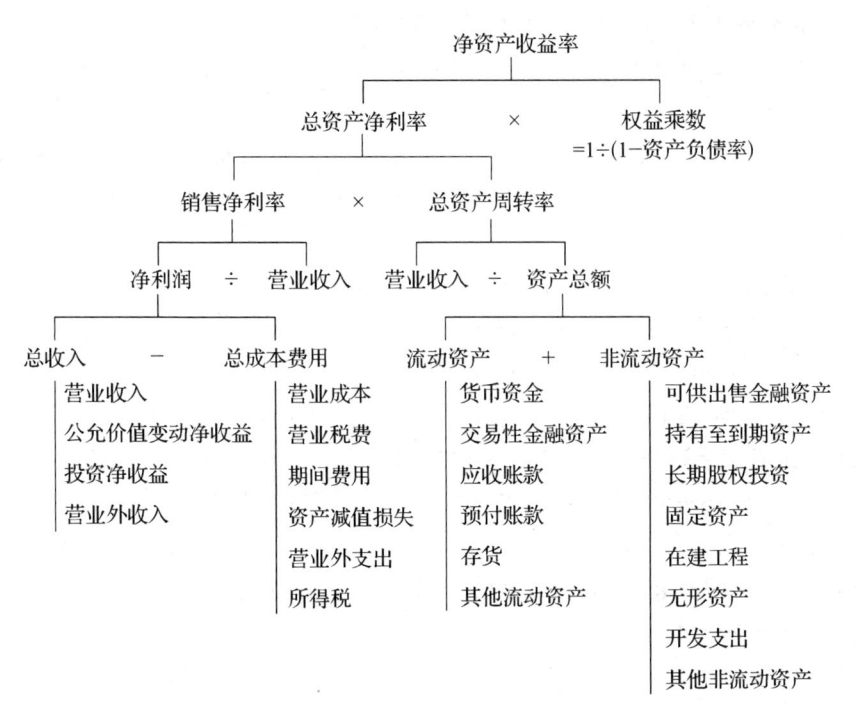

```
                            净资产收益率
                    ┌───────────┴───────────┐
                总资产净利率    ×        权益乘数
                                          =1÷(1-资产负债率)
            ┌───────┴───────┐
        销售净利率    ×    总资产周转率
        ┌────┴────┐      ┌────┴────┐
      净利润  ÷  营业收入  营业收入 ÷ 资产总额
     ┌──┴──┐              ┌──────┴──────┐
   总收入 - 总成本费用    流动资产  +  非流动资产
   营业收入  营业成本     货币资金    可供出售金融资产
   公允价值  营业税费     交易性金融资产 持有至到期资产
   变动净收益 期间费用     应收账款    长期股权投资
   投资净收益 资产减值损失  预付账款    固定资产
   营业外收入 营业外支出   存货       在建工程
            所得税       其他流动资产  无形资产
                                   开发支出
                                   其他非流动资产
```

图 2-53 杜邦分析图

在杜邦分析体系中,包括以下几种主要的指标关系:

(1) 净资产收益率是一个综合性极强的财务比率,它是杜邦分析体系的核心,反映了企业筹资、投资以及资产运用等活动的效率。因此,企业所有者、经营者都非常关心这一财务比率。

(2) 销售净利率反映了企业净利润与销售收入之间的关系。要提高销售净利率主要有两个途径:一是扩大销售收入;二是努力降低成本费用。这样才能使企业的盈利能力得到提高。

(3) 总资产周转率是反映企业运用资产,以实现销售收入能力的综合指标。对总资产周转率的分析,可以从资产的构成比例是否恰当、资产的使用效率是否正常、资产的运用效果是否理想等方面进行详细分析。

(4) 权益乘数反映了所有者权益与总资产的关系。权益乘数越大,企业的负债程度越高,既给企业带来较大的杠杆利益,同时又给企业带来较大的风险。企业应合理确定负债比例,不断优化资本结构,这样,才能有效提高净资产收益率。

净资产收益率与企业的销售规模、成本水平、资本运营、资本结构等有着密切的联系,这些相关因素构成一个相互依存的系统,只有将这个系统内的各相关因素安排协调好,才能使净资产收益率达到最大。

**例 2-29** A 企业 2022 年有关财务资料如下:年末流动比率为 2.1,年末速动比率为 1.2,存货周转率为 5 次;年末资产总额为 800 万元(年初为 800 万元),年末流动负债为 70 万元,年末长期负债为 210 万元,年初存货成本为 75 万元;2022 年销售收入为

640万元，管理费用为45万元，利息费用为50万元；所得税税率为33%。

要求：(1) 计算该企业2022年年末流动资产总额、年末资产负债率、权益乘数和总资产周转率。

(2) 计算该企业2022年年末存货成本、销售成本、净利润、销售净利润率和净资产收益率。

计算过程如下：

(1) 年末流动资产＝70×2.1＝147(万元)

年末资产负债率＝(70＋210)÷800＝35%

权益乘数＝1÷(1－35%)＝1.5

总资产周转率＝640÷800＝0.8(次)

(2) 年末存货＝147－1.2×70＝63(万元)

平均存货＝(75＋63)÷2＝69(万元)

销售成本＝69×5＝345(万元)

净利润＝(640－345－45－50)×(1－33%)＝134(万元)

销售净利润率＝134÷640＝21%

净资产收益率＝21%×0.8×1.5＝25.2%

## 任务执行

### 一、生产成本

学生在做完一期后，可以查看每个地区的前期生产成本，包括直接材料、直接人工、制造费用及明细、单位生产成本等，具体如图2-54所示。

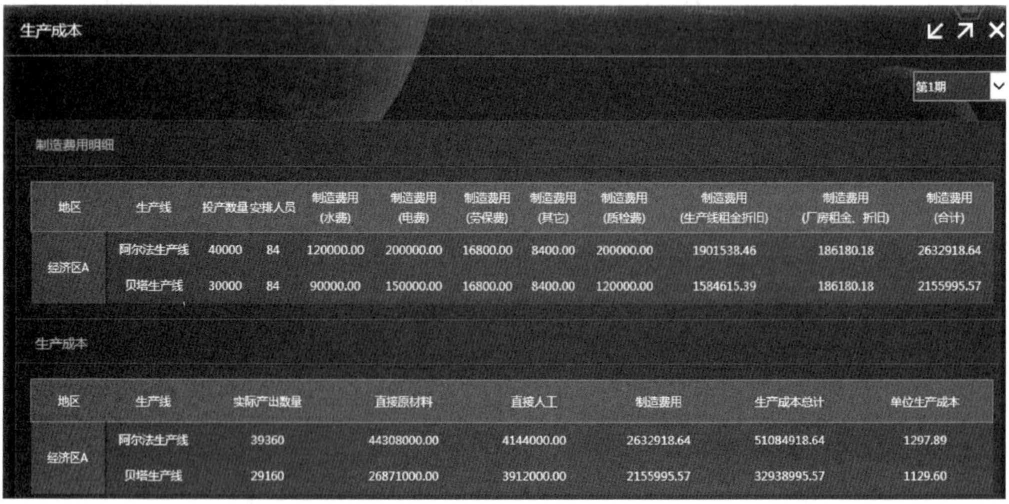
生产成本

第1期

制造费用明细

| 地区 | 生产线 | 投产数量 | 安排人员 | 制造费用(水费) | 制造费用(电费) | 制造费用(劳保费) | 制造费用(其它) | 制造费用(质检费) | 制造费用(生产线租金折旧) | 制造费用(厂房租金、折旧) | 制造费用(合计) |
|---|---|---|---|---|---|---|---|---|---|---|---|
| 经济区A | 阿尔法生产线 | 40000 | 84 | 120000.00 | 200000.00 | 16800.00 | 8400.00 | 200000.00 | 1901538.46 | 186180.18 | 2632918.64 |
| | 贝塔生产线 | 30000 | 84 | 90000.00 | 150000.00 | 16800.00 | 8400.00 | 120000.00 | 1584615.39 | 186180.18 | 2155995.57 |

生产成本

| 地区 | 生产线 | 实际产出数量 | 直接原材料 | 直接人工 | 制造费用 | 生产成本总计 | 单位生产成本 |
|---|---|---|---|---|---|---|---|
| 经济区A | 阿尔法生产线 | 39360 | 44308000.00 | 4144000.00 | 2632918.64 | 51084918.64 | 1297.89 |
| | 贝塔生产线 | 29160 | 26871000.00 | 3912000.00 | 2155995.57 | 32938995.57 | 1129.60 |

图2-54　生产成本分析界面

## 二、期间费用

选择期数,查看期间费用明细,包括管理费用明细、合计数,销售费用明细、合计数,财务费用明细、合计数,具体如图 2-55 所示。

| 费用分类 | 费用明细 | 发生金额 | 小计 |
|---|---|---|---|
| 管理费用 | 董事会薪酬 | 1,800,000.00 | 8,265,900.00 |
| | 办公费 | 12,000.00 | |
| | 管理人员薪酬 | 900,000.00 | |
| | 研发费 | 5,500,000.00 | |
| | 生产人员培训费 | 53,900.00 | |
| 销售费用 | 广告费 | 500,000.00 | 17,111,333.91 |
| | 代销包装费 | 28,881.00 | |
| | 进场费 | 450,000.00 | |
| | 线下包装费 | 56,800.00 | |
| | 网销包装费 | 50,700.00 | |
| | 网销扣点费 | 1,539,750.00 | |
| | 线下包装费 | 56,800.00 | |
| | 网销包装费 | 50,700.00 | |
| | 网销扣点费 | 1,539,750.00 | |
| | 网店宣传制作费 | 200,000.00 | |
| | 开设费 | 150,000.00 | |
| | 代销手续费 | 935,755.26 | |
| | 收账费 | 4,965,672.00 | |
| | 运费 | 279,263.00 | |
| | 售后服务费 | 4,694,051.64 | |
| | 销售渠道固定资产租金 | 853,211.01 | |
| | 销售人员提成薪酬 | 857,250.00 | |
| | 销售人员固定薪酬 | 1,550,000.00 | |

图 2-55 期间费用分析界面

## 三、财务报表

分别点击"资产负债表""利润表""现金流量表"查看每期的资产负债、利润、现金流量情况。

图2-56 财务报表分析界面

## 四、指标分析

点击"财务指标",可以查看每期的财务指标值,指标分为成本控制、发展能力、盈利能力、营运能力、风险管理能力、人力资源效能、现金管理能力七大类型。点击"杜邦分析图",可以综合分析企业的财务状况。点击"指标趋势图",可以查看每期的各指标值。

| 指标分析 | | | | |
|---|---|---|---|---|
| 财务指标 杜邦分析图 指标趋势图 | | | | 第6期 |
| 发展能力 | 财务费用率 | | 0.40% | |
| | 收入增长率 | | -23.90% | |
| | 资本积累率 | | -0.89% | |
| 盈利能力 | 净资产收益率 | | -0.89% | |
| | 销售净利率 | | -2.14% | |
| | 总资产报酬率 | | -0.63% | |
| 营运能力 | 总资产周转率 | | 0.36 | |
| | 存货周转率 | | +∞ | |
| | 应收账款周转率 | | 2.59 | |
| | 应付账款周转率 | | 3.15 | |
| 风险管理能力 | 资产负债率 | | 12.03% | |
| | 速动比率 | | 7.54 | |
| | 现金流动负债比 | | 80.70% | |
| | 利息保障倍数 | | -4.29 | |
| 人力资源效能 | 人均销售额 | | 333977.78 | |
| | 人均效能 | | -7139.92 | |
| 现金管理能力 | 盈余现金保障倍数 | | -10.71 | |
| | 现金毛利率 | | 17.38% | |
| | 净资产现金回收率 | | 9.58% | |

图 2-57 财务指标分析界面

进入指标对比界面，可查看每个小组各个类别和具体指标项目的指标值，从而分析自己和竞争对手的财务状况与经营状况。

| 指标对比 | | | | |
|---|---|---|---|---|
| 成本控制 发展能力 盈利能力 营运能力 风险管理 人均劳效 现金管理 | | | | 第2期 |
| 小组 | 企业名称 | 主营业务成本率 | 经营管理费用率 | 财务费用率 |
| 1 | 厦门网中网软件有限公司 | 64.73% | 330.06% | 53.63% |
| 2 | 厦门网中网软件有限公司 | 63.50% | 814.39% | 137.42% |

图 2-58 指标对比界面

### 五、商业分析

进入第二期后,系统会自动弹出商业分析界面,学生可查看各种财务数据、指标分析雷达图、我的成绩排名以及市场营销情况分析、定价分析等。

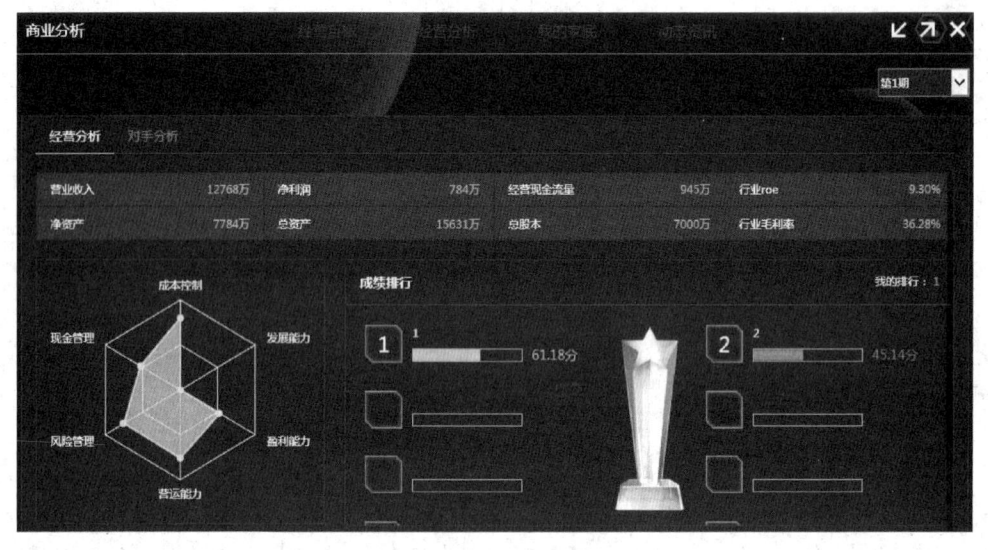

图 2-59　商业分析界面

### 六、经营大数据分析

进入经营大数据分析界面,学生可以查看每期的经营情况,分析每期的经营数据,包括宏观经济形势、行业情况分析、市场占有率及销售情况分析、盈利能力分析、资本结构分析等。

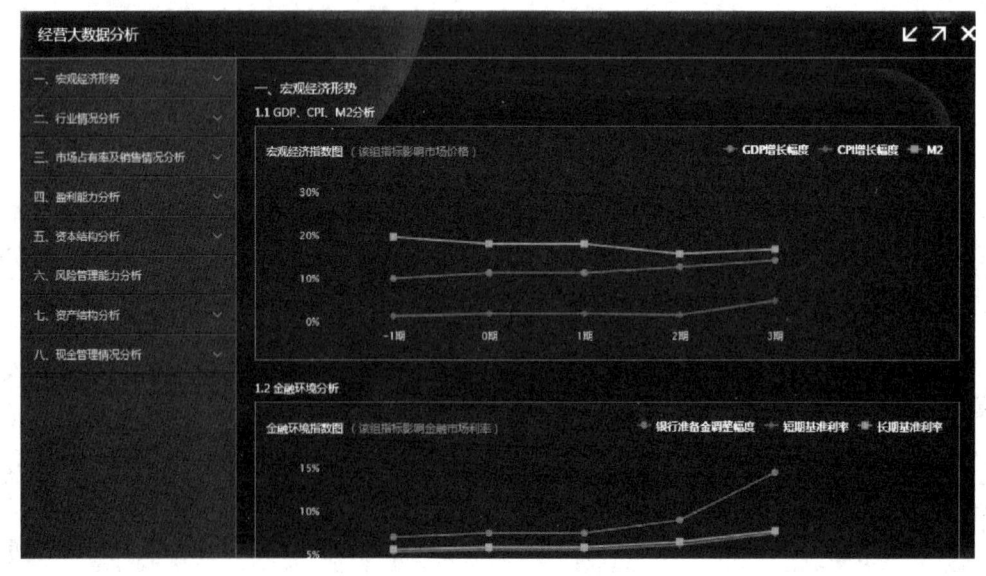

图 2-60　大数据分析界面

## 七、我的家底

学生可通过查看"我的家底"模块中的各类信息,作为下一期规划的重要依据。下面举例说明。

图 2-61 我的家底界面

### (一) 现金流水

点击"现金流水",学生可以查看游戏进行过程中产生的现金流出流入信息(可查询当期和往期的信息)。

查询往期信息:点击右上角的期数,选择下拉框,选择需要查询的期数即可。默认显示当期信息。

### (二) 我的资产

点击"我的资产",学生可以查看已拥有的资产(含厂房和各产品生产线)的信息,包括资产所在地区、获取方式、获取时间、资产原值、折旧等信息(可查询当期和往期的信息)。

查询往期信息:点击右上角的期数,选择下拉框,选择需要查询的期数即可。默认显示当期信息。

### (三) 我的员工

点击"我的员工",学生可以查看员工在册薪酬总表以及生产人员明细表。学生可以在薪酬总表中查看管理人员、董事会人员、生产人员、销售人员各类员工人数以及薪酬信息;在生产人员明细表中查看各生产线生产人员的数量、固定薪酬、计件薪酬、加班幅度等信息(可查询当期和往期的信息)。

查询往期信息:点击右上角的期数,选择下拉框,选择需要查询的期数即可。默认显示当期信息。

## 素质拓展

### 企业环境分析

[实训目标]

培养学生运用相关理论知识分析企业内外部环境的能力;增强学生勇于探索的创

新精神,知己知彼,学思结合,百战不殆。

[实训内容与要求]

国际国内环境风云变幻,企业经营的内外部环境对企业经营至关重要,请利用课余时间实地调查一家企业或搜集一家企业的系统资料。例如,根据某公司的各种资料信息,策划一个营销专题活动。各模拟公司围绕着如何以本公司形象宣传推销主导产品为主题,分别策划一个营销专题活动。每个模拟公司起草一份计划书,可参照以下步骤进行:

1. 分析该公司所处的环境。这既包括企业的内部环境,也包括企业的外部环境,既要考虑企业的现实环境,也要考虑企业的未来环境,从而确定该公司主要产品的优势、劣势、机遇、威胁,为下一步确定模拟公司的营销专题活动可行性目标提供依据。

2. 制定目标。详细制定此次策划活动的目标,包括初期目标和最终目标。

3. 设计与抉择方案。为实现目标要合理设置人财物等资源,选择正确的实施途径与方法,制定系统的计划方案。

4. 编制计划。要依据计划目标与所确定的最优方案,按照计划要素与工作要求编制计划书。

5. 计划的实施与反馈。计划付诸实施,管理的计划职能并未结束。为了保证计划的有效执行,要对计划进行跟踪反馈,及时检查计划执行情况,分析计划执行中存在的问题,并对计划执行结果进行总结。

[实训成果与检测]

每个人都要提供一份企业外部环境和内部环境的简要报告,由教师对学生的两份报告评定分数,每个模拟公司分别写出计划书,交给教师评阅。评估此环节非常重要,若学生所做的计划书毫无新意或可行性极差,教师应要求学生自信自强、守正创新,激发学生斗志,使其重新制定策划方案。

# 项目三
# 领会规则

## 案例引入

### 一口袋烧饼和一口袋钱币

有一位钱币商和一位卖烧饼的小贩,被一场洪水困在了一条野外的山路上,他们不知道这场洪水要持续多久才退下去。两天后,钱币商身上带的食物都吃光了,只剩下一口袋钱币。而烧饼贩子则还有一口袋烧饼。钱币商提出一个建议,用一个钱币买烧饼贩子一个烧饼。若是在平时,这是再正常不过的事了,此时烧饼贩子却不同意,他认为发财的机会到了,就提出要用一口袋烧饼换一口袋钱币。钱币商同意了。一天又一天,洪水还是没有退下去,钱币商吃着从烧饼贩子手里买来的烧饼,而烧饼贩子饿得饥肠辘辘,最后实在忍不住了,他就提出要用这口袋钱币买回他曾经卖出的而现在数量已不多的烧饼,钱币商没有完全答应他的条件,只允诺他可以用五个钱币换一个烧饼。洪水退去后,烧饼全部吃光了,而一袋钱币又回到了钱币商的手中。

### 提示

钱币只是一种财产的符号,真正的财产是明辨局势,能做出正确决策的智慧大脑。在企业经营中决策至关重要,而所有的决策又依据一定的规则。

## 任务一 CEO 岗位规则

### 任务描述

CEO 作为企业中负责日常经营管理的最高级管理人员,掌握着企业大政方针、人事任命和投资等决策权。因此,在正式运营前 CEO 需要进行统筹规划,CEO 作为掌舵者其岗位职责涵盖企业经营的全过程,平台系统操作主要有创办公司、可行性分析以及股利分配等职责。

## 实验步骤

创办公司 → 可行性分析 → 分配股利（第二期起）→ 确认完成（所有角色操作完成）

## 知识链接

### 一、国内生产总值

国内生产总值（GDP）是某一国在一定时期其境内生产的全部最终产品和服务的总值。它反映一个国家总体经济形势的好坏，与经济增长密切相关，被大多数西方经济学家视为"最富有综合性的经济动态指标"。主要由消费、私人投资、政府支出、净出口额四部分组成。数据稳定增长，表明经济蓬勃发展，国民收入增加。一般情况下，如果 GDP 连续两个季度下降，则被视为衰退。

### 二、居民消费价格指数

居民消费价格指数（CPI）是一个反映居民家庭一般所购买的消费价格水平变动情况的宏观经济指标。它是用来反映居民家庭购买消费商品及服务的价格水平的变动情况。若 CPI 在合理范围内升幅较小，表明经济平稳增长；若其大幅上升则表示物价上涨，通货膨胀严重。

### 三、广义货币

广义货币（M2）是货币存量或流通量的衡量指标之一。M2＝M1＋城乡居民储蓄存款＋企业存款中具有定期性质的存款＋信托类存款＋其他存款。M1＝M0（流通中的现金）＋企业活期存款＋机关团体部队存款＋农村存款＋个人持有的信用卡类存款。M1 反映经济中的现实购买力；M2 不仅反映现实的购买力，还反映潜在的购买力。若 M1 增速较快，则消费和终端市场活跃，出现通货膨胀；若 M2 增速较快，则投资和中间市场活跃，有可能出现资产泡沫。

### 四、采购经理人指数

采购经理人指数（PMI）是通过对采购经理的月度调查统计汇总、编制而成的指数，涵盖了企业采购、生产、流通等各个环节。作为国际通行的宏观经济监测指标体系之一，对国家和地区经济活动的监测和预测具有重要作用。该指数用百分比表示，常以

50%作为经济强弱的分界点:当指数高于50%时,则被解释为经济扩张的讯号;当指数低于50%,尤其是非常接近40%时,则有经济萧条的忧虑。一般在40%~50%时,说明制造业处于衰退,但整体经济还在扩张。

## 五、可行性分析

可行性分析是通过对项目的主要内容和配套条件,如市场需求、资源供应、建设规模、工艺路线、设备选型、环境影响、资金筹措、盈利能力等,从技术、经济、工程等方面进行调查研究和分析比较,并对项目建成以后可能取得的财务、经济效益及社会环境影响进行预测,从而提出该项目是否值得投资和如何进行建设的咨询意见,为项目决策提供依据的一种综合性的系统分析方法。可行性分析具有预见性、公正性、可靠性、科学性的特点。

各类投资项目可行性研究的内容及侧重点因行业特点而差异很大,但一般应包括以下内容:

(1) 投资必要性。在投资必要性的论证上,一是要做好投资环境的分析,对构成投资环境的各种要素进行全面的分析论证;二是要做好市场研究,包括市场供求预测、竞争力分析、价格分析、市场细分、定位及营销策略论证。

(2) 技术可行性。技术可行性主要从项目实施的技术角度,合理设计技术方案,并进行比选和评价。各行业不同项目技术可行性的研究内容及深度差别很大。对于工业项目,可行性研究的技术论证应达到能够比较明确地提出设备清单的深度;对于各种非工业项目,技术方案的论证也应达到工程方案初步设计的深度,以便与国际惯例接轨。

(3) 组织可行性。制定合理的项目实施进度计划,设计合理的组织机构,选择经验丰富的管理人员,建立良好的协作关系,制定合适的培训计划等,保证项目顺利执行。

(4) 风险因素及对策。主要对项目的市场风险、技术风险、财务风险、组织风险、法律风险、经济及社会风险等风险因素进行评价,制定规避风险的对策,为项目全过程的风险管理提供依据。

## 六、企业战略

企业战略是指企业为了实现长期的生存和发展,在综合分析企业内部条件和外部环境的基础上做出的一系列带有全局性和长远性的谋划。

企业愿景是企业经过长期经营想要达到的长期目标。你可以根据对企业的希望,制定本企业的企业愿景,如成为行业的领军企业、改变行业现状等。

企业使命就是我们要做什么,我们的事业是什么。它反映了一个组织存在的理由和价值。想想你们的企业要做什么,制定一个适合自己公司的企业使命。

## 七、消费者购买行为分析

消费者购买行为分析是指分析人们为满足需要和欲望而寻找、选择、购买、使用、评价及处置产品、服务时介入的过程活动,包括消费者的主观心理活动和客观物质活动两个方面,分析框架为6W(What、Why、Who、How、When、Where)。

## 任务执行

### 一、选择角色

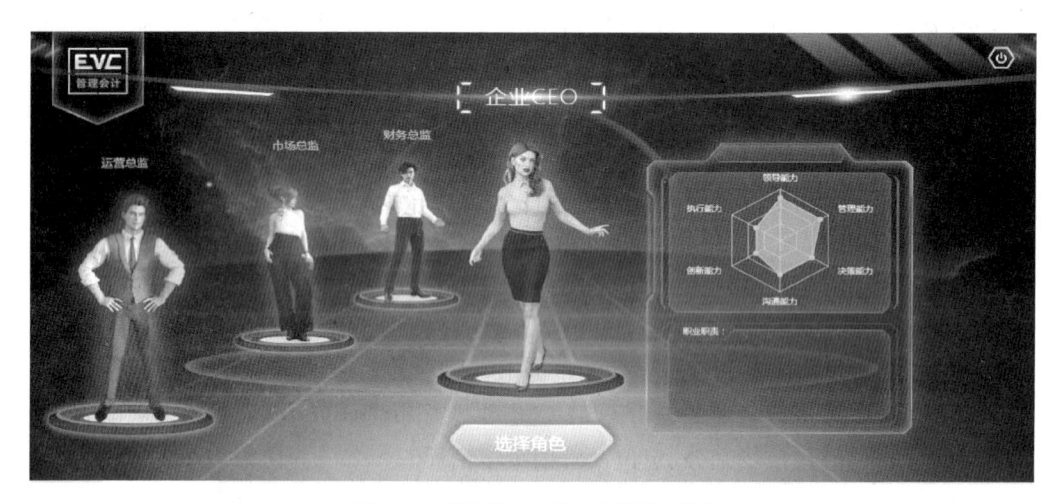

图 3-1 "企业 CEO"角色选择界面

### 二、创建公司

成立一个公司首先需要为公司设置名称,名称要符合自己的经营理念,符合公司文化。公司名称是公司的门面,也是公司文化的体现。同时,作为公司 CEO 要为公司设立愿景和使命,明确公司为什么而存在,在社会上扮演一个什么样的角色。

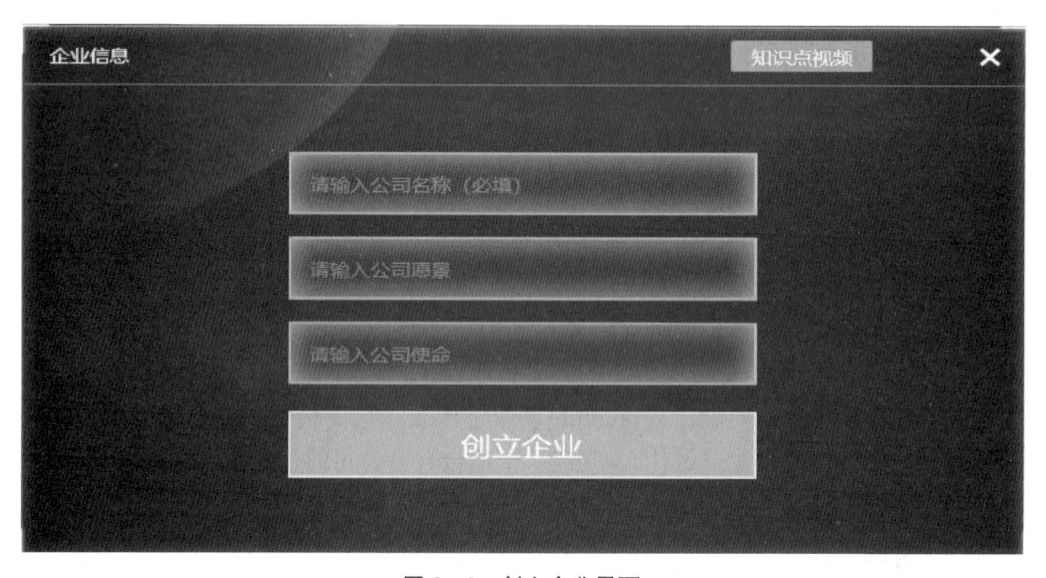

图 3-2 创立企业界面

### 三、资本注册

注册资本,是指在登记管理机构登记的资本总额,是各方已经缴纳或合营者承诺一定要缴纳的出资额的总和。

资本注册时,需要注意两点:① 选择优先股,只要公司未分配利润大于 0,系统就会按照优先股的分配比例自动进行股利分配,如果当期亏损,待后期满足条件时补分配。② 注册资本一经保存,之后可以增加,但不能减少。系统设定普通股与优先股初始上限均为 5 000 万元。

图 3-3 资本注册界面

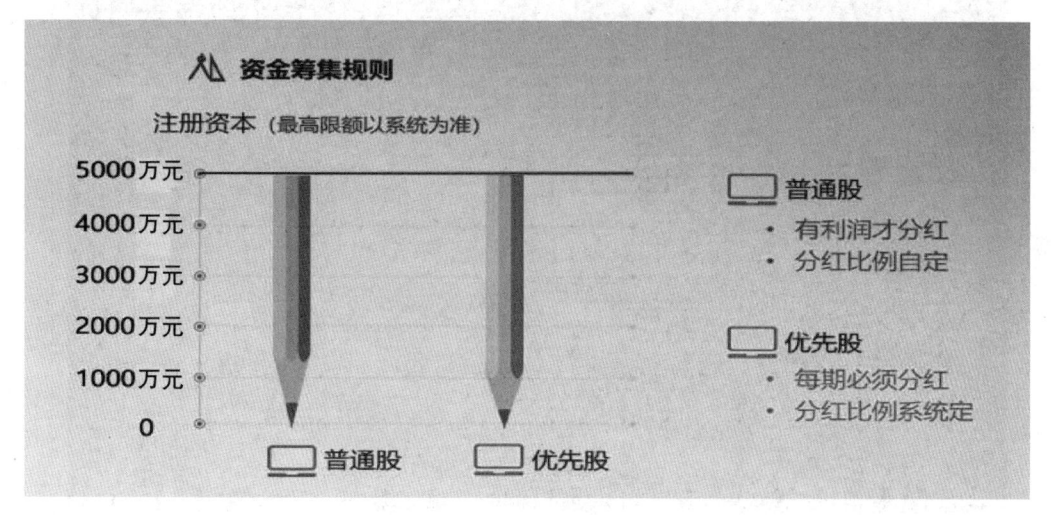

图 3-4 筹集资金规则图示

### 四、可行性分析

#### (一) 可行性分析的具体步骤

在正式开展经营之前,企业 CEO 需根据分析撰写可行性分析报告。可行性分析的主要工作是制定战略和战术,开展预测和预算。可行性分析是决定企业生存和发展的关键,绝不可抱着"凭感觉走"的心态,应以慎重、敬畏的心态集中团队成员的智慧,采取科学的步骤开展此项工作。

(1) 观察宏观经济环境、中观行业环境、微观市场环境,收集既定产品所承载的外部环境信息、经营所需遵守的规则。

（2）查看企业经营所具备的内部环境，如动产、不动产、产品特性、人力资源信息，寻找自身所具有或希望具有的核心竞争力。

（3）结合企业内外部环境，商讨确立企业短期和长期的经营目标，如市场占有率、产品产销量、厂房生产线等生产必备条件的取得方式和规模等。

（4）根据确立的企业短期和长期经营目标，设定第一年的产品产销量、原材料购买量、生产条件配备等信息。

（5）根据业务信息，规划总体现金流量，预测现金来源和方式、投放方向和节奏、现金控制的风险点。

### （二）可行性分析报告

平台系统中主要从如下七个方面对经营做前期规划：项目概述，宏观经济与市场环境，市场需求、渠道及定价策略，项目投资估算及项目选址，资金筹集，经济效益及社会效益分析，结论。提前了解可行性分析报告中提供的基础信息有助于后期经营的开展。

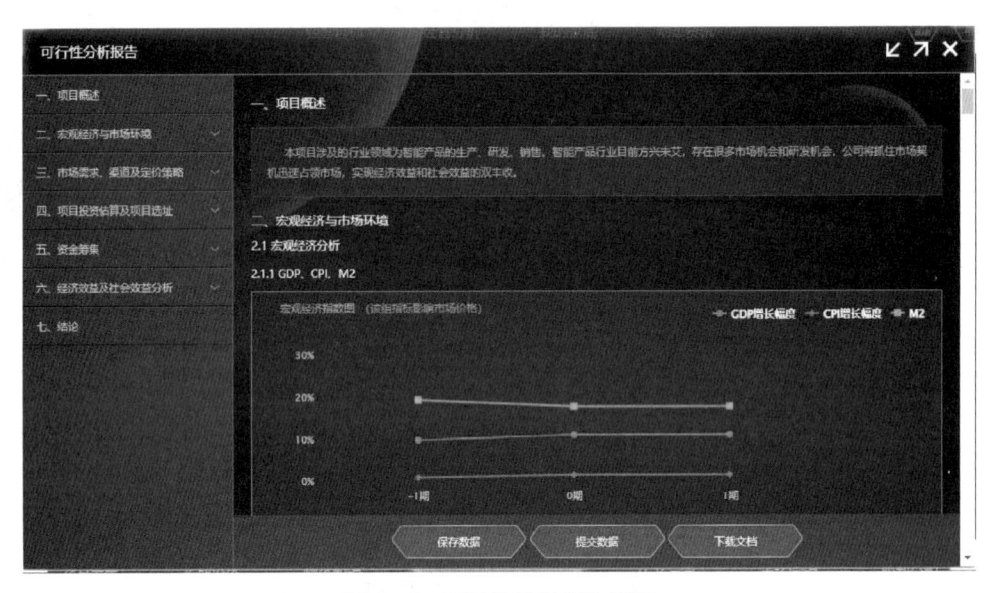

图 3-5 可行性分析报告界面

1. 项目概述

本项目涉及的行业领域为智能产品的生产、研发、销售。智能产品行业目前方兴未艾，存在很多市场机会和研发机会，公司将抓住市场契机迅速占领市场，实现经济效益和社会效益的双丰收。

2. 宏观经济与市场环境

平台系统中截取了三个反映宏观经济环境的指标的走势图，以便企业CEO进行宏观环境分析。根据系统给出的宏观经济指标走势图中前期GDP的增减变动幅度、CPI

的增减变动幅度,来判断企业宏观经济处于高速发展、稳步发展还是低迷阶段,物价涨幅处于一个高、中或低的水平。进而根据现有走势预计未来 GDP、CPI 走势平稳、向上或是拐点,再据此进一步判断动产、不动产的市场价格在近一段时期将会呈现怎样的波动,智能产品的市场环境将会如何。

  M2 衡量企业所处的金融环境。M2 是货币存量或流通量的衡量指标之一。M2 不仅反映现实的购买力,还反映潜在的购买力。若 M1 增速较快,则消费和终端市场活跃,出现通货膨胀;若 M2 增速较快,则投资和中间市场活跃,有可能出现资产泡沫。银行准备金率是指银行以库存现金的形式,或在中央银行中以无息存款的形式而保留的一部分存款的比率。中央银行通过调高银行准备金率,可以减少银行贷款,抑制经济过热。中央银行通过调低银行准备金率,增加存款利息对银行本身的压力,可以迫使其中部分存款流出银行,刺激投资增长。

  根据 M2 的增减变动幅度,以及金融环境指数图中的长短期基准利率的指标和银行存款准备金调整幅度指标,CEO 要判断出当前国家执行的货币政策及金融环境是否宽松,一般来说在较为宽松的货币政策和金融环境下企业按揭贷款、融资租赁或金融机构贷款等融资渠道的业务能正常开展。根据当前的形势,CEO 还需预估未来几期长短期贷款利率是否会有升降,因为贷款利率会影响企业的资金成本及还款压力。

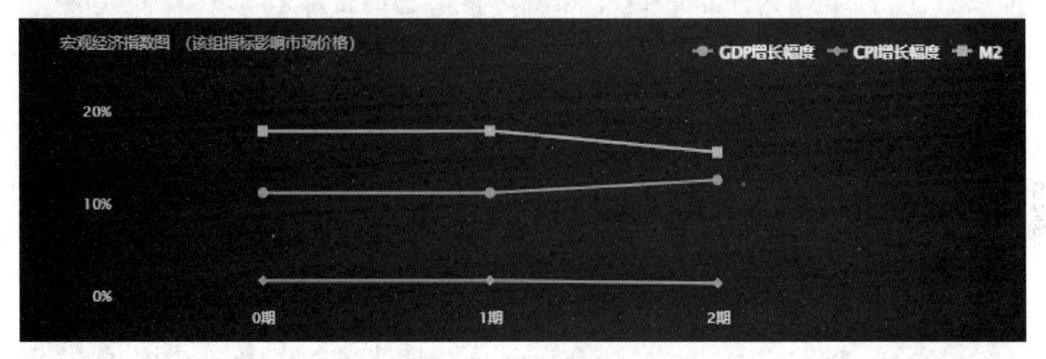

图 3-6　宏观经济界面

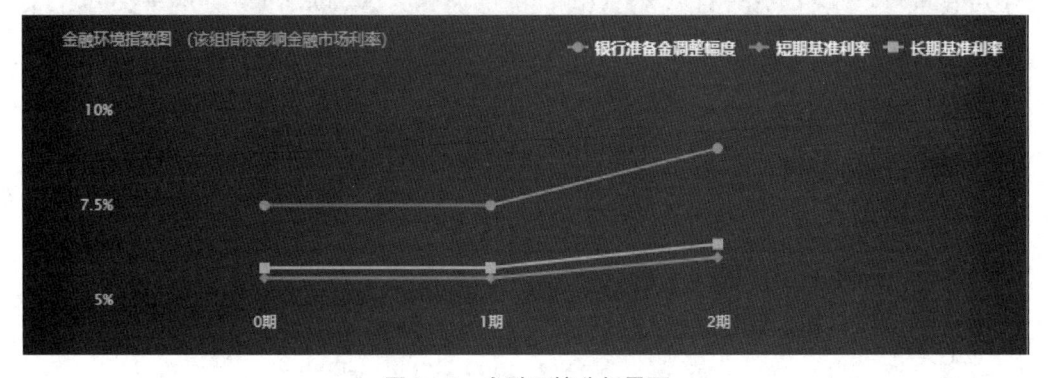

图 3-7　金融环境分析界面

此外，还需关注采购经理人指数（PMI），它是衡量一个国家制造业的"体检表"，是经济先行指标中一项非常重要的附属指标。

3. 市场需求、渠道及定价策略

1) 市场需求

可行性分析报告中会明确说明市场对两种产品的总的需求量分别是多少，CEO 需思考自己创建的公司在行业中是什么地位、想要占的市场份额是多少，是想稳扎稳打创办中小型企业还是要一家独大。CEO 的风格不一样，整个竞争策略就完全不一样。

在以销定产思路的引领下，确定了市场份额和期末库存比就确定了产量，产量一经确定，即可估计出生产线数量、人员数量以及原材料购买数量，这些决策是环环相扣的。公司生产产品所需的原材料配比是 10∶1∶1，在购买原材料时注意配比，能够避免资金的不必要占用和库存的积压。

| 项目 | 阿尔法 | 贝塔 |
|---|---|---|
| 市场总需求(万件) | 11.12 | 8.09 |
| 预计我的份额 | % | % |
| 我达到的销量(万件) | | |
| 产品期末库存比例 | % | % |
| 我的产量(万件) | | |

图 3-8　市场需求分析界面

| | 原材料配比表 | |
|---|---|---|
| 阿尔法 | 辅助材料(件) | 10 |
| | 阿尔法材料A1(件) | 1 |
| | 阿尔法材料A2(件) | 1 |
| 贝塔 | 辅助材料(件) | 10 |
| | 贝塔材料B1(件) | 1 |
| | 贝塔材料B2(件) | 1 |

图 3-9　原材料配比界面

2) 渠道

销售渠道分为线下实体渠道（经济区 A、经济区 B、经济区 C）和线上渠道，线下实体渠道受地理位置、需求、经济水平等因素的影响，各渠道铺设成本不一样。

| 产品 | 项目 | 经济区A | 经济区B | 经济区C | 线上 | 费用合计 |
|---|---|---|---|---|---|---|
| | 渠道铺设费用分析 | | | | | 单位:万元 |
| 阿尔法 | 每期投入成本 | 23.25 | 24.26 | 20.21 | 0 | |
| | 一次性投入单位成本 | 5 | 7 | 10 | 0 | |
| | 单位渠道人员配置 | 3 | 3 | 3 | 0 | 134.72 |
| | 人员成本 | 15 | 15 | 15 | 0 | |
| | 铺设数量 | 1 | 1 | 1 | 1 | |
| | 渠道总成本(当期) | 43.25 | 46.26 | 45.21 | 0 | |

图3-10 渠道铺设费用分析界面

> **提示**
> 无论公司选址在哪里，都可以在经济区A、经济区B、经济区C铺设渠道开展销售。不是公司在A地就只能铺设经济区A的渠道。

3) 定价策略

盲目的高价会导致货物卖不出去，而低价倾销带来的可能是无法弥补成本。因此，系统会给出每种产品的定价范围，在范围内进行科学合理的决策，我们可以根据管理会计定价分析的内容综合分析产品定价。

| 产品 | 定价范围 | 项目 | 经济区A | 经济区B | 经济区C | 线上 |
|---|---|---|---|---|---|---|
| 阿尔法 | 2183.02 ~ 1455.35 | 定价 | 0.00 | 0.00 | 0.00 | 0.00 |
| | | 广告(万元) | 0.00 | 0.00 | 0.00 | 0.00 |
| | | 信用政策 | 50 % | 50 % | 50 % | 80 % |
| 贝塔 | 1819.19 ~ 1212.79 | 定价 | 0.00 | 0.00 | 0.00 | 0.00 |
| | | 广告(万元) | 0.00 | 0.00 | 0.00 | 0.00 |
| | | 信用政策 | 50 % | 50 % | 50 % | 80 % |

图3-11 定价策略界面

4. 项目投资估算及项目选址

不同地区的厂房、生产线租金和售价是不一样的，在考虑公司项目开设在哪个地区时，可以结合不同的侧重点进行衡量，比如厂房的价格、生产线的价格、销售市场的距离运费、不同区域的人工成本等。

| 资产市场价格表 | | | | 单位:万元 |
|---|---|---|---|---|
| 资产(含税) | | 经济区A | 经济区B | 经济区C |
| 厂房 | 售价 | 808.53 | 929.81 | 970.23 |
| | 租金 | 80.85 | 92.98 | 97.02 |
| 阿尔法生产线 | 售价 | 2183.02 | 1819.19 | 2092.06 |
| | 租金 | 327.45 | 272.88 | 313.81 |
| 贝塔生产线 | 售价 | 1819.19 | 1515.99 | 1743.39 |
| | 租金 | 272.88 | 227.40 | 261.51 |

图 3－12　项目估算与选址分析界面

根据自己的资金规模及后续生产考虑,选择厂房及生产线的配备方式,可以选择全款购买、按揭购买,也可以选择一期一租、五期一租。平台系统提供了测算工具。

> **提示**
> 
> 1. 厂房、生产线和生产工人必须在同一地区,即如果厂房在B区,则生产线要在B区,聘请的生产工人也要在B区。
> 2. 单条阿尔法生产线最大产能为4万件,单条贝塔生产线最大产能为3万件。

5. 资金筹集

系统会根据前面做的所有决策分析,形成现金预测表,进而做出是否进行资金筹集的决策。

| 五、资金筹集 | |
|---|---|
| 5.1 现金预测表 | |
| 项目 | 金额(万元) |
| 现金流入合计 | 0 |
| 其中股东投资 | 0.00 |
| 销售收款(当期+上期应收) | 0.00 |
| 当期借入资金 | 0.00 |
| 现金流出合计 | 652.22 |
| 资产占用金额 | 0 |
| 材料款(当期+上期应付) | 0.00 |

图 3－13　资金筹集界面

6. 经济效益及社会效益分析

根据发展规划，预计企业五期的利润情况供企业经营者参考，以便适时调整竞争策略。

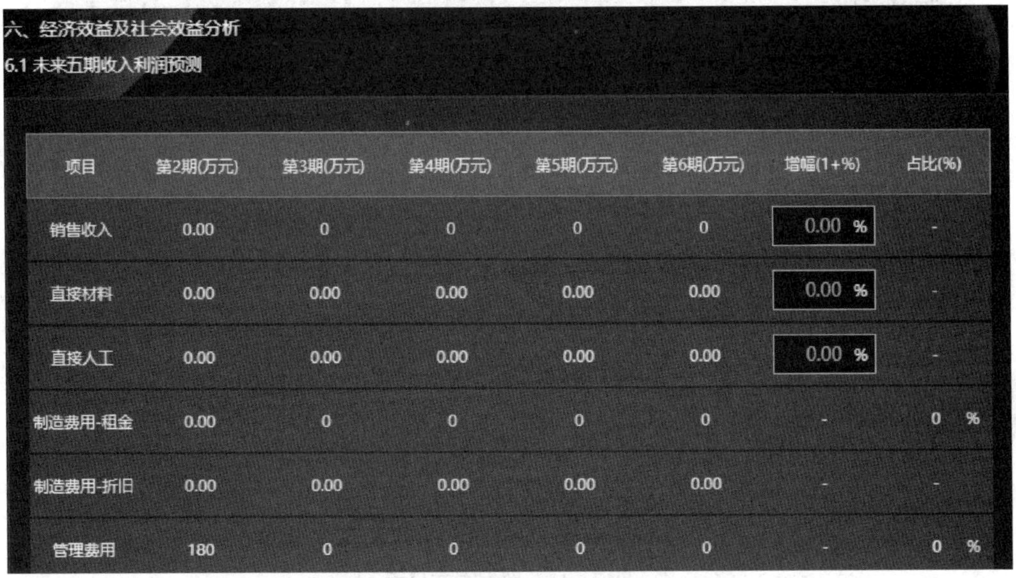
六、经济效益及社会效益分析

6.1 未来五期收入利润预测

| 项目 | 第2期(万元) | 第3期(万元) | 第4期(万元) | 第5期(万元) | 第6期(万元) | 增幅(1+%) | 占比(%) |
|---|---|---|---|---|---|---|---|
| 销售收入 | 0.00 | 0 | 0 | 0 | 0 | 0.00 % | - |
| 直接材料 | 0.00 | 0.00 | 0.00 | 0.00 | 0.00 | 0.00 % | - |
| 直接人工 | 0.00 | 0.00 | 0.00 | 0.00 | 0.00 | 0.00 % | - |
| 制造费用-租金 | 0.00 | 0 | 0 | 0 | 0 | - | 0 % |
| 制造费用-折旧 | 0.00 | 0.00 | 0.00 | 0.00 | 0.00 | - | - |
| 管理费用 | 180 | 0 | 0 | 0 | 0 | - | 0 % |

**图 3－14　经济效益及社会效益分析界面**

7. 结论

本项目从市场、投资、筹资、财务等各方面进行分析。总体来说，本项目具有经济效益，能为公司及股东带来稳步增长的经营结果；同时具有社会效益，能为行业提供更先进的技术突破，为社会带来更多的就业机会，所以本项目论证可行。

## 五、分配股利

从第二期起，企业 CEO 可以决策是否进行普通股股利的分配。第一期，企业刚开始经营，经营结果未知，因此要等系统进入第二期后才能进行股利分配的操作。优先股股利分配完仍有剩余时，才可以考虑分配普通股股利，分配金额 50 万元起。由企业自行选择分配与否和分配金额，分配金额只能为 50 万元的倍数。

## 六、确认完成

CEO、财务总监、运营总监、销售总监四个角色模拟经营一期结束后，需由企业 CEO 点击“确认完成”，以确保所有操作都已完成，结束当期经营，等教师结算后可查看经营结果。

若提交时发现有标红数据，则需返回对应角色对该处进行修改，若相关数据旁存在感叹号，代表需要刷新数据。因此，最后的“确认完成”是一个反思校验的过程。

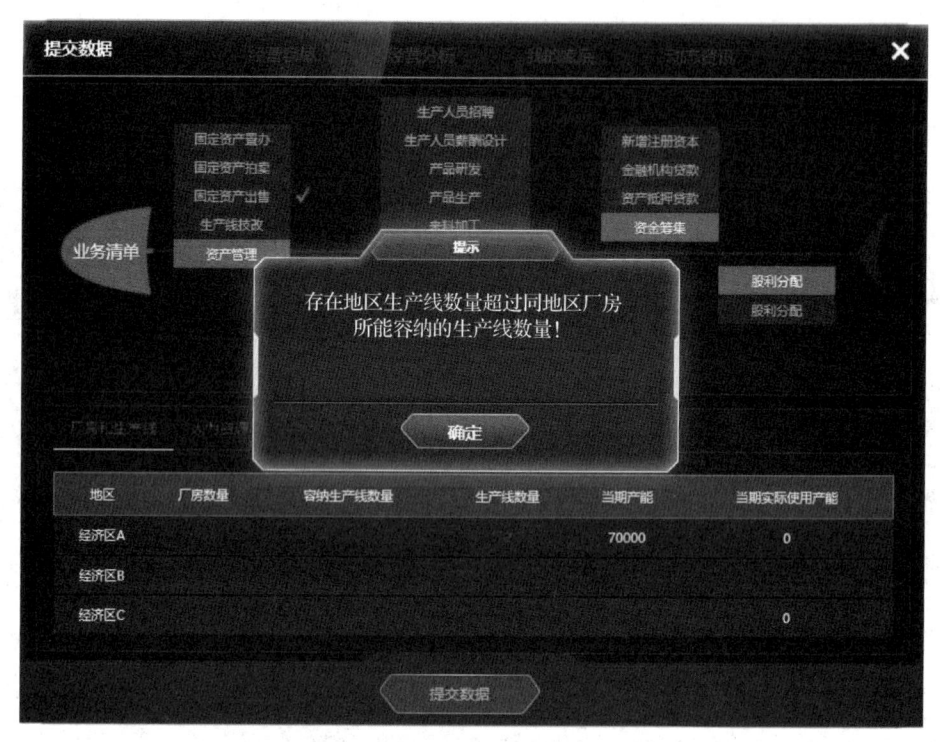

图 3-15 数据提交界面

┌─ 思考点 ─────────────────────────────────────────────┐
思考 1：为什么当期提交是正数，提交过后就破产了？

提示：因为本次发货的时候是预计收入，提交后因为市场份额小，产品没销售出去，导致收入不足，从而现金流为负数，系统自动破产。

思考 2：普通股和优先股哪个是系统自动操作分配股利的，哪个是企业自己操作分配股利的？

提示：优先股是系统自动分配股利的，普通股是自己操作分配股利的。普通股股利必须等优先股股利分配完后才能分配。分配的前提都是未分配利润为正数。

思考 3：为什么界面出现感叹号？

提示：有需要更正或刷新的地方，如果出现感叹号，进入出现感叹号的界面点击"刷新"，然后点击"修改保存"，直到感叹号消失为止。
└─────────────────────────────────────────────────────┘

# 任务二　财务总监岗位规则

## 任务描述

财务总监作为公司财务的首要负责人，不仅要能全面主持财务部工作，负责公司的日常财务管理和监督,还要擅长财务规划、财务分析、财务决策、税务筹划、投融资管理和资本运营管理等。系统设定的财务总监岗位职责主要有资金筹集和长期投资。

## 实验步骤

切换角色 → 资金筹集 → 长期投资

## 知识链接

### 一、履约能力

履约能力指的是履行合同的能力,主要是履行经济合同的能力。履约能力包括两方面内容:支付能力和生产能力。对支付能力进行审查,指的是对注册资本、资金来源、银行存款以及交款能力等情况进行审查;对生产能力进行审查,指的是对生产能力、生产规模、技术水平、产品质量以及交货能力等情况进行审查。

### 二、财务杠杆效应

财务杠杆效应是指由于固定费用的存在而导致的,当某一财务变量以较小幅度变动时,另一相关变量会以较大幅度变动的现象,也就是指在企业运用负债筹资方式(如银行借款、发行债券)时所产生的普通股每股收益变动率大于息税前利润变动率的现象。

财务杠杆效应可以给企业带来额外的收益,也可能造成额外的损失,这就构成财务风险。财务杠杆利益并没有增加整个社会的财富,是既定财富在投资人和债权人之间的分配;财务风险也没有增加整个社会的风险,是经营风险向投资人的转移。财务杠杆效应和财务风险是企业资本结构决策的重要影响因素,资本结构决策需要在财务杠杆利益及风险之间进行合理的权衡,最终达到提高投资人利益的目标。财务杠杆效应的实质是:由于企业投资利润率大于负债利息率,由负债所取得的一部分利润转化给了权益资本,从而使得权益资本利润率上升。而若是企业投资利润率等于或小于负债利息率,那么负债所产生的利润只能或者不足以弥补负债所需的利息,甚至利用权益资本所取得的利润都不足以弥补利息,而不得不以减少权益资本来偿债,这便是财务杠杆负效应带来的损失。

### 三、按揭购买

按揭购买是指以按揭的方式进行的一种购买行为。也就是我们常说的分期购买,同时也是银行收取利息的一种信贷行为。待按揭期满,购买人才真实享有资产的所有权。

### 四、经营租赁

租赁是指在约定的期间内,出租人将资产使用权让与承租人以获取租金的协议。经营租赁是为满足承租人临时或季节性使用资产的需要而安排的"不完全支付"式租赁。它是一种纯粹的、传统意义上的租赁。承租人租赁资产只是为了满足经营上短期的、临时的或季节性的需要,并没有添置资产的打算。经营租赁是一种出租人不仅要向承租人提供资产的使用权,还要向承租人提供资产的保养、保险、维修和其他专门性技术服务的租赁形式,但融资租赁不需要提供这些服务。

### 五、融资租赁

融资租赁,是指实质上转移与资产所有权有关的全部或绝大部分风险和报酬的租赁。资产的所有权最终可以转移,也可以不转移。它的具体内容是指出租人根据承租人对租赁资产的特定要求和对供货人的选择,出资向供货人购买租赁物件,并租给承租人使用,承租人则分期向出租人支付租金,在租赁期内租赁资产的所有权属于出租人所有,承租人拥有租赁资产的使用权。租赁期满,租金支付完毕并且承租人根据融资租赁合同的规定履行完全部义务后,租赁资产所有权即归承租人所有。尽管在融资租赁交易中,出租人也有资产购买人的身份,但购买资产的实质性内容如供货人的选择、对资产的特定要求、购买合同条款的谈判等都由承租人享有和行使,承租人是租赁资产实质上的购买人。

## 任务执行

### 一、选择角色

财务总监的任务需把角色切换为财务总监才能完成,其他角色无操作权限,如图3-16所示。

图3-16 "财务总监"角色选择界面

## 二、资金筹集

### (一)金融机构贷款

企业经营过程中出现资金紧张时,除了新增注册资本外,财务总监还可考虑向外界筹集资金,平台系统中可进行信贷融资,也可进行资产抵押或出售筹资。

选定财务总监角色后,可以点击平台左下方的"资金筹集"板块,进入"金融机构贷款"界面,点击"添加筹资",为企业筹集资金,如图3-17所示。

图3-17 金融机构贷款界面

企业金融机构贷款有三种类型,分别是小贷公司贷款、长期贷款、短期贷款等。小贷公司是由自然人、企业法人与其他社会组织投资设立,不吸收公众存款,经营小额贷款业务的有限责任公司或股份有限公司。小贷公司贷款申请程序简单便捷,相比较银行借款可以避免复杂评估和担保抵押手续,因此深受广大企业喜爱,但贷款期限只有1期。长期贷款是指筹集和管理可供企业长期使用的资本,长期筹资的资金主要用于企业新产品、新项目的开发和推广,设备的更新与改造等。因此该类资本的回收期较长,贷款期限一般为4~6年。短期贷款通常指在一年内或者超过一年的一个营业周期内到期的资金,通常是短期负债筹资。在平台中,其贷款期限一般为1~3年。

平台会根据企业的注册资本和信用等级给出贷款额度,短期贷款和长期贷款共用企业的贷款额度,而小贷公司贷款独立使用额度。

在充分了解各筹资类型的特征后,可根据企业经营计划和目标点击"筹资类型"右下方箭头,选择对应的筹资类型,再填写贷款期限和贷款金额,设置完成后,点击"新增保存"按钮即可完成借贷,如图3-18所示。选择筹资类型,需要考虑金融市场环境、资金的用途、资金是用于长期项目投资还是企业流动资金需要,还要考虑企业的偿债能力、不同贷款方式的利率水平以及偿还期限等,再来为企业匹配对应的贷款方式。

关于筹集资金,平台会设定一些规则。若筹资类型、贷款期限和贷款金额需要修改,在保存之前可以直接修改填列,如果已经保存也可直接点击"删除"按钮,删掉对应的贷款记录重新填列。但是若运营总监已经开始生产经营,平台则不允许删除或修改已经操作的筹资。另外,短期贷款和长期贷款的还款方式默认为每期付息、最后一期还本;小贷公司贷款的还款方式是当期贷款,下期还本付息。所以,操作过程中要时刻关注平台首页的现金预警情况,如果经营过程中,企业资金不够充裕,为了缓解资金压力,那么在选择筹资类型时,考虑到还本付息的压力也可避免选择小贷公司贷款。

图 3-18 设置贷款信息界面

当金融机构借款到期,在贷款额度还有剩余的情况下,企业可以借新贷还旧贷,额度不足也可以考虑展期1期,展期虽然会缓解还款压力,但会降低企业的履约能力,展期时利率保持不变。小贷公司借款到期,应当还本付息,如企业资金不足,可以在额度内继续借款,若额度不足,也可以申请展期,但平台规定最多展期3期,而且展期利率为短期借款的4倍,如图3-19所示。所以考虑到利息成本,在操作时要慎重选择展期。

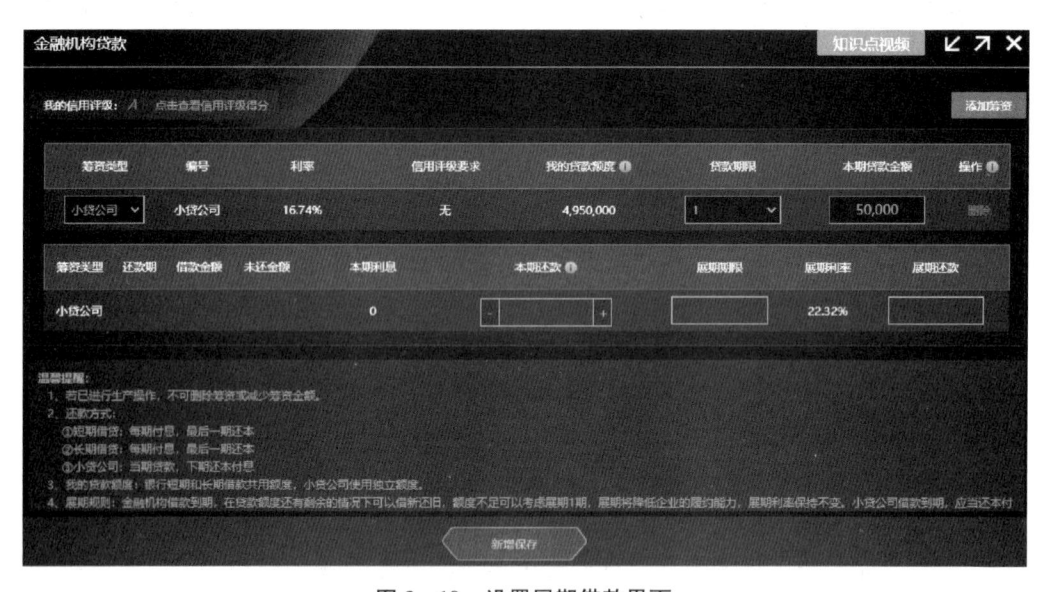

图 3-19 设置展期借款界面

企业要贷款,金融机构首先要考察企业的信用评级。信用评级是为社会机构提供的资信信息。信用评级的目的是显示受评对象信贷违约风险的大小。所以,平台会根据公司的信用评级和注册资本自动给出贷款额度,D以上的信用评级才能贷到款项,等级越高,贷款额度越高。"金融机构贷款"界面左上角可查看当前的信用评级,如图3-19可知当前企业信用评级为A级。而企业每期的信用评级是根据各指标数值评分得出的,每期指标数值评分不同,企业信用评级也会变化。财务总监也可点击"查看信用评级得分"按钮查看当期评级各指标得分情况,如图3-20所示。企业若想改变信用评级,可通过提高各指标得分来实现。

| 指标分类 | 指标名称 | 指标说明 | 分值 | 得分 |
| --- | --- | --- | --- | --- |
| 发展能力 | 收入增长率 | (主营业务收入-上期主营业务收入)/上期主营业务收入 | 6.00 | 0.00 |
|  | 资本积累率 | (所有者权益-期初所有者权益)/期初所有者权益 | 5.00 | 0.00 |
| 盈利能力 | 净资产收益率 | 净利润/所有者权益 | 6.00 | 0.00 |
|  | 销售净利率 | 净利润/营业收入 | 5.00 | 0.00 |
|  | 总资产报酬率 | 利润总额+利息支出/平均资产总额 | 6.00 | 0.00 |
| 营运能力 | 应收账款周转率 | 主营业务收入/平均应收账款 | 5.00 | 3.00 |
|  | 应付账款周转率 | 主营业务成本/平均应付账款 | 5.00 | 0.00 |
| 风险管理能力 | 资产负债率 | 负债总额/资产总额 | 6.00 | 6.00 |
|  | 速动比率 | (流动资产-存货)/流动负债 | 5.00 | 5.00 |

图3-20 信用评级得分情况

除了上述三种贷款方式,平台还提供闪电贷,闪电贷不受企业信用评级的限制。每期经营完成后,若企业期末资金为负,为防止企业破产,系统会自动匹配一定额度的闪电贷给企业。闪电贷虽然可以在一定程度上让企业起死回生,但是其利率较高,贷款期限也只有一年,也就是在下期期初,系统会自动扣除闪电贷本金和利息。闪电贷贷款金额上限为2亿元,若企业资金严重缺乏,超过闪电贷上限,那么系统将无法配置闪电贷,企业会直接破产。所以,要保证企业的长远发展,现金流才是王道。

> **思考点**
>
> 企业选择借款期限要考虑哪些因素?
>
> 企业在选择长短期贷款时必须要权衡不同借款期限的成本和风险,从而选取最适合的贷款方式。
>
> 短期借款虽然利率低,借款成本低,在一定程度上节省了企业的开支,但还款期限较短,要求企业资产有较高的流动性,当企业流动资金不足时,要有足够的流动资产变现去偿还短期债务,一旦企业短期偿债能力减弱,会增加企业的财务风险,进而损坏企业信誉,降低企业信用评级。长期借款虽然借款利息高,但还款周期长,降低了企业的偿债压力,所以财务风险较低。
>
> 注意每期宏观金融环境的变化会导致银行准备金率的变化,进而影响平台内的借款利率。所以企业在承受风险的同时要想借到利息较低的款项,必须每期关注宏观经济指标,从而在利率较低的时候借款。

## (二) 资产抵押贷款

若企业现金流不佳,财务总监可以考虑将企业资产进行抵押以缓解资金紧张。

进入平台,选定财务总监角色后,可以点击平台左下方的"资金筹集"板块,进入"资产抵押贷款"界面,会出现可抵押的资产,选择对应的资产,点击"抵押贷款",即可为企业筹集资金(见图3-21)。但资产抵押贷款必须满足的前提条件是该资产的产权是企业明确拥有的,比如企业全款购买的资产,或者按揭购买但按揭期满的资产。同时注意当期购入的固定资产,当期不能抵押,下期才可抵押。固定资产抵押后,企业仍然可以用该资产进行正常的生产经营活动。最后,当期抵押的固定资产,当期提交前可以取消抵押,当期提交后,则不得取消。

最佳资本结构测算

图3-21 资产抵押贷款界面

---

**思考点**

企业如何安排股权和债权融资结构?

企业在设置股权和债权融资结构时,要充分了解两种融资方式。前面CEO角色里介绍过,CEO第一期可以设置注册资本金额,后期经营资本只可增加,不得减少。所谓股权融资,就是企业的初始股东后续经营过程中愿意将企业的所有权进行部分出让,用这种方式来吸引新的股东加入,从而得到企业发展所需资金。股权融资分为普通股和优先股,两者的优点都很明显,首先是资金使用期限长,其次,股权融资还可以增强企业的资金和实力。股权融资所得到的资金是永久性的,没有时间的限制,不涉及归还的问题。而对于投资人来说,要想收回资金只能借助流通市场来实现。但是优先股通常预先确定股息收益率。由于优先股股息率事先固定,所以优先股的股息一般不会根据公司经营情况而增减,而且当公司有留存收益时,优先股强制扣息,若公司当期经营亏损,未发放的优先股股息一般要累积到以后年度。而普通股融资没有定期偿付的财务压力,同时财务风险也比较小。不过,普通股融资的缺点也是明显的,首先是企业将面临控制权分散和失去控制权的风险,另外就是资本成本较高。

对于债权融资,简单来说,就是企业用借钱的方式来进行融资。与股权融资相比,债权融资需要进行利息的支付,而且这种支付是定期的,会造成财务上较大的风险。另外,通过债权融资得到的资金,主要是解决企业营运资金短缺的问题,用途比较窄。而它的优点是企业的控制权不受影响,使企业能够按照既定的方向发展。与股权融资相比,债权融资成本相对较低,另外还能获得财务杠杆效应。

其实,无论是股权融资还是债权融资,都会有明显的优势,也存在一定的缺点。企业在选择融资方式时,要根据自身的特点来选择,比如资金的用途、财务压力、企业控制权的重要与否,这些都是在融资前需要考虑的问题。

## 三、长期投资

### (一) 固定资产置办

财务总监除资金筹集的职能外,还扮演长期投资的角色。为了筹备企业的生产运营,通常要事先置办固定资产,平台中的固定资产包括厂房和生产线。

进入平台,选定财务总监角色后,可以点击平台左下方的"长期投资"板块中的"固定资产置办"链接,进入"资产各地价格信息"界面,财务总监可以选择对应的经济区域购置或租赁厂房和生产线(见图 3-22)。

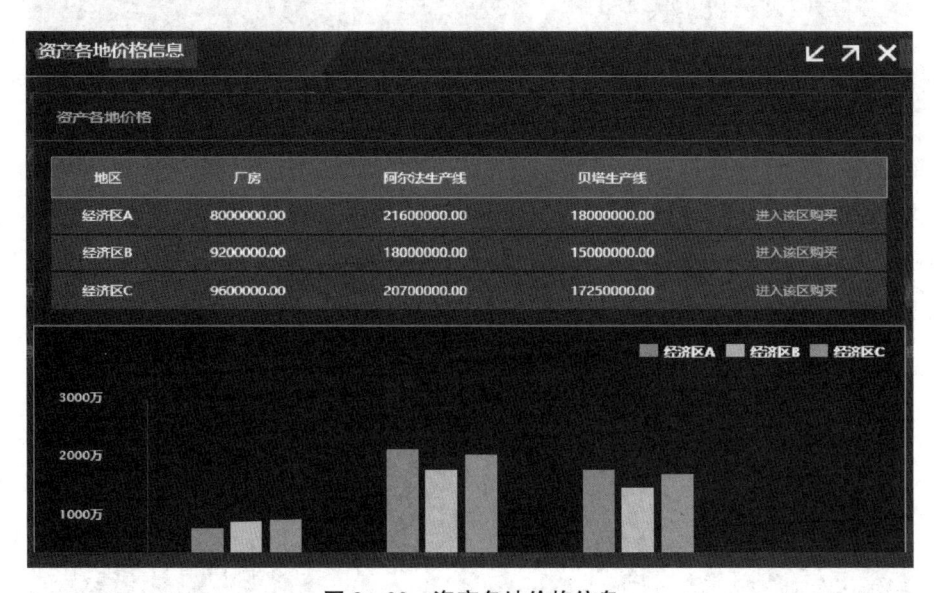

图 3-22 资产各地价格信息

选定好购买区域后,会出现"固定资产置办"界面。该界面会显示可选的资产,分别有厂房、阿尔法生产线和贝塔生产线。

厂房的获取方式有全款购买、按揭购买和经营租赁,按揭购买的期限为 3~9 期,无论选择按揭几期,首付比例都是 30%,贷款利率保持不变,但是按揭期越长,每期付款金额越少。生产线的获取方式有全款购买、经营租赁和一般融资租赁,经营租赁期一般有一期和五期可供选择,租赁期不同,租金不同,选择租赁五期,前期租金较高,后期租金则较低,而融资租赁每期租金相同。

为了便于企业做出经济效益更高的资产决策,平台提供了资产测算辅助工具。财务总监可点击"资产测算"按钮,进入"资产测算"界面。

进入"资产测算"界面后,选择测算的资产类型、所属的区域,设定价格平均涨幅和企业必要报酬率等,如测算资产是厂房,还需选择按揭购买期数和按揭贷款期利率(按揭贷款期利率一般默认为本期利率)(见图3-23)。

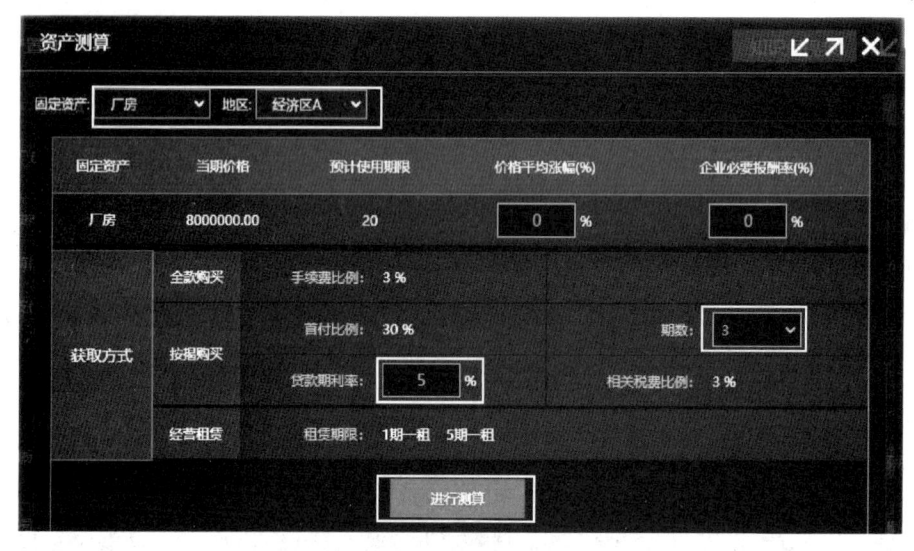

图3-23 厂房测算界面

如测算资产是生产线,需选择融资租赁期数和租赁期利率(见图3-24)。

图3-24 生产线测算界面

设置完成后,点击"进行测算"按钮,平台会自动测算出单个资产在不同获取方式下的现金流出分析表和利润影响分析表,图3-25是厂房在各种获取方式下测算出的现金流出分析表。图3-26是厂房在各种获取方式下测算出的利润影响分析表。

| 期数 | 全款购买 现金流出 | 按揭购买 现金流出 | 1期一租 现金流出 | 5期一租 现金流出 |
|---|---|---|---|---|
| 1 | 9888000.00 | 3168000.00 | 960000.00 | 1600000.00 |
| 2 | 0.00 | 2467641.55 | 960000.00 | 1280000.00 |
| 3 | 0.00 | 2467641.55 | 960000.00 | 960000.00 |
| 4 | 0.00 | 2467641.55 | 960000.00 | 640000.00 |
| 5 | 0.00 | 0.00 | 960000.00 | 320000.00 |
| 6 | 0.00 | 0.00 | 960000.00 | 1600000.00 |
| 7 | 0.00 | 0.00 | 960000.00 | 1280000.00 |
| 8 | 0.00 | 0.00 | 960000.00 | 960000.00 |
| 9 | 0.00 | 0.00 | 960000.00 | 640000.00 |
| 10 | 0.00 | 0.00 | 960000.00 | 320000.00 |
| 11 | 0.00 | 0.00 | 960000.00 | 1600000.00 |

图3-25 资产在各种获取方式下的现金流出分析表

| 期数 | 全款购买 折旧 | 全款购买 影响净利润 | 按揭购买 折旧 | 按揭购买 利息 | 按揭购买 影响净利润 | 1期一租 租金 | 1期一租 影响净利润 | 5期一租 租金 | 5期一租 影响净利润 |
|---|---|---|---|---|---|---|---|---|---|
| 1 | 454766.97 | 341075.23 | 454766.97 | 0.00 | 341075.23 | 880733.94 | 660550.46 | 880733.94 | 660550.46 |
| 2 | 454766.97 | 341075.23 | 454766.97 | 336000.00 | 593075.23 | 880733.94 | 660550.46 | 880733.94 | 660550.46 |
| 3 | 454766.97 | 341075.23 | 454766.97 | 229417.92 | 513138.67 | 880733.94 | 660550.46 | 880733.94 | 660550.46 |
| 4 | 454766.97 | 341075.23 | 454766.97 | 117506.73 | 429205.28 | 880733.94 | 660550.46 | 880733.94 | 660550.46 |
| 5 | 454766.97 | 341075.23 | 454766.97 | 0.00 | 341075.23 | 880733.94 | 660550.46 | 880733.960 | 660550.47 |
| 6 | 454766.97 | 341075.23 | 454766.97 | 0.00 | 341075.23 | 880733.94 | 660550.46 | 880733.94 | 660550.46 |
| 7 | 454766.97 | 341075.23 | 454766.97 | 0.00 | 341075.23 | 880733.94 | 660550.46 | 880733.94 | 660550.46 |
| 8 | 454766.97 | 341075.23 | 454766.97 | 0.00 | 341075.23 | 880733.94 | 660550.46 | 880733.94 | 660550.46 |
| 9 | 454766.97 | 341075.23 | 454766.97 | 0.00 | 341075.23 | 880733.94 | 660550.46 | 880733.94 | 660550.46 |
| 10 | 454766.97 | 341075.23 | 454766.97 | 0.00 | 341075.23 | 880733.94 | 660550.46 | 880733.960 | 660550.47 |
| 11 | 454766.97 | 341075.23 | 454766.97 | 0.00 | 341075.23 | 880733.94 | 660550.46 | 880733.94 | 660550.46 |

图3-26 资产在各种获取方式下的利润影响分析表

根据测算结果,财务总监可选择相应的资产和获取方式,点击"加入列表"即可,如图 3-27 所示。

图 3-27 置办固定资产界面

> **提示**
> 企业正常生产经营既需要厂房,也需要生产线,且一个厂房最多只能容纳两条生产线。

财务总监如果想修改新增的资产可点击"删除"按钮删除该资产,如图 3-28 所示。

图 3-28 删除和查看资产界面

确定新增的资产后,需点击"新增保存"按钮,才可保存已经选好的厂房或生产线,如图 3-29 所示。

图 3-29 资产保存界面

## 提示

后期经营置办固定资产时,记得查看"期初可用资产",根据期初资产数量及本期生产计划进行合理采购,不要过度置办资产。查看界面如图 3-30 所示。

图 3-30 期初可用资产界面

### 思考点

如何决策单项资产的获取方式?

无论是厂房还是生产线,平台都提供了多种采购方式,选择哪种方式,就要求财务总监能够做出最优决策。以厂房为例,选择购买还是按揭,首先,要考虑企业当期资金的承受能力。全款购买资产,企业当期资金压力大,企业产品的生产固定在某个区域,企业若不增加厂房,生产就无法根据后期的市场状况进行调整,这会增加企业渠道铺设费用甚至影响销售,但这种方式后期经营无须再进行购置操作。其次,企业全款购买资产,若后期经营有困难,该资产还可以用作抵押或出售为企业筹集资金。按揭购买虽然可以摊平资金成本,但是要支付利息,而且总支付价款要远高于一次性购买,后期若想抵押或出售必须等到按揭期满才可。以生产线为例,选择全款购买还是经营租赁或者融资租赁,也要考虑何时支付现金、支付现金总额等问题。另外,选择哪种获取方式,一定要使用平台的资产测算功能,比较不同方式的资金流出情况和对利润影响情况再做决策。

### 思考点

为什么厂房和生产线都购买了,系统却提示无法生产产品?

因为生产线要放在厂房内才可组织生产,系统要求在某区设置厂房,必须在同区配置生产线,企业才可以生产产品。

### (二) 固定资产拍卖

当企业资金紧张或不足时,财务总监可以考虑将闲置资产拍卖。固定资产拍卖是指通过竞卖方式将资产公开出售。一般是专门从事拍卖业务的机构受委托人委托,通过竞买人出价或应价,将资产给出价最高的竞买人。资产拍卖是以公开竞拍方式处置资产总额不多、困难较大的小型企业或大中型企业的闲置资产。

进入平台,选择财务总监角色后,点击左下角"长期投资"板块中的"固定资产拍卖"链接,进入"固定资产拍卖"界面,点击"我要拍卖"和"新增拍卖"按钮(见图3-31)。

图3-31 固定资产拍卖界面

进入"我要拍卖"界面后,点击"拍卖标的"栏的下拉箭头,选择要拍卖的资产,设置起拍价,或者为了简便,也可设置一口价,拍卖采用价高者得的原则。操作完成后,点击"新增保存"按钮,如图3-32所示,即可完成资产的拍卖信息设置。

图3-32 设置拍卖信息界面

起拍价是指专业拍卖机构的拍卖师报出的第一口价,如有人应价无人加价,拍卖不能成交。一口价表示一次性的价格,一口价必须大于起拍价,且只要有买家达到提前制定的一口价,拍卖即成交。

固定资产拍卖和固定资产抵押一样，产权必须是企业明确拥有的，比如企业全款购买的资产，或者按揭购买但按揭期满的资产。同时注意当期购入的固定资产，当期不能拍卖，下期才可拍卖。固定资产拍卖后，企业不可以用该资产进行正常的生产经营活动。最后，当期拍卖的固定资产，当期经营提交前可以取消拍卖，当期经营提交后，则不得取消拍卖。

除了拍卖企业自己的闲置资产外，企业也可参与竞拍其他企业出售的资产。财务总监打开"固定资产拍卖"界面后，会出现可竞买的资产列表，点击"我要竞拍"上下键按钮，设置竞拍价，即可竞争购买其他企业出售的资产，竞拍同样采取价高者得的规则，如图 3-33 所示。

图 3-33　固定资产竞拍界面

### （三）固定资产出售

除了固定资产抵押和固定资产拍卖，财务总监还可以出售固定资产缓解企业资金紧张的局面。固定资产出售是指仅公司的部分厂房场地、设备等固定资产、与生产某一产品相关的全部机器设备等出售给其他公司。

进入平台，选择财务总监角色后，点击左下角"长期投资"板块中的"固定资产出售"链接，进入"固定资产出售"界面，界面会显示可出售的资产列表，选择要出售的资产，点击"出售"按钮，再点击"确认出售"即可（见图 3-34）。当期经营完成前若要取消出售，可点击"取消出售"按钮。

图 3-34　固定资产出售界面

企业当期获得的资产下期才可出售,可出售的资产必须符合以下三种条件之一,分别是一次性全款购买的资产、按揭到期还清款项的资产和拍卖所得的资产。当期已出售的固定资产不能再用于企业的生产经营。

### (四) 生产线技改

为了提高生产线生产产品的质量和单条生产线的生产效率,平台企业可以选择对生产线进行技改。只有当生产线满足技改条件,才可选择技改等级投入资金,进行技改操作。技改增加生产线产能的效果将在下期生效,且购买方式为全款购买或一般融资租赁,同时技术研发必须是二级或二级以上的生产线才可进行技术改造。

具体操作是,进入平台,选择财务总监角色后,点击左下角"长期投资"板块中的"生产线技改"链接,进入"生产线技改"界面,选择要技术改造的生产线,点击"加"或"减"号设置技术改造等级即可,如图 3-35 所示。技改等级越高,生产线生产效率提高越明显,但企业花费成本也越高,技改支出系统会自动扣除。

| 资产名称 | 所在地区 | 获取时间 | 获取方式 | 基础产能 | 选择技改等级 | 技改后产能 | 技改投入资金 |
|---|---|---|---|---|---|---|---|
| 阿尔法生产线 | 经济区A | 第1期 | 融资租赁 | 40000 | - 0 + | 40000 | |
| 贝塔生产线 | 经济区A | 第1期 | 融资租赁 | 30000 | - 0 + | 30000 | |

图 3-35 生产线技改界面

## 任务三 运营总监岗位规则

### 任务描述

运营总监是负责企业日常运营的第一责任人,根据 CEO 对企业的定位规划和战略指导,具体负责物资购销和生产运营事项的具体实施。运营总监的主要任务包含原材料的购销、生产人员招聘、生产人员薪酬设计、产品研发、产品生产以及来料加工。

## 实验步骤

1. 物资购销
2. 生产人员招聘
3. 生产人员薪酬设计
4. 产品研发
5. 产品生产
6. 来料加工

## 知识链接

### 一、内部控制

内部控制是指对组织内部的管理活动及其效果进行衡量和校正,以确保组织的目标以及为此而拟定的计划得以实现。内部控制具有整体性、动态性的特点,分类方式包括事前控制、事中控制和事后控制,预防性控制和纠正性控制,反馈控制与前馈控制。

### 二、经济订货批量

经济订货批量是指一定时期储存成本和订货成本总和最低的采购批量。

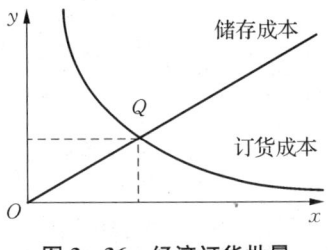

图 3-36 经济订货批量

$$经济订货批量 = \sqrt{\frac{2AF}{C}}$$

式中,$A$ 代表全年需要量;$C$ 代表每批订货量;$F$ 代表每批订货成本。

### 三、订货点

订货点是指订购下一批存货时本批存货的储存量。

$$R = nt$$

式中，$n$ 表示原材料的使用率，即每天消耗的数量；$t$ 表示在途时间，即从发出订单到货物验收完毕所用的时间。

### 四、营业周期

营业周期=存货周转期+应收账款周转期。一般来讲，应付账款周转期大于营业周期是最佳的，但如果应付账期小于变现期，就要垫支采购资金。做决策时要关注。

### 五、最低工资

最低工资是指劳动者在法定工作时间或依法签订的劳动合同约定的工作时间内提供了正常劳动的前提下，用人单位依法应支付的最低劳动报酬。根据国家法律的有关规定，最低工资包括基本工资、奖金、补贴，但不包括加班加点的工资，中班、夜班、高温、低温、井下、有毒有害等特殊工作环境、条件下的津贴和劳动者依法享受的保险、福利待遇等。

### 六、企业生命周期各阶段各激励手段的重要性

表3-1 企业生命周期各阶段各激励手段的重要性

|  | 投入期 | 成长期 | 成熟期 | 衰退期 |
| --- | --- | --- | --- | --- |
| 固定收入 | 低 | 中 | 高 | 高 |
| 年风险收入 | 低 | 中 | 高 | 中 |
| 长期激励 | 高 | 高 | 中 | 低 |
| 福利、补贴 | 低 | 中 | 中 | 高 |

### 七、企业战略与薪酬水平

表3-2 企业战略与薪酬水平

|  | 低成本战略 | 差异化战略 | 高品质战略 |
| --- | --- | --- | --- |
| 人员要求 | 一般的人员 | 有特殊创意人才与普通人才的结合 | 高素质的人才 |
| 薪酬水平 | 低薪酬水平 | 大差距的薪酬水平 | 高薪酬水平 |

## 任务执行

### 一、选择角色

运营总监的操作需切换为运营总监的角色完成，其他角色无此权限，点击"选择角色"，如图3-37所示。

图 3-37 "运营总监"角色选择界面

## 二、物资购销

### (一) 原材料采购

运营总监进行原材料采购为生产做准备。原材料购买的路径为"物资购销—原材料采购"。生产阿尔法产品需要的原材料为：阿尔法材料 A1、阿尔法材料 A2 以及辅助材料，材料配比为 1∶1∶10，即每生产一件阿尔法产品需要 1 个阿尔法材料 A1、1 个阿尔法材料 A2 以及 10 个辅助材料。生产贝塔产品需要的原材料为：贝塔材料 B1、贝塔材料 B2 以及辅助材料，材料配比同样为 1∶1∶10，即每生产一件贝塔产品需要 1 个贝塔材料 B1、1 个贝塔材料 B2 以及 10 个辅助材料。具体见原材料价格配比信息界面，如图 3-38 所示。

| 产品 | 生产线产能 | 所需原材料 | 价格 | 数量配比 |
| --- | --- | --- | --- | --- |
| 阿尔法 | 40000 | 辅助材料 | 4.41 | 10 |
|  |  | 阿尔法材料A1 | 353.70 | 1 |
|  |  | 阿尔法材料A2 | 530.25 | 1 |
| 贝塔 | 30000 | 贝塔材料B1 | 328.76 | 1 |
|  |  | 贝塔材料B2 | 360.57 | 1 |
|  |  | 辅助材料 | 4.41 | 10 |

图 3-38 原材料价格配比界面

此处原材料的价格指的是购买原材料的基础价格，并不是最终价格。购买原材料的最终价格还受原材料的品质、税费、付款方式影响。材料价格在每一期会发生波动，主要受宏观经济和供需关系影响。宏观经济主要查看采购经理人指数，供需关系主要反映参与人的采购行为。

原材料的质量等级有低级、中级、高级三个等级可选,质量分值分别为 70、80、90,原材料的质量等级影响最终的产品品质,产品品质高低不同也意味着企业产品是在高端、中端还是低端市场参与竞争;此外原材料的质量等级不同,价格不同,对于企业来说付出的成本就不同。需要注意的是辅助材料没有质量等级之分。

付款方式有首六余四、首八余二和一次性付款三种方式,首次付款比例越高,价格越便宜。选定好材料品种、质量等级、付款方式和购买数量后,价税合计即为最终应付的总成本,点击"加入列表—新增保存",即成功购买原材料。此时可以看到在选择该种付款方式下当前需要支付的现金总额和下期需要支付的现金数,以便合理规划资金用途。

图 3-39 原材料采购界面

若质量等级、首付比例或者数量需要修改,可直接将修改后的数据填列,并点击"修改保存"即可,也可以点击红色的"删除"按钮删除整条购买记录。

> **提示**
> 
> 购买原材料时,要注意查看"期初原材料库存"数量,根据期初剩余的原材料数量进行合理采购,不要过度积压原材料库存数。查看界面如图 3-40 所示。

图 3-40 期初原材料库存界面

## （二）原材料采购协议

在采购原材料时，根据生产需求安排采购，既能较好地与生产能力相匹配，又能减少原材料的库存积压，但原材料的价格是波动的（价格走势图在"原材料采购—原材料价格趋势图"中查看），可以根据当前的价格以及宏观经济环境采购经理人指数推测下一期或下几期的价格趋势，进而做出采购决策，如图 3-41 所示。

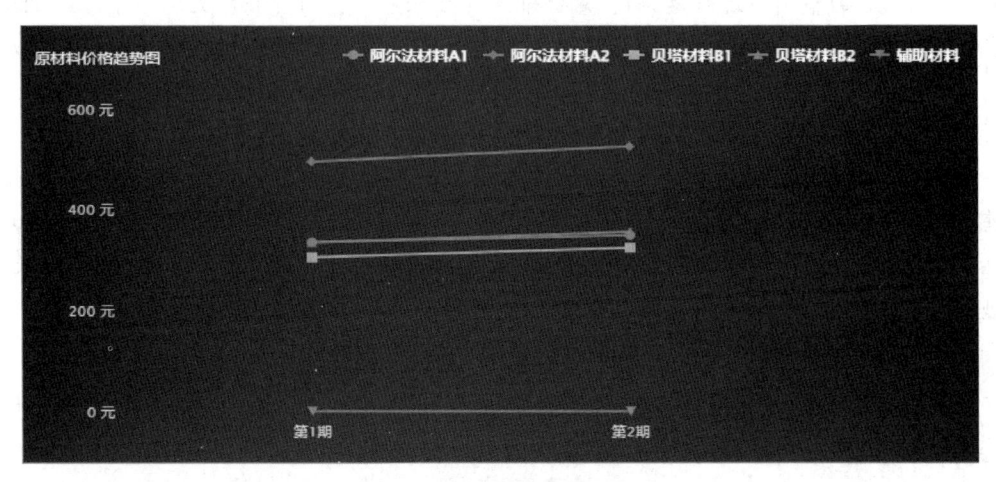

图 3-41　原材料价格走势图

根据企业的生产需求适时采购原材料很可能在原材料的价格高点大量购入原材料，使得采购成本无法控制；且单次购买原材料无法享受折扣，进而又提高了采购成本。而与上游供应商签订原材料采购协议，建立长期合作关系能够以较低的价格取得原材料，有利于成本的控制。具体操作为"原材料采购—原材料采购协议—选择材料质量等级—签订协议—本期采购数量—新增保存"。

图 3-42　原材料采购协议单界面

原材料采购协议是企业与供应方经过双方谈判协商一致而签订的"供需关系"的协议。合同双方都应遵守和履行该协议,协议中约定了采购的原材料、质量等级、协议数量、价格及违约规定。原材料采购协议签订当期可直接进行采购,通过和常规采购的原材料价格进行对比,可以很明显看出原材料采购协议的价格更低。但签订了原材料采购协议后,若在截止期数前未完成协议数量采购,将构成违约,需支付违约金。协议订单执行 3 期,数量由系统确定,截止期数前未完成采购,支付违约金,无须抢单。当期采购数量全额付款,未采购不付款。签订原材料采购协议合约期为 3 期,签订当期生效,当期即可选择需采购的原材料,协议约定的阿尔法 A1 材料的采购数量为 30 万件,在 3 期内若不完成 30 万件的采购数量,即违约,需支付违约金,违约金比例为 15%。

作为运营总监需要决策是否签订该原材料采购协议。若签订协议,则原材料获取成本更低,但企业在三个经营期间是否能达到合计 30 万件阿尔法产品的生产规模,企业是否配备了与之匹配的生产线资金和工人,30 万件产品生产出来是否能销售出去?这些问题需要运营总监结合企业发展战略思考,并与 CEO、财务总监、销售总监共同商议决定。

### (三) 原材料出售

当企业资金紧张、原材料有大量积压时,可以选择出售原材料来获取流动资金。路径为"物资购销—原材料出售—填写出售数量—新增保存"。

| 原材料名称 | 上期期末库存 | 库存成本 | 市场价格 | 出售价格 | 出售数量 | 出售金额 | 销项税额 | 合计金额 |
|---|---|---|---|---|---|---|---|---|
| 阿尔法材料A1 | 0 | 360.40 | 353.70 | 282.96 | 0 | 0.00 | 0.00 | 0.00 |
| 阿尔法材料A2 | 0 | 530.00 | 530.25 | 424.20 | 0 | 0.00 | 0.00 | 0.00 |
| 贝塔材料B1 | 0 | 328.60 | 328.76 | 263.01 | 0 | 0.00 | 0.00 | 0.00 |
| 贝塔材料B2 | 0 | 360.40 | 360.57 | 288.46 | 0 | 0.00 | 0.00 | 0.00 |
| 辅助材料 | 50,000 | 4.45 | 4.41 | 3.53 | 0 | 0.00 | 0.00 | 0.00 |

图 3-43 原材料出售界面

原材料出售只能出售期初库存材料,本期购入材料不能出售,出售价格是系统自动给出,不能自己定价。从图 3-43 中可以看出,辅助材料上期期末库存数为 50 000 个,其余材料上期期末库存数为零,因此,只能出售辅助材料。原材料的出售价格低于库存成本,也低于市场价格,所以出售原材料是亏本的,可以说出售原材料是资金断裂情况下不得不做的割肉选择。为避免此种情况,运营总监需要合理规划资金用途,理性分析市场,合理配置原材料采购数量。

> **提示**
>
> 原材料出售只能出售期初库存材料,本期购入材料不能出售。出售价格由系统确定,一般低于库存成本及市场价格。

## 三、生产运营

### (一) 生产人员招聘

企业需对生产人员进行招聘,其他人员诸如董事会人员、管理人员、销售人员无须招聘,系统自动配置。生产人员需在有生产线的区域进行招聘,即生产线和厂房在同一地区。

人员招聘的操作路径为"生产运营—生产人员招聘",新招聘的人员必须培训上岗,阿尔法生产人员培训费为 500 元/人,贝塔生产人员培训费为 300 元/人。单人正常工作产量为 400 件,加班幅度不超过 20%,即单人最大产量为 480 件[=400×(1+20%)],再根据投产数量确定所需人工数。进行人员招聘测算时可借助右上角的"生产人员招聘测算"工具。具体如图 3-44、图 3-45 所示。

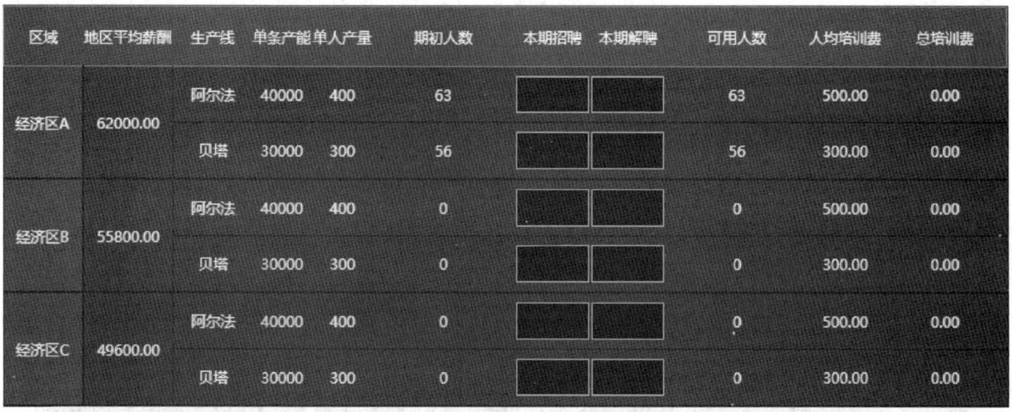

| 区域 | 地区平均薪酬 | 生产线 | 单条产能 | 单人产量 | 期初人数 | 本期招聘 | 本期解聘 | 可用人数 | 人均培训费 | 总培训费 |
|---|---|---|---|---|---|---|---|---|---|---|
| 经济区A | 62000.00 | 阿尔法 | 40000 | 400 | 63 | | | 63 | 500.00 | 0.00 |
| | | 贝塔 | 30000 | 300 | 56 | | | 56 | 300.00 | 0.00 |
| 经济区B | 55800.00 | 阿尔法 | 40000 | 400 | 0 | | | 0 | 500.00 | 0.00 |
| | | 贝塔 | 30000 | 300 | 0 | | | 0 | 300.00 | 0.00 |
| 经济区C | 49600.00 | 阿尔法 | 40000 | 400 | 0 | | | 0 | 500.00 | 0.00 |
| | | 贝塔 | 30000 | 300 | 0 | | | 0 | 300.00 | 0.00 |

图 3-44 生产人员招聘界面

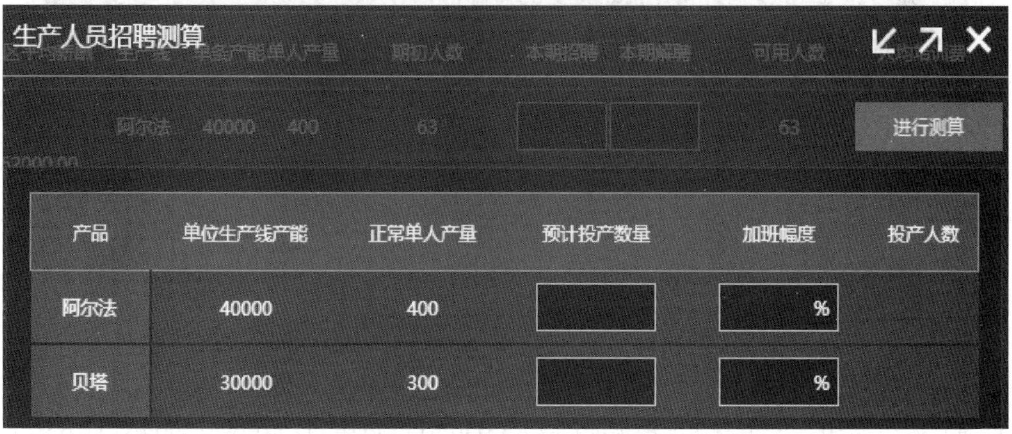

**生产人员招聘测算**

| 产品 | 单位生产线产能 | 正常单人产量 | 预计投产数量 | 加班幅度 | 投产人数 |
|---|---|---|---|---|---|
| 阿尔法 | 40000 | 400 | | % | |
| 贝塔 | 30000 | 300 | | % | |

图 3-45 生产人员招聘测算界面

除生产人员外,其他人员系统自动配备,董事会成员在企业成立时系统自动配置 9 人,人均薪酬 20 万元;管理人员根据企业注册资本配置,每 500 万元配置 1 人,固定薪酬人均 15 万元;销售人员根据渠道铺设自动配置,薪酬为固定薪酬人均 5 万元加上销售提成工资,每个专卖店配置 3 人,每个卖场配置 5 人,每条线上渠道配置 10 人。

## (二) 生产人员薪酬设计

不同区域由于经济发展水平不一，地区的平均薪酬水平不一，生产人员的用工成本也不一致，其中经济区 A 的平均薪酬水平最高，为 62 000 元；经济区 C 的平均薪酬水平最低，为 49 600 元。因此，前期厂房生产线进行选址时可将人员薪酬水平作为一项考虑因素。员工薪酬由固定薪酬＋计件工资构成，其中计件工资又分为正常工时内的计件工资和加班工时的计件工资，加班工时的计件工资是正常计件工资的两倍。即

$$
\begin{aligned}
员工薪酬 &= 固定薪酬 + 计件工资 \\
&= 固定薪酬 + 正常计件工资 + 加班计件工资 \\
&= 固定薪酬 + 400 \times 单位计件工资 + \\
&\quad 400 \times 加班幅度 \times 2 \times 单位计件工资
\end{aligned}
$$

其中，400 是指单人的正常产量，加班幅度不超过 20%。按此工时算出来的员工薪酬不得低于当地平均薪酬的 75%，其中固定薪酬不得低于 50%，否则系统会报错无法通过薪酬设计，这里可以借助"生产人员薪酬设计测算"工具进行测算。操作路径为"生产运营—生产人员薪酬设计—生产人员薪酬设计测算"，选择经济区进行测算。

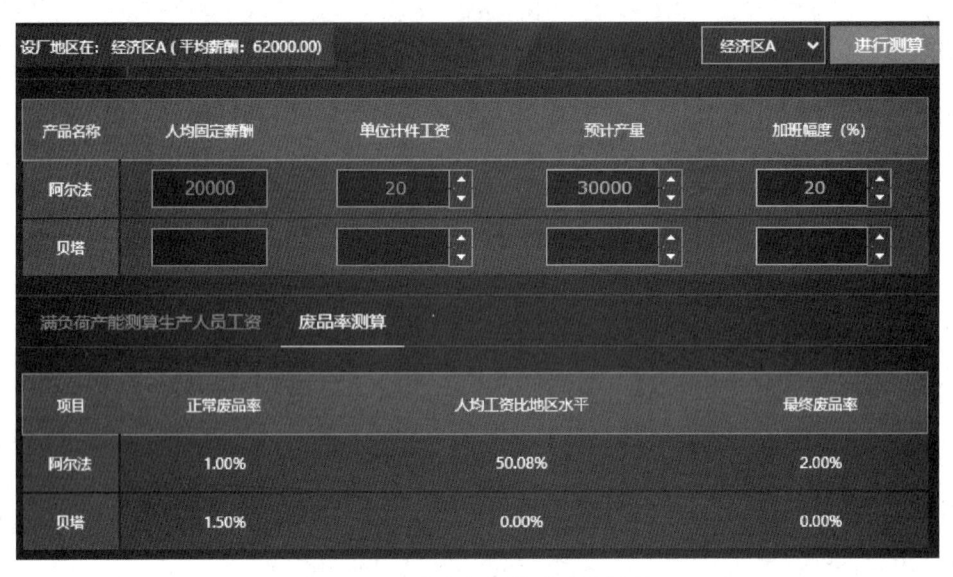

图 3-46 生产人员薪酬设计界面

通过薪酬测算工具不断地调整人均固定薪酬和单位计件工资，最终调试到红色的提示框消失，员工薪酬不低于当地平均薪酬的 75%，固定薪酬不低于 50% 即为薪酬设计方案成功，再将测试成功的方案填写到薪酬设计界面即可。值得一提的是，薪酬的设计关乎人工成本的控制，同时产品生产环节的废品率与企业制定的生产人员薪酬也有关系，平均薪酬越高，员工积极性越高，废品率就低，否则相反。阿尔法生产线的标准废品率为 1%，贝塔生产线的标准废品率为 1.5%。运营总监需综合把握平衡人工成本和废品率之间的关系。

可以看出系统中的薪酬测算工具需要运营总监不断试误调整方案，如果想省去测

试这一环节,可以借助 Excel 的规划求解工具来实现。以经济区 A、阿尔法产品、产量 480 件、投产 1 人为例。

(1) 规划求解工具调出。

操作路径为"文件—选项—加载项—Excel 加载项—规划求解加载项"。

(2) 列示已知条件。

|   | A | B |
|---|---|---|
| 1 | 地区平均薪酬 | 62000 |
| 2 | 固定工资 | 2 |
| 3 | 计件工资 | 10 |
| 4 | 工资 | 5602 |

B4 = B2+400*B3+80*B3*2

工资测算

图 3-47 Excel 规划求解界面

这里固定工资和计件工资先随意填一个数值,比方说 2 和 10,后面规划求解出来的结果就是最优结果,即为可行方案。工资的计算公式为 B2+400 * B3+80 * B3 * 2。

(3) 规划求解。

点击"数据—规划求解"调用出规划求解对话框,设定目标单元格 B4 为最小值,可以改变的单元格勾选 B2:B3,遵守的约束条件点击"添加",具体条件如图 3-48 所示。

图 3-48 规划求解参数界面

点击"求解—确定",Excel 显示的值即为最终规划求解后的值。设计出的方案为固定工资 25 780 元,计件工资 37 元/件,填入系统中即可通过。

### (三) 产品研发

产品研发分为技术研发、工艺研发、性能研发三个方面。技术研发分为 5 个阶段,每达到一个阶段可以降低辅助材料使用量的 10%,节约材料成本。工艺研发分为 5 个阶段,每达到一个阶段可以提高产品质量等级,提高产品市场竞争力。性能研发的提升阶段不设上限,性能研发影响市场份额。每一期每种产品的技术研发和工艺研发累计投入不超过 2 个阶段。

### (四) 产品生产

企业安排生产产品,操作路径为"生产运营—产品生产",填写投产数量、安排人员数量和生产质检等级三项指标。

图 3-49 产品生产界面

其中,投产数量和安排人员应当和薪酬测算时填写的投产数量和所需人员保持一致,若随意增减投产数量或人员数,极有可能出现错误提示。

生产质检等级有 70、80、90 三个等级之分,等级要求越高,产品质量越好。企业最终生产出来的产品质量高低由三个环节共同决定:原材料质量、生产环节质检以及产品研发。其中,原材料质量影响程度为 40%,由原材料的质量等级决定;生产环节质检影响程度为 30%,由产品质检等级决定;产品研发影响程度为 30%,由产品工艺研发阶段决定(见图 3-50)。最终生产出来的产品质量高低影响企业的销售定价、企业对销售市场偏好的选择等。

图 3-50 产品质量管理

## (五) 来料加工

来料加工是指外商提供全部原材料、辅料、零部件、元器件、配套件和包装物料,必要时提供设备,由承接方加工单位按外商的要求进行加工装配,成品交外商销售,承接方收取加工费,外商提供作价设备价款,承接方用工缴费偿还的业务。

| 订单名称 | 来料组数 | 允许废品率 | 订单交货量 | 单位短缺赔付 | 单位收入金额 | 操作 |
|---|---|---|---|---|---|---|
| 阿尔法来料加工订单 | 8000 | 1.60% | 7872 | 925.00 | 500.00 | 签订 |

| 地区 | 地区平均薪酬 | 生产线 | 单条产能 | 剩余产能 | 投产数量 | 安排人员 | 单人产量 | 人均固定工资 | 单位计件工资 | 加班幅度 | 预计废品率 | 实际产出数量 | 刷新数据 |
|---|---|---|---|---|---|---|---|---|---|---|---|---|---|
| 经济区A | 62000.00 | 阿尔法 | 40000 | 40000 | | | 400 | | | 0% | 0.00% | | |
| | | 贝塔 | 30000 | 30000 | | | 300 | | | 0% | 0.00% | | |

图 3-51 来料加工界面

来料加工的订单由系统给出,无须抢单。若承接来料加工订单,则其生产占用生产线产能和生产人员,因此在签订前要估算好自己的剩余产能是否足够承接订单,是否有多余的员工来生产,若需重新招聘员工要考虑是否符合经济效益原则。来料加工订单签订当期生效,之后不可撤销,订单生产完成,自动交货结算,当期全额收款。一般来说,来料加工的订单对废品率都有要求,若企业自身的薪酬体系成本控制较为严苛,废品率较高,达不到来料加工的废品率要求,则企业需对短缺的交货数量进行赔付。

> **思考点**
>
> 在物资供应环节,我们需要考虑四个方面的问题:
> (1) 买什么、买多少的问题;
> (2) 采购成本的问题;
> (3) 采购质量的问题;
> (4) 信用政策的问题。
> 以下我们就这四个方面分别进行思考。
> **(1) 买什么、买多少的问题。**
> 结合产量、预期库存和材料数量配比,分别计算EVC实战平台里第一期阿尔法和贝塔产品的原材料采购数量:
> 阿尔法材料A1(　　)套
> 阿尔法材料A2(　　)套
> 辅料(　　)套
> 贝塔B1(　　)套
> 贝塔B2(　　)套
> 辅料(　　)套
> 单就采购数量方面,你是如何考虑的,买多少材料合适,既不压库也不影响生产?

> **提示**
>
> 1. 原材料采购数量预算一般按：当期预计采购量＝（生产需要量＋期末存量）－期初存量
> 2. 估算一下日生产需要量、采购前置期（发采购订单到材料采购入库这段时间）：每次采购数量＝设定批次生产数量＋采购前置期×日生产需要量＋安全库存（如有）

**(2) 采购成本的问题。**

对制造业企业来讲，材料采购成本是成本控制的重要环节，也是价值链管理的重要一环。做好此环节的成本管理，能够最大化创造企业价值。你在采购原材料时考虑材料价格吗，你是如何对比的，考虑哪些因素，如果预期原材料价格上涨你是如何管理上涨风险的？

根据你考虑的因素，结合 EVC 实战平台进行阿尔法、贝塔产品材料的组合采购。

> **提示**
>
> 1. 在不考虑材料质量的前提下，通过开发不同地区的供应商，进行货比三家，综合其他费用，选择材料价格最低的供应商，同时要储备供应商。
> 2. 考虑因素：宏观经济的走势；重大事件的影响，如燃料油（重油、柴油等）受国际原油的影响；政治事件影响。
>
> 管理风险：可通过期货市场买入期货合约对冲实际材料价格上涨的风险。

**(3) 采购质量的问题。**

材料的质量，同样是成本控制和价值链管理的重要考虑因素，质量等级选择既要结合研发设计部门要求，又要考虑对采购数量和价格策略的影响，选择合适的质量等级。控制好质量，对提高生产效率、降低成本、增加客户黏性、最大化创造企业价值作用巨大。谈谈你是如何理解质量对价格的影响的，质量如何提高生产效率、如何降低成本、如何增加客户黏性、如何最大化创造企业价值的？

请结合 EVC 实战平台对材料等级选择进行操作，关注对后续经营利润的影响。

> **提示**
>
> 材料质量不合格，会影响生产和产品质量。

**(4) 信用政策的问题。**

应付账款账期管理是企业提高营运资金管理效率的重要内容，管理好应付账款账期不仅能够最小化营运资金投入，让资金投入更具盈利的项目，为企业创造更大价值，而且能使企业在资金管理上有更大回旋余地，富有弹性，同时也符合企业基本理财原则。如果让你来制定应付账款账期，你会如何制定？

请结合 EVC 实战平台对材料采购进行操作,关注付款方式选择对资金的影响。

> **提示**
> 往来账期管理其实是零和博弈,看供需双方谁更具主导权,企业在不影响与供应商关系的前提下延长付款期,尽量使付款期大于营运周期,做不到也不能低于存货周转期,从而为企业创造更加宽松的财务环境。

## 任务四　市场总监岗位规则

### 任务描述

市场总监作为企业市场营销的主要负责人,要制定总体市场发展战略及市场发展目标,把握企业在行业中的发展方向,具体需要制定和实施年度市场推广计划和产品计划,负责企业所有产品的市场推广及业务运营,从而提高产品的市场占有率及公司的知名度。系统中市场总监的职责主要包括市场调研、渠道铺设、品牌建设、销售发货以及代销清仓等。

### 实验步骤

市场营销
1. 市场调研
2. 渠道铺设
3. 品牌建设
4. 销售发货
5. 代销清仓

### 知识链接

**一、收账费用**

收账费用是指在赊销活动中,当客户违反信用条件,对应付款项拖欠甚至拒付时,企业为保证生产经营的正常进行,尽快收回货款而在收款过程中所付出的代价。

## 二、代销

代销是指受货物所有人委托进行销售的一种行为。委托代销的特点是受托方只是一个代理商,委托方将商品发出后,所有权并未转移给受托方,因此商品所有权上的主要风险和报酬仍在委托方。只有在受托方将商品售出后,商品所有权上的主要风险和报酬才从委托方转出。所以,企业采用委托代销方式销售商品,应在受托方售出商品,并取得受托方提供的代销清单时确认销售收入。委托代销虽然在一定程度上有助于企业产品的销售,但需要企业支付一定的代销手续费。

## 三、清仓

清仓的意思就是清理库存,把库存货物全部卖掉。清仓一是为了回笼资金,二是可以清理很难卖出去的产品,清仓虽然没有手续费,但清仓产品的价格低于市场价。

# 任务执行

## 一、选择角色

市场总监的任务需把角色切换为市场总监才能完成,其他角色无操作权限(如图 3-52 所示)。

图 3-52 "市场总监"角色选择界面

## 二、市场营销

### (一)市场调研

为了提高产品的销售决策质量,解决存在于产品销售中的问题,市场总监除了分析日常的市场行情外,也可开展市场调研。市场调研是市场营销活动的起点,它的目的就是通过一定的科学方法了解和把握市场,在调查活动中收集、整理、分析市场信息,掌握市场发展变化的规律和趋势,为企业进行市场预测和决策提供可靠的数据和资料,从而帮助企业树立正确的发展战略。

平台内,市场调研是需要付费的。通过市场调研,企业可以获知宏观经济、市场需求量和竞争对手三方面信息。了解宏观经济情况,企业需要支付信息咨询费10万元;了解市场需求量信息,企业需要支付信息咨询费15万元;获知竞争对手信息,企业则要支付信息咨询费20万元。

切换角色后,市场总监可点击左下角的"市场营销"板块中的"市场调研"链接,进入"市场调研"界面,选择要咨询信息的对应板块,点击"信息咨询费",支付成功后,便可查看调研信息,根据调研信息可做出市场分析和决策,如图3-53所示。

图3-53 市场调研界面

### (二) 渠道铺设

市场总监的首要职责就是制定营销方案,通过各种推广手段完成公司的营销目标。这就要求市场总监找准企业市场定位,完成渠道铺设,抢占市场份额。良好的销售网络不仅可以提高产品的销售量,扩大市场规模,使企业销售更多商品,不断提高销售收入,提高企业产值,还可以提高企业的竞争力,保证企业有稳定的市场,有利于企业的规模发展和可持续发展。

平台内有线上和线下两种销售渠道,都可适用于阿尔法和贝塔产品的销售。线上渠道指的是开网店,线下渠道又分为阿尔法产品专卖店和贝塔产品卖场,都只能采取租赁方式获取,阿尔法产品专卖店租赁有一期一租和五期一租可选,而贝塔产品卖场只有一期一租。注意线上线下渠道铺设的多少,直接影响企业的市场份额。

具体操作是,切换角色后,市场总监点击左下角的"市场营销"板块中的"渠道铺设"链接,进入"渠道铺设"界面。当然,在铺设渠道之前需查看相关信息,首先点击界面上方的"渠道人员说明",可以获知不同渠道的人员配置要求,如图3-54所示。

无论是阿尔法产品还是贝塔产品,开一间线上网店,系统默认要配置10名员工。开一间阿尔法产品专卖店要配置3名员工,而开一家贝塔产品卖场则需配置5名员工。员工工资在每期经营完成后,系统自动扣除结算。那么,市场总监在铺设渠道时,就要考虑哪种渠道的人工成本最低,从而选择最适合的渠道。

除了要了解渠道人员配置要求外,铺设渠道还须掌握渠道费用信息,以便节省渠道费用开支。系统要求在三个经济区域内开阿尔法产品专卖店都要支付开设费,在三个经济区域内开贝塔产品卖场则要支付进场费。而阿尔法和贝塔线上网店仅需在经济区B支付宣传维护费和网销保证金。那么,市场总监在选择哪个区域铺设渠道时,就要考虑这些渠道费用在不同经济区域的高低情况。

具体操作是,点击渠道铺设界面上方的"渠道费用说明",查看不同经济区域内线上线下渠道的各种明细费用,如图3-55所示。

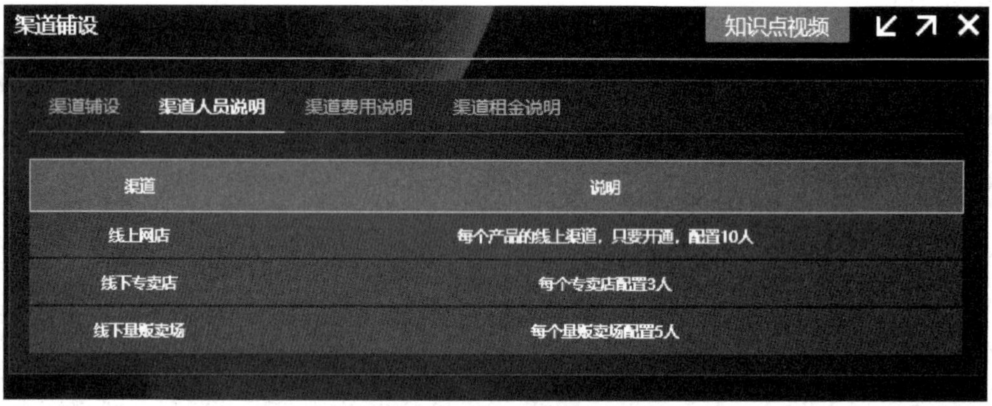

| 渠道 | 说明 |
| --- | --- |
| 线上网店 | 每个产品的线上渠道,只要开通,配置10人 |
| 线下专卖店 | 每个专卖店配置3人 |
| 线下量贩卖场 | 每个量贩卖场配置5人 |

图3-54 渠道人员说明界面

| 渠道相关费用 | 经济区A | 经济区B | 经济区C |
| --- | --- | --- | --- |
| 阿尔法专卖店开设费 | 50000.00 | 70000.00 | 100000.00 |
| 贝塔卖场进场费 | 200000.00 | 300000.00 | 450000.00 |
| 阿尔法网店宣传维护费 |  | 100000.00 |  |
| 阿尔法网店网销保证金 |  | 50000.00 |  |
| 贝塔网店宣传维护费 |  | 100000.00 |  |
| 贝塔网店网销保证金 |  | 50000.00 |  |

图3-55 渠道费用说明界面

最后,选定渠道铺设界面上方的"渠道租金说明",可掌握不同区域内线下渠道一期一租和五期一租方式下的租金信息,如图3-56所示。其中,一期一租下每个经济区域的租金不同,一期一租下租赁当期生效;五期一租下每个经济区域每期的租金不同。每期经营完成后,系统自动扣除租金。所以,市场总监在铺设两种产品的线下渠道时,就要考虑不同经济区域内租赁相同期限的渠道租金差异以及同一经济区域内租赁不同期限渠道的租金差异,从而选择最适宜的渠道。

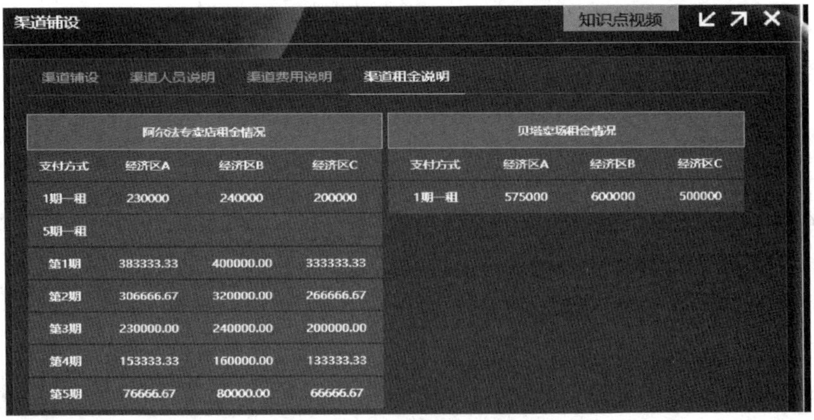


| 阿尔法专卖店租金情况 | | | |
|---|---|---|---|
| 支付方式 | 经济区A | 经济区B | 经济区C |
| 1期一租 | 230000 | 240000 | 200000 |
| 5期一租 | | | |
| 第1期 | 383333.33 | 400000.00 | 333333.33 |
| 第2期 | 306666.67 | 320000.00 | 266666.67 |
| 第3期 | 230000.00 | 240000.00 | 200000.00 |
| 第4期 | 153333.33 | 160000.00 | 133333.33 |
| 第5期 | 76666.67 | 80000.00 | 66666.67 |

| 贝塔卖场租金情况 | | | |
|---|---|---|---|
| 支付方式 | 经济区A | 经济区B | 经济区C |
| 1期一租 | 575000 | 600000 | 500000 |

图 3 - 56　渠道租金明细

最终，市场总监可以综合渠道铺设的人工成本、租金详情和其他费用的比较结果，决定渠道铺设的数量和类型。

具体操作是，选定“渠道铺设”界面上方的“渠道铺设”板块，点击“线上”下方的箭头选择“是”或“否”，可铺设阿尔法和贝塔产品的线上网店，如图 3 - 57 所示。

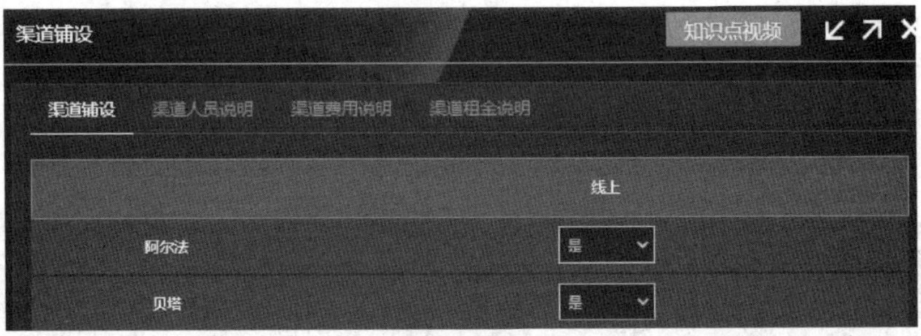


图 3 - 57　线上渠道铺设

要开设线下渠道，市场总监可以根据市场定位，点击不同经济区域下的上下箭头选择线下渠道的铺设数量和租赁方式，设置完成后，点击“修改保存”，即可完成企业的市场布局，如图 3 - 58 所示。

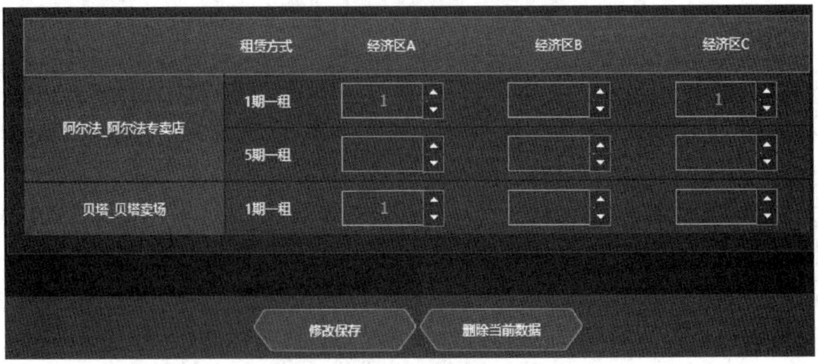


图 3 - 58　线下渠道铺设

> 💡 提示
>
> 线上网店没有经济区域之分,开一家网店可向所有经济区域发货。线下渠道需要比较不同经济区域的情况开设,无论公司选址在哪里,都可以在经济区 A、经济区 B、经济区 C 铺设渠道开展销售。

> **思考点**
>
> 市场总监铺设渠道要考虑哪些因素?
>
> 市场总监铺设渠道时要考虑渠道铺设的类型、区域和数量。第一,选定渠道的类型,不仅要考虑线上线下渠道的人工费、租金和其他费用的差异,还要考虑线上线下渠道销售情况的差异。第二,选定铺设区域不仅要考虑不同区域下的租金差异和开设费、进场费,还要考虑企业产品从生产区域运输到渠道铺设区域的距离,即产生的运费。第三,决策铺设渠道的数量不仅要考虑企业当期产品的总产量、各经济区域的市场需求量和竞争程度,还要考虑渠道费用给企业带来的成本压力。

### (三) 品牌建设

完成市场布局后,市场总监还需加强品牌的营销推广力度,扩大产品知名度,促进企业产品销售。市场总监可自主选择广告投入的金额,投放金额的多少直接影响企业的市场份额。

切换角色后,市场总监点击左下角的"市场营销"板块中的"品牌建设"链接,进入"品牌建设"界面,如图 3-59 所示。

| 产品 | 线下 | | | 线上 |
|---|---|---|---|---|
| | 经济区A | 经济区B | 经济区C | |
| 阿尔法 | 渠道已铺设 | | 渠道已铺设 | 渠道已铺设 |
| 贝塔 | 渠道已铺设 | | | 渠道已铺设 |

**图 3-59 品牌建设界面**

选定要投放广告的产品及所在区域,进入广告投放界面(见图 3-60)。在投放广告之前,市场总监应了解不同广告的投放效果。具体操作是,点击"广告投放效果查询"按钮,查看不同广告投放方式下的影响期数、影响效果和投放金额的上下限(见图 3-61)。

平台内的广告投放方式有三种,分别为名人代言广告、赛事赞助广告和媒体投放广告。名人代言广告影响期数为 2 期,分别影响当期和下期,最低投放金额为 100 万元,每增加一级多投放 10 万元。投放效果为两期投放金额的 60%,是指假设第 1 期投放 100 万元,则第 1 期投放效果为 60 万元,第 2 期投放效果为 60 万元,也就是说,投放 100 万元的广告费,可以产生 120 万元的广告效果。赛事赞助广告和媒体投放广告的影响效果都为 1 期,即影响当期。赛事赞助的最低投放金额为 50 万元,每增加一级多投放 10 万元。而媒体广告的最低投放金额为 10 万元,每增加一级多投放 10 万元。

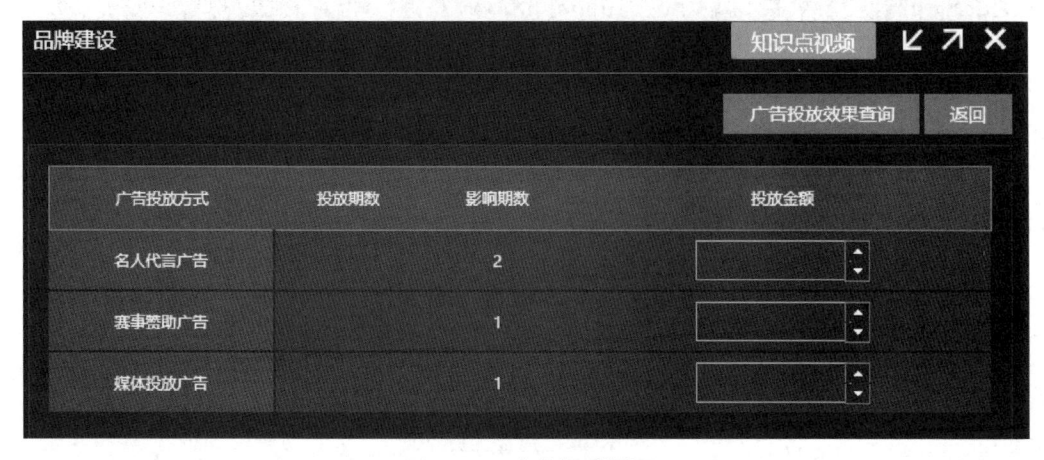

图 3-60　广告投放界面

图 3-61　广告投放效果信息

根据查看的广告投放效果信息和企业当期的营销目标,点击"返回"按钮,再次进入"广告投放"界面,可点击上下箭头设置广告投放金额,点击"新增保存"按钮,即广告投放成功。

### (四) 销售发货

完成广告投放后,市场总监需安排产品销售。进入平台切换角色后,市场总监点击左下角的"市场营销"板块中的"销售发货"链接,进入"销售发货"界面,选择要发货的产品类型、相应渠道和经济区域(见图 3-62),平台会出现选定的销售渠道相关信息(见图 3-63),根据给出的市场指导价范围,参考系统主页上方"动态资讯—市场"界面的价格敏感度信息(见图 3-64),市场总监可以自行设置该销售渠道的产品售价、本期发货数量和收款方式,设置完成后,点击"新增保存"按钮,平台会自动计算出总销售额、本期现销额、赊销额、相关税费、运费和收账费用,最终完成后,平台会自动安排发货。

图 3-62　销售发货界面

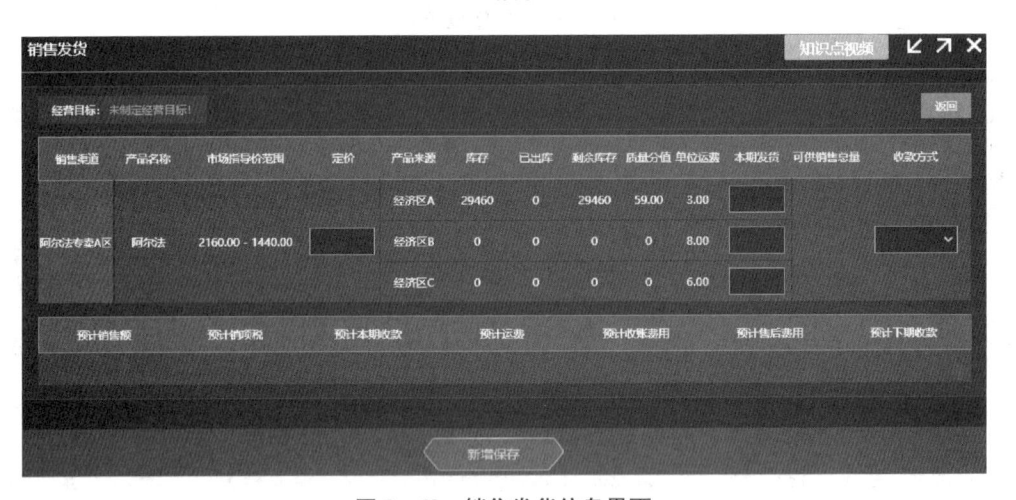

图 3-63　销售发货信息界面

图 3-64　动态资讯市场界面

受宏观经济影响,平台每期会给出不同的市场指导价,每期产品定价应在市场指导价范围内确定,产品定价高低会影响产品的市场销售状况。产品来源是指产品的生产地,本期发货是指从产品的生产地发货到选定的销售渠道,发货数量不得超过库存数量。产品发货地可以与产品来源地不同,但跨不同区域发货运费不同,同区域发货运费最低,所以在确定发货数量和定价时,应综合考虑诸多因素。

收款方式分为首六余四、首三余七和首五余五,不同的收款方式,企业收取现金比例不同,收取比例越高,货款违约的风险越低,其收账费用也越小。

> **思考点**
>
> 销售发货时市场总监要考虑哪些因素?
>
> 市场总监在设置销售发货时,要考虑定价和发货数量问题。定价除了要考虑不同区域的价格敏感度,还要根据企业营销策略来定。若企业走高端路线,产品质量等级较高,可考虑高价策略;相反,若走低端路线,可考虑价格亲民策略。另外,定价还要考虑不同区域的市场竞争情况,若某经济区域竞争激烈,市场总监可考虑打价格战占据市场份额;若某区域竞争对手较少,可适当提高销售定价,提高单位产品利润率。最后,产品定价也应考虑市场调研获知的不同经济区域的市场需求量,市场需求量越高,市场总监提升产品价格的区间越大。
>
> 关于发货数量,除了要考虑产品来源地与销售地的运费,还要综合市场竞争情况和产品定价来确定。市场竞争越激烈的地区,销售渠道发货数量可适当减少,而产品定价较高也可能会影响销售数量。

## (五) 代销清仓

当平台企业前期销售状况不好,库存积压太多时,市场总监可以选择代销清仓部分货物,代销清仓的价格会低于正常销售价格,但是可以帮助企业尽快出售滞销货物,回笼资金。在经营第一期,平台不允许操作代销清仓。

具体操作是切换角色后,市场总监点击左下角的"市场营销"板块中的"代销清仓"链接,进入"代销清仓"界面,该界面会分别显示代销区和清仓区(见图 3-65),市场总监可任意选择。

若选择代销产品,系统会出现设置代销信息界面(见图 3-66),在该页面上填写代销价、手续费、代销数量及收款方式,即可完成产品代销。代销下,平台会给出代销指导价区间,代销价格虽然与正常市场价格相差无异,不会折损企业销售收入,但需支付代销费,手续费率在 4%~8%,且代销产品的数量无法保证,收款方式也只能是首八余二。代销完成后,系统会自动扣除代销费。

若选择清仓销售,系统会出现设置清仓信息界面,在该页面上填写清仓价、清仓数量及收款方式,即可完成产品清仓。清仓下,平台给出的指导价会低于市场价很多,虽然产品销售收入会大打折扣,但这种方式可以保证产品的销售量,而且清仓没有手续费,清仓销售货款也是一次性收回的,不会出现坏账损失。

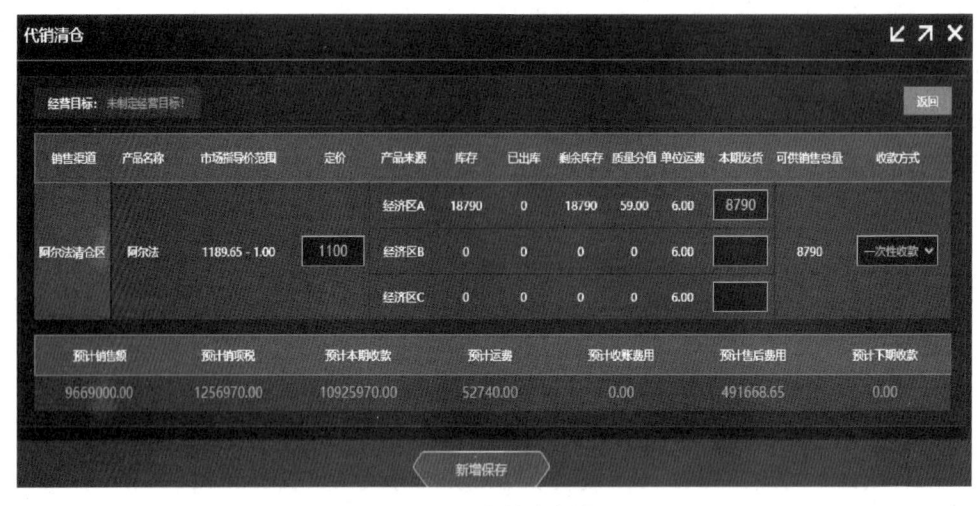

图 3-65 代销清仓界面

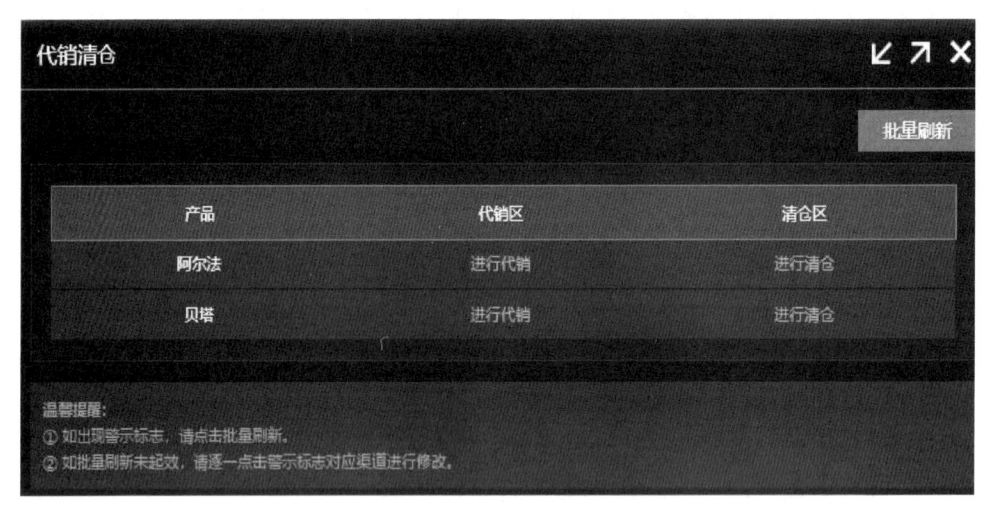

图 3-66 设置代销信息界面

> **提示**
> 不是每期经营都要代销清仓,只有当企业前期市场销售情况不佳,库存较多时,才考虑代销清仓。

## 素质拓展

### 走访某一个企业或一位管理者

[实训目标]

通过访谈,学生能够了解不同行业领域的国家战略及相关政策,激发自身学习兴趣,提高参加社会实践活动的主动性和创造性,进而关注社会现实,培养经世济民的职业素养和家国情怀。

[实训内容]

1. 要求学生了解该企业的某一基本业务职能,如计划管理、生产管理、技术管理、营销管理、物资设备管理、财务管理、行政管理、人事管理、后勤管理等。

2. 向管理者了解他的职位、工作职能、胜任该职务所必需的管理技能等情况,了解企业管理者应该具备哪些方面的素质和能力。

[实训组织]

1. 把全班同学分成两组,第一组学生走访某一个企业,第二组学生走访某位管理者。

2. 第一组学生以五到七人为一个小组,分别走访某一个企业;第二组学生以三到五人为一个小组,分别走访某一位管理者。

[实训考核]

1. 要求每位学生写出访问报告或小结。

2. 要求学生填写实训报告,其内容包括实训项目、实训目的、实训内容、本人承担任务及完成情况。

3. 教师评阅后写出实训评语。

# 项目四
# 实战对抗

## 任务一 实战案例

### 案例引入

#### 小故事大道理——知己知彼，百战不殆

《魏书侯渊传》载，北魏大都督侯渊，率领七百骑兵，疾奔袭击拥兵数万的葛荣部将韩楼。他孤军深入敌方腹地，带着一股锐气，在距韩楼大本营一百多里地之处，将韩楼的一支五千余人的部队一下子就打垮了，还抓了许多俘虏。侯渊没有将俘虏当"包袱"背，而是将他们放了，还把缴获的马上口粮等东西都发还给他们。侯渊的部将都劝他不要放虎归山，以免增加敌人的实力。侯渊向身边的将士们解释道："我军仅有七百骑，兵力十分单薄，敌众我寡，无论如何不能和对方拼实力、拼消耗。我将俘虏放归，用的是离间计，使韩楼对他们疑心，举棋不定，这样我军便能趁机攻克敌城。"将士们听了这番话，才恍然大悟。

侯渊估计那批释放的俘虏快回到韩楼占领的蓟城了，便率领骑兵连夜跟进，拂晓前就去攻城。韩楼接纳曾被俘过的这批部下时，就有些不放心，当侯渊紧接着就来攻城时，便怀疑这些放回来的士兵是给侯渊当内应的。他由疑而惧，由惧而逃，弃城而去没多远，就被侯渊的骑兵部队追上去活捉了。

作为一个团队的带头人，有时候为了在市场竞争中脱颖而出还真的需要一些谋略。在自己处于不利地位的时候，采取瓦解对方士气，破坏对手团结的策略的确是一招妙棋。而作为一个在市场上遥遥领先的企业来说，众多的竞争对手都对你虎视眈眈，特别是作为一个企业的管理者，你的竞争对手可能正对你进行深入的剖析呢，先研究你的爱好，然后有针对性地采取一些策略和方针，如果不小心防范，很有可能就会有和韩楼一样的遭遇了。"知己知彼，百战不殆"，认清对手固然重要，但有时候真正地剖析了解自己却更为重要。

为了能拟定目标和方针，一个领导者必须对公司内部作业情况以及外部的市场环境相当了解，这样才能使企业在市场竞争中尽可能处于不败之地。

## 任务描述

无论是 CEO、CFO、COO 或者 CMO 都是企业关键岗位。企业内部资金的控制、管理,市场的分析,经济大环境下的对策,都需要四个人集思广益方可取得更深度的认识。因此在进行实战对抗之前,建议小组成员充分讨论,对企业战略布局都提出自己的合理建议,然后再进行实战对抗。每期结束后,建议小组成员集体分析上一期的经营成果,针对存在的问题及时调整方案。同时不要盲目照搬别人的方案。

## 任务执行

### 一、首席执行官(CEO)篇

#### (一) 筹资结构对分值的影响

由于每期都要根据普通股价值的 10% 进行股利分配,因此,筹资结构不应该是单一的。本组按 1∶4 的比例发行普通股与优先股,每期股利分配时根据普通股价值的 10% 进行股利分配,按照此策略,在股利分配方面,就可以拿到此项的满分。

图 4-1 注册资本界面

#### (二) 筹资结构对企业经营的影响

1. 选择普通股筹资而不选择增加长期借款的原因

(1) 对于企业而言,股权融资的风险通常小于债权融资的风险,企业是否发放股利通常是由企业的盈利水平和发展的需要而定,与发行公司债券相比,公司没有固定的付息压力,且普通股也没有固定的到期日,因而也不存在还本付息的融资风险;而企业发行债券,则必须承担按期付息和到期还本的义务,这种义务是公司必须承担的,与公司的经营状况和盈利水平无关,当公司经营不善时,有可能面临巨大的付息和还债压力导致资金链破裂而破产,因此,企业发行债券的财务风险较高。同理,如果经营中向银行借款,面临的财务风险也会较高。

(2) 对于筹资公司来讲,发行普通股是公司的永久性资本,除非公司清算,才予以清偿,普通股筹资对促进公司持续稳定经营具有重要作用。

(3) 股权融资是指企业的股东愿意让出部分企业所有权,通过企业增资的方式引进新的股东的融资方式。股权融资所获得的资金,企业无须还本付息,但新股东将与老股东同样分享企业的赢利与增长。

2. 选择发行较多优先股来进行筹资的原因

(1) 财务负担较轻。发行优先股筹集资本,实际上相当于得到一笔无限期的长期贷款,公司不承担还本义务,也无须再做筹资计划。在财务状况较差时发行优先股,又在财务状况转好时购回,有利于结合资本需求加以调剂,同时也便于掌握公司的资本结构。

(2) 财务灵活机动。由于优先股没有规定最终到期日,它实质上是一种永续性借款。优先股票的收回由企业决定,企业可在有利条件下收回优先股票,具有较大的灵活性。

(3) 财务风险小。优先股股本属于股权资本,发行优先股筹资能够增强公司的股权资本基础,提高公司的举债能力,因此,财务风险小。

(4) 不减少普通股股票收益和控制权。与普通股股票相比,优先股股票每股收益是固定的,只要企业净资产收益率高于优先股股票成本率,普通股股票每股收益就会上升;另外,优先股股票无表决权,因此,不影响普通股股东对企业的控制权。

### (三) 整个市场需求的变动情况

在市场需求方面,阿尔法和贝塔两个产品的总需求是有明显差距的。阿尔法的市场价格和市场需求一直都要比贝塔的高。

在六期经营期内,第一到第二期属于平稳发展期,市场需求有明显上升的趋势;第三期属于快速发展期,市场需求在第三期达到顶峰;由于第三期的市场需求较大,市场过于狂热,导致供大于求,第四期和第五期为市场低迷期,CPI 明显下降,市场需求明显减少;为刺激经济,发挥消费对于生产的拉动作用,政府会对市场进行积极的干预,因此,第六期的市场需求将会上升。

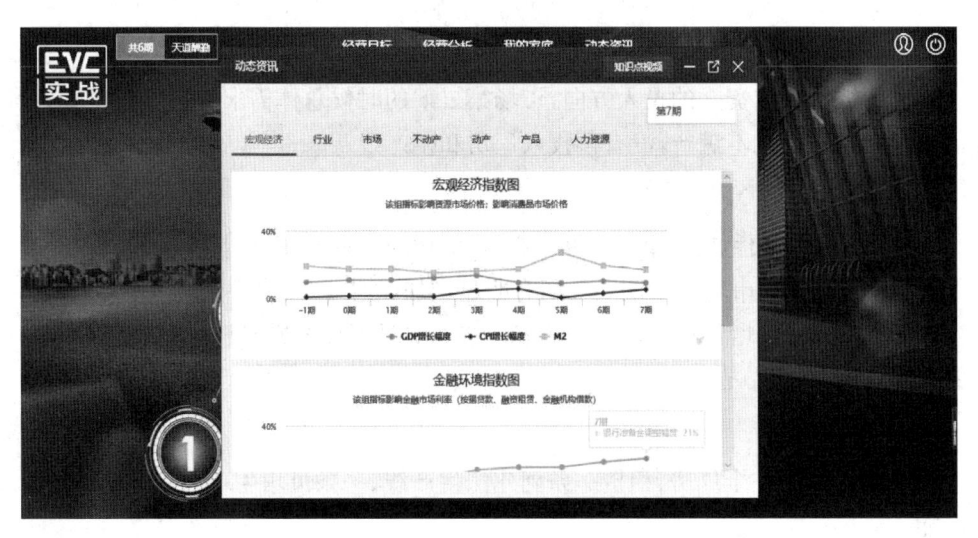

图 4-2　市场需求界面

## 二、财务总监(CFO)篇

### (一) 第一期

在经济区 C 购置一个厂房以及两条阿尔法、贝塔生产线,当期合计 7 万件产能。

第一期开局本组首选在经济区 C 买厂房和两条生产线的主要原因有两点:第一,经济区 C 的工资相对来说要比经济区 A、B 的低一些;第二,期初筹集资金相对比较少,而本期市场的需求量是 5.5 万件左右,如果产品线和厂房购置较多,生产比较多的产品投放到市场可能会出现大面积存货积压的风险,存货一旦大量积压,现金流的运转就会出现问题,从而会影响后期的发展。

同时本组秉承这样一个原则进行生产线投资:生产线投资和产品研发的完成时间保持一致,因为这样可以避免生产线的闲置,同时还可以提高资金的运转效率。

图 4-3　全部资产信息界面

## (二) 第二期

市场的需求决定资金的投入方向,市场第二期的时候总体需求量还不是很大,所以我们本期既不扩产也不满产,没有再投入厂房和生产线。

## (三) 第三期

在经济区 C 增加租赁一个厂房和一条阿尔法生产线,当期合计 11 万件产能。

(1) 由于本期的市场需求比上一期有明显增加,故扩产 4 万件产能。

(2) 在经济区 C 增设厂房,成本也是较低的,另外可以缩减经济区 B 和经济区 C 之间的运输费用,从而节省一笔成本。

## (四) 第四期

经济区 B 购入一个厂房、租赁一条阿尔法生产线、一条贝塔生产线,当期合计 18 万件产能。

由于前三期的销售和经营成果较好,本期决定扩产 7 万件,由于价格和广告定的不太合理,同时本期的市场竞争压力也比较大,最终导致本期阿尔法产品在经济区 C 和线上有三千多件的滞销存货,利润相对前几期减少了一些。考虑到这个结果会影响后面两期的发展,所以后面两期改动了市场和广告投放的策略。

本期经营过程中得出的教训是在比赛中一定要稳住、冷静,团队一定要积极沟通和配合,才能使每个队员的工作和业务有机衔接。

## (五) 第五期

市场已经进入低迷期,市场需求减少而且 CPI 明显下降导致供过于求,所以本组在第五期的时候没有再继续扩大产能。但是由于市场低迷及竞争激烈的缘故,第五期结束的时候,本组在经济区 B、C 两地都有相对较多的滞销存货。

## (六) 第六期

市场需求和上期相比变大,但由于前两期的滞销存货较多,经过本组成员讨论,决定不再进行扩产。有了前几期的基础,本组能够有效地控制第六期权益,投入的生产线都能有效地发挥长处,没有闲置产能,还提高了本组资金的运作效率。但由于广告投入不足和市场竞争激烈的缘故,本组第六期仍然有存货剩余,但总体情况不错。

## 三、运营总监(COO)篇

运营总监负责整个企业的日常经营活动,具体涉及的内容有生产人员的招聘、薪酬设计、产品研发、原材料采购、产品生产及来料加工。

### (一) 生产人员的招聘

经过本组成员的讨论,根据设计的所需产能计算所需人工,本组确定了两种招聘方案:第一种是一条生产线招聘 84 个人,达到阿尔法生产线 40 000 件或贝塔生产线 30 000 件的满产,充分利用生产线产能;第二种是一条生产线招聘 83 个人,不达满产。

合理的员工薪酬规划,能够在充分调动员工生产积极性的同时,降低人工成本支出,提高经济效益。在比赛中,由于每一期经营内外部环境的不同,下一期的经营需要重新对员工薪酬进行规划,其中最重要的两条标准就是薪酬不能够低于地区平均薪酬的75%以及加班幅度不能高于20%,超过这个标准,系统不允许保存薪酬数据设计,需要适当调整。在进行生产人员薪酬设计测算的同时,能够看到相对应的生产所需员工数以及废品率,通过不断地测算,最后选择合理的薪酬设计方案。

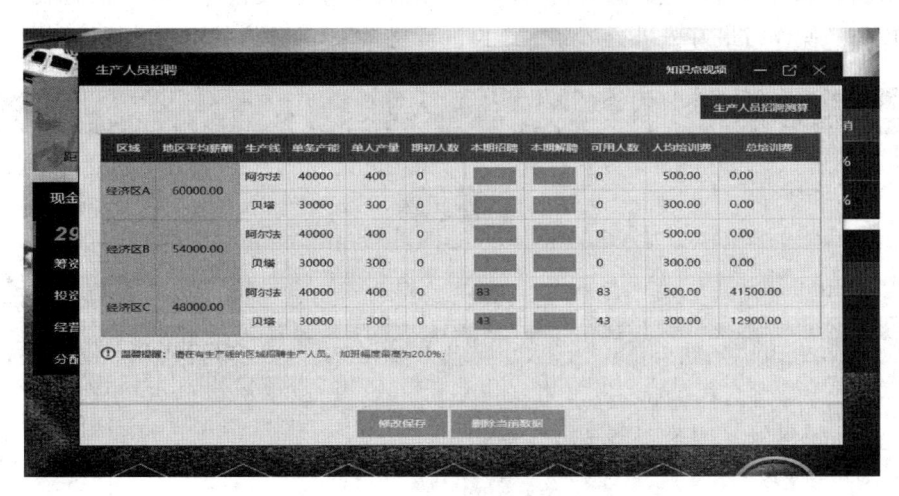

图4-4 生产人员招聘界面

## (二)产品研发

产品研发包括了技术研发、工艺研发和性能研发,技术研发影响辅助材料使用,工艺研发影响产品质量,性能研发则影响市场份额。根据企业的经营战略和各个地区对产品的质量要求进行合理研发。例如,经济区C对产品质量的敏感度处于中等水平,工艺研发要适度进行;经济区A对产品质量敏感度高,如果在此区域销售的产品要比其他企业多,就必须考虑工艺研发。总的来说,在市场需求有限的情况下,若其他企业的产品质量高于本企业,本企业就容易出现库存积压问题。

图4-5 我的研发界面

### (三) 原材料采购

根据经营战略以及生产线的产能规划，购买相应的原材料。原材料分为低级、中级和高级三个等级，用高级的材料进行生产，生产出的产品质量是最好的，中级次之，低级最差，所以它的价格也不同。而不同的付款方式会对现金流产生不同的影响，若要减少现金流出，最好使用首六余四的付款方式。具体的质量等级和付款方式根据战略进行调整操作。操作时最好先进行产品生产再进行材料采购，这样就不用进行计算了。

图 4-6 原材料采购界面

### (四) 产品生产

完成生产人员招聘、薪酬测算和生产研发等步骤之后就可以进行产品生产了。产品生产要注意生产质检等级，这会影响产品质量等级，进而影响销售。生产时还要考虑前一期剩余没卖出的产品数量。

图 4-7 我的生产界面

### (五) 来料加工

本组在进行来料加工操作时，主要考虑废品率。当订单中的废品率高于或等于生产线生产的废品率时，本组才会考虑签订来料订单。当厂房中还有产能时，签订来料加工订单可以应对产能过剩的情况，增加现金流入。

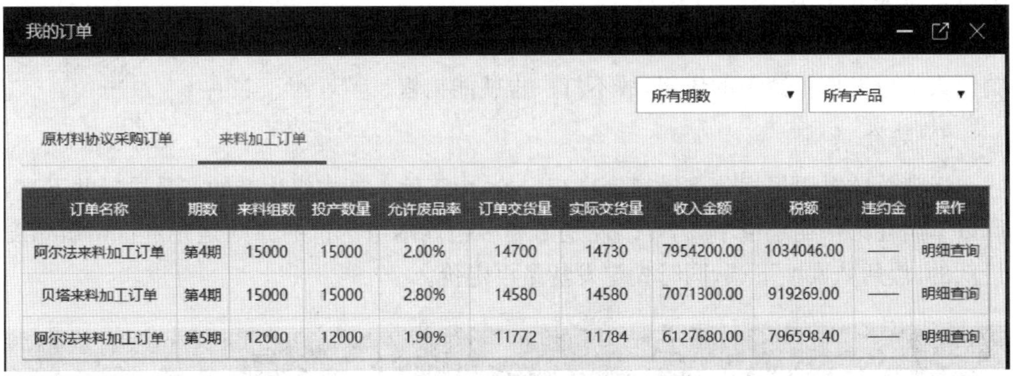


| 订单名称 | 期数 | 来料组数 | 投产数量 | 允许废品率 | 订单交货量 | 实际交货量 | 收入金额 | 税额 | 违约金 | 操作 |
|---|---|---|---|---|---|---|---|---|---|---|
| 阿尔法来料加工订单 | 第4期 | 15000 | 15000 | 2.00% | 14700 | 14730 | 7954200.00 | 1034046.00 | —— | 明细查询 |
| 贝塔来料加工订单 | 第4期 | 15000 | 15000 | 2.80% | 14580 | 14580 | 7071300.00 | 919269.00 | —— | 明细查询 |
| 阿尔法来料加工订单 | 第5期 | 12000 | 12000 | 1.90% | 11772 | 11784 | 6127680.00 | 796598.40 | —— | 明细查询 |

图 4－8　我的订单界面

## 四、市场总监(CMO)篇

### (一) 第一期

1. 渠道铺设

由于第一期的产能并不大，所以本组铺设的店铺不需要那么多，足够就好，尽可能减少现金流出。基于第一期的产能在 7 万件左右，阿尔法和贝塔网店都是需要开的，对于阿尔法产品本组选择开两个门店(选择五期一租的，方便后期)，而贝塔产品由于第一期产能较小故不需要开设门店，网店加代销就足够了。

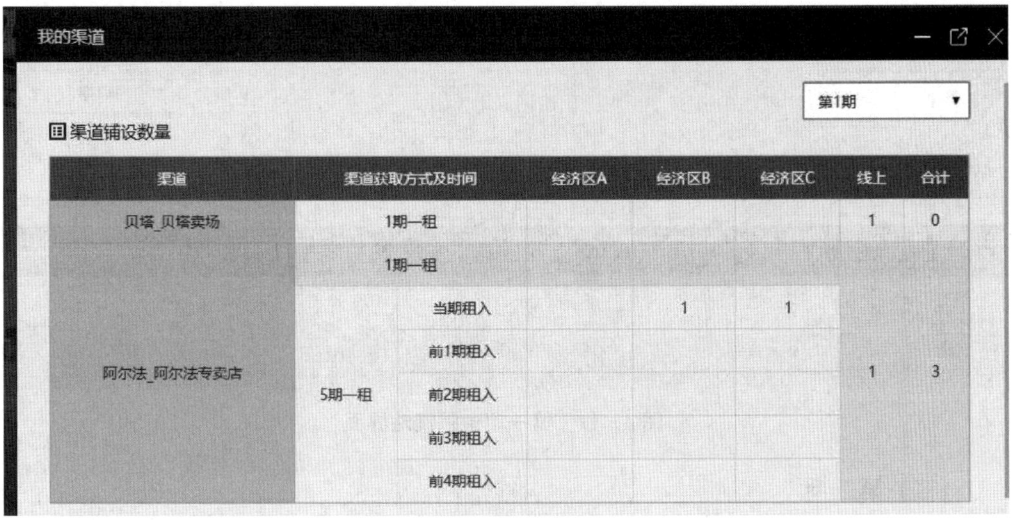


| 渠道 | 渠道获取方式及时间 | | 经济区A | 经济区B | 经济区C | 线上 | 合计 |
|---|---|---|---|---|---|---|---|
| 贝塔_贝塔卖场 | 1期一租 | | | | | 1 | 0 |
| 阿尔法_阿尔法专卖店 | 1期一租 | | | | | 1 | 3 |
| | 5期一租 | 当期租入 | | 1 | 1 | | |
| | | 前1期租入 | | | | | |
| | | 前2期租入 | | | | | |
| | | 前3期租入 | | | | | |
| | | 前4期租入 | | | | | |

图 4－9　我的渠道界面

## 2. 广告投入

广告投入需要根据各个市场对价格的敏感度来制定，本组的策略是这样的：对于价格敏感度最低的区域优先定价，之后敏感程度每增加一颗星，广告投入也随之增加10万~20万元；每年的广告投入视市场情况而变动，当市场情况不好、经济不景气时会加大广告投入的比例。

第一期，本组选择不投入广告从而减少现金流出，因为第一期的产能较小，门店的销售人员也发挥了销售的作用，故不打广告就能销售。

## 3. 定价

运营总监需要根据价格敏感度进行定价，由于第一期本组生产的产品质量并不高，所以本组在第一期定价不高，可以说是薄利多销。本组定价的原则是先定价格敏感度最低的，然后依次往下调，同时先定发货量再定价。

**我的营销** — 阿尔法 第1期

营销策略 | 营销结果 | 总营销 | 市场份额 | 市场份额排名

| 地区 | 本期广告投放 | 质量分值 | 定价 | 代销手续费率 |
|---|---|---|---|---|
| 经济区B | | 61.00 | 2059.99 | |
| 经济区C | | 61.00 | 2063.99 | |
| 线上 | | 61.00 | 1990.99 | |
| 代销 | — | 61.00 | 2063.99 | 4.00% |

图 4-10 我的营销界面

贝塔 第1期

营销策略 | 营销结果 | 总营销 | 市场份额 | 市场份额排名

| 地区 | 本期广告投放 | 质量分值 | 定价 | 代销手续费率 |
|---|---|---|---|---|
| 线上 | | 61.00 | 1679.99 | |
| 代销 | — | 61.00 | 1709.99 | 4.00% |

图 4-11 第一期营销策略界面

### （二）第二期

由于产能满产，即贝塔产品扩大产能，所以本组需要铺设贝塔产品的线下门店，虽然经济区 B 的价格敏感度最低，但也是竞争最激烈的区域，所以本组选择在经济区 C 铺设贝塔产品的门店。阿尔法产品店铺不变。这一次仍旧没有投入广告，定价类似于第一期，依旧使用低价策略。

贝塔 ▼　第2期 ▼

营销策略　营销结果　总营销　市场份额　市场份额排名

| 地区 | 本期广告投放 | 质量分值 | 定价 | 代销手续费率 |
|---|---|---|---|---|
| 经济区C | | 66.75 | 1679.99 | —— |
| 线上 | | 66.75 | 1629.99 | —— |
| 代销 | —— | 66.75 | 1709.99 | 4.00% |

图 4－12　第二期营销策略界面

### (三) 第三期

因产能的不断扩大，经济区 A 新增阿尔法产品门店。随着产量的不断增加，在各个地区的发货量变得越来越难抉择。

第3期 ▼

渠道铺设数量

<table>
<tr><th>渠道</th><th colspan="2">渠道获取方式及时间</th><th>经济区A</th><th>经济区B</th><th>经济区C</th><th>线上</th><th>合计</th></tr>
<tr><td>贝塔_贝塔卖场</td><td colspan="2">1期一租</td><td></td><td></td><td>1</td><td>1</td><td>2</td></tr>
<tr><td rowspan="6">阿尔法_阿尔法专卖店</td><td colspan="2">1期一租</td><td>1</td><td></td><td></td><td rowspan="6">1</td><td rowspan="6">4</td></tr>
<tr><td rowspan="5">5期一租</td><td>当期租入</td><td></td><td></td><td></td></tr>
<tr><td>前1期租入</td><td></td><td></td><td></td></tr>
<tr><td>前2期租入</td><td></td><td>1</td><td>1</td></tr>
<tr><td>前3期租入</td><td></td><td></td><td></td></tr>
<tr><td>前4期租入</td><td></td><td></td><td></td></tr>
</table>

图 4－13　渠道铺设数量

### (四) 第四期

虽然经济低迷，但经过本组成员的讨论，为了拿到发展能力的得分，本期决定扩产。为了提高销售量，本组决定加大广告的投入，最好是投影响两期的广告，为第五期的销售做准备，本期价格依旧采用低价策略。

| 地区 | 本期广告投放 | 质量分值 | 定价 | 代销手续费率 |
|---|---|---|---|---|
| 经济区A | 500000.00 | 84.00 | 1619.99 | —— |
| 经济区C | 500000.00 | 84.00 | 1629.99 | —— |
| 线上 | 800000.00 | 84.00 | 1609.99 | —— |
| 代销 | —— | 84.00 | 1649.99 | 4.00% |

图 4‑14　第四期营销策略界面

### (五) 第五期

虽然第四期经济低迷,但影响最大的还是第五期,所以本期还是决定加大广告的投入,由于第四期的两期广告的影响,这一期的广告投入在第四期的基础上继续增加。

| 地区 | 本期广告投放 | 质量分值 | 定价 | 代销手续费率 |
|---|---|---|---|---|
| 经济区A | 500000.00 | 85.93 | 1919.99 | —— |
| 经济区B | —— | 85.99 | 1909.99 | —— |
| 经济区C | 500000.00 | 85.93 | 1915.99 | —— |
| 线上 | 200000.00 | 85.93 | 1809.99 | —— |
| 代销 | —— | 85.93 | 1919.99 | 4.00% |

图 4‑15　第五期营销策略界面

### (六) 第六期

第六期经济回升,由于本期产量较大,为了保证生产的产品能够卖出,增加了开设的门店,继续加大广告投入,定价仍然不高。

| 渠道 | 渠道获取方式及时间 | 经济区A | 经济区B | 经济区C | 线上 | 合计 |
|---|---|---|---|---|---|---|
| 贝塔_贝塔卖场 | 1期—租 | 1 | 1 | 1 | 1 | 4 |
| 阿尔法_阿尔法专卖店 | 1期—租 | 4 | 4 | 4 |  | 13 |
| | 5期—租　当期租入 | | | | 1 | |
| | 　　　　前1期租入 | | | | | |
| | 　　　　前2期租入 | | | | | |
| | 　　　　前3期租入 | | | | | |
| | 　　　　前4期租入 | | | | | |

图 4‑16　第六期渠道铺设数量界面

| 地区 | 本期广告投放 | 质量分值 | 定价 | 代销手续费率 |
|---|---|---|---|---|
| 经济区A | 600000.00 | 85.98 | 2093.99 | —— |
| 经济区B | 700000.00 | 86.00 | 2073.99 | —— |
| 经济区C | 700000.00 | 85.98 | 2033.99 | —— |
| 线上 | 900000.00 | 85.98 | 2019.99 | —— |
| 代销 | —— | 85.98 | 2103.99 | 4.00% |
| 清仓 | —— | 85.98 | 1246.00 | —— |

图 4-17　第六期营销策略界面

总的来说，市场搭配方面，线上作为回流资金最快的市场一定要去做，这对各项指标都有极大好处，代销要看具体情况，有时候代销市场拥挤的话就会出现大量存货。三大线下主力市场作为销货的最重要的渠道，承担整体产量的大部分，一定要重视起来。清仓是一种战术，但不能过多。

最终成绩为：87.76 分，名列校内比赛的第一名。本组在此次校内比赛中主打的是低价策略，盈利能力、发展能力及成本控制能力的排名均名列前茅。

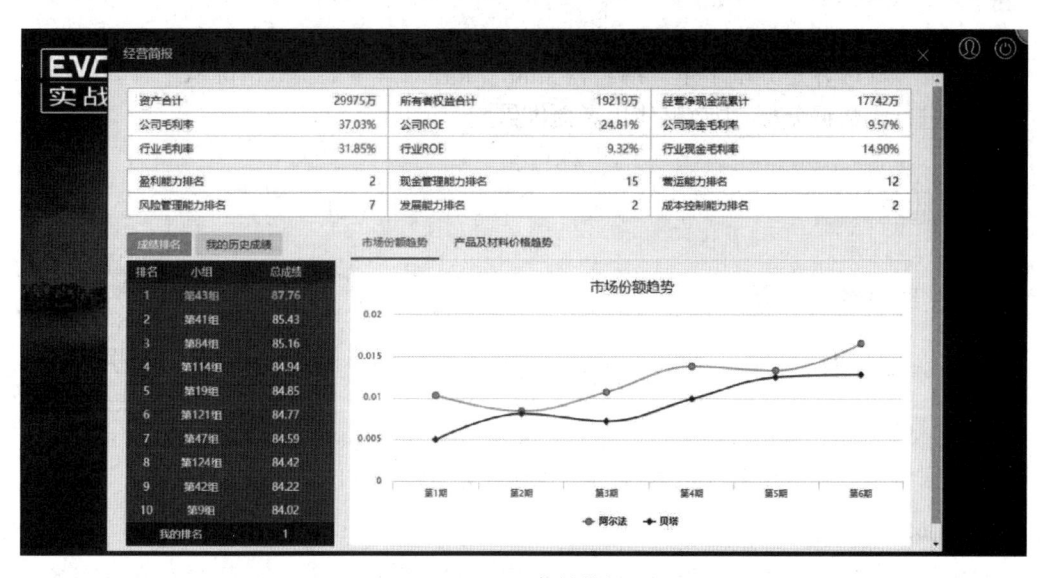

图 4-18　营销简报

## 任务二　实战经营记录与成绩分析

### 案例引入

我是靠总结经验吃饭的

"总结",一般指总结经验,是对一个阶段的学习、思想、工作等情况进行全面系统的回顾和分析,做出有指导意义的结论,是一项在实践基础上把感性认识上升到理性认识的工作。善于总结,是我们党的优良传统,也是我们党百年奋斗的成功之道。毛泽东等老一辈革命家都十分重视从实践中学习,把总结经验作为重要的思想方法和工作方法。

1928年4月朱毛会师后,毛泽东和朱德利用游击战术成功打破敌人的"进剿"。这年5月,他们在总结经验的基础上概括出"敌进我退,敌驻我扰,敌疲我打,敌退我追"的游击战十六字诀。人民军队后来的战略战术,就是由此发展起来的。

从战争中学习战争,使毛泽东的军事指挥艺术练得炉火纯青、出神入化,在漫长的革命战争岁月中,创造了一个又一个中外军事史上的奇迹,领导中国革命最终取得胜利。毛泽东后来风趣地说:"我是靠总结经验吃饭的。"

### 任务描述

本任务的内容是分享学生六期经营实战记录并对学生的实战情况从平台教师端和学生端进行大数据分析,为教材使用者提供借鉴。

### 任务执行

#### 一、实战经营记录

（一）第一期

1. 筹资

注册资本5 000万元,其中普通股1 000万元,优先股4 000万元,无借款。

2. 投资

根据三个区域的经济状况选择全款购买经济区C的厂房一个,阿尔法和贝塔各一条生产线。

3. 生产、研发

全部满负荷生产,阿尔法生产线投产40 000件,贝塔生产线投产30 000件;阿尔法

*经营大数据报告*

生产线工艺研发投入 200 万元,性能研发投入 100 万元,贝塔生产线工艺研发投入 150 万元,性能研发投入 100 万元。

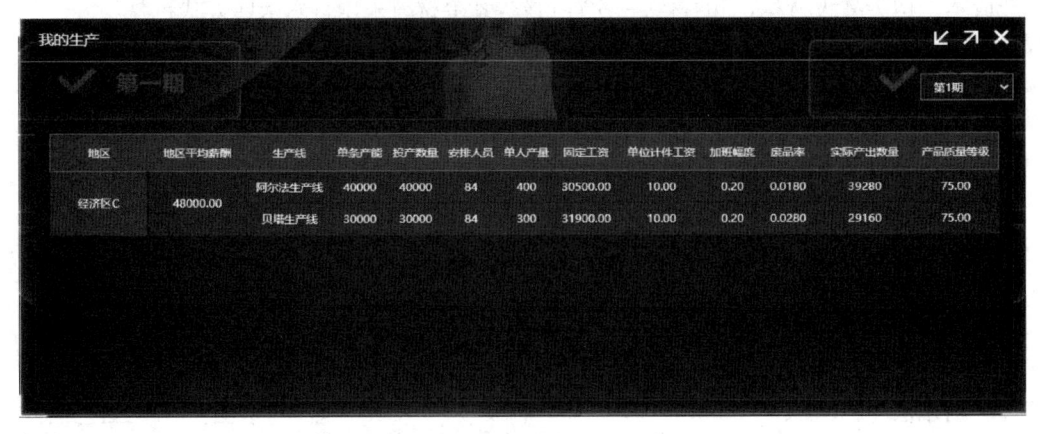

| 地区 | 地区平均薪酬 | 生产线 | 单条产能 | 投产数量 | 安排人员 | 单人产量 | 固定工资 | 单位计件工资 | 加班幅度 | 废品率 | 实际产出数量 | 产品质量等级 |
|---|---|---|---|---|---|---|---|---|---|---|---|---|
| 经济区C | 48000.00 | 阿尔法生产线 | 40000 | 40000 | 84 | 400 | 30500.00 | 10.00 | 0.20 | 0.0180 | 39280 | 75.00 |
|  |  | 贝塔生产线 | 30000 | 30000 | 84 | 300 | 31900.00 | 10.00 | 0.20 | 0.0280 | 29160 | 75.00 |

图 4-19 第一期"我的生产"界面

4. 营销

1) 渠道铺设

阿尔法在经济区 A 和经济区 C 渠道各铺设一个一期一租渠道,一个线上渠道,并开通代销;贝塔在经济区 B 和经济区 C 渠道各铺设一个一期一租渠道,一个线上渠道,并开通代销。

2) 广告投放

阿尔法在经济区 C 和线上各投放广告 10 万元,贝塔在经济区 C 和线上各投放广告 10 万元。

5. 市场份额

阿尔法占 12.53%,排名第三;贝塔占 13%,排名第二。

6. 净利润

净利润为 16 803 756.71 元。

7. 经营活动净现金流量

经营活动净现金流量为 16 525 907.97 元。

8. 净现金流量

净现金流量为 18 687 907.97 元。

9. 实战策略思考

市场为我们提供的有经济区 A、B、C 三种厂房和生产线的选择,综合对比来看,我们觉得经济区 C 的厂房和两条生产线相对而言更加划算,而且职工薪酬也会更加优惠,可节约少许成本。所以选择购买经济区 C 的厂房和阿尔法与贝塔两条生产线,购买方式:一次性付清。阿尔法生产人员固定工资为 30 500 元,贝塔生产人员固定资产为 31 900 元。废品率通过固定单件成本,以当地最低的工资标准75%调整企业薪酬,测出阿尔法的合理废品率为1.8%、贝塔的合理废品率为2.8%;加班幅度设置为最大20%,尽可能地节约生产成本。购买高级材料,辅助材料一次性付款,其余材料采用首六余四方式付款。

### (二) 第二期

1. 筹资

同上期相比无变动。

2. 投资

系统分配优先股股利200万元,CEO分配普通股股利100万元,财务总监在原有的一个厂房和两条生产线的基础上,经营租赁五期经济区C的一个厂房和两条生产线。

3. 生产、研发

阿尔法生产线投产50 000件,贝塔生产线投产40 000件;阿尔法生产线工艺研发投入200万元,性能研发投入100万元,贝塔生产线工艺研发投入200万元,性能研发投入100万元。阿尔法和贝塔生产线的工艺研发和性能研发均达到第四阶段。

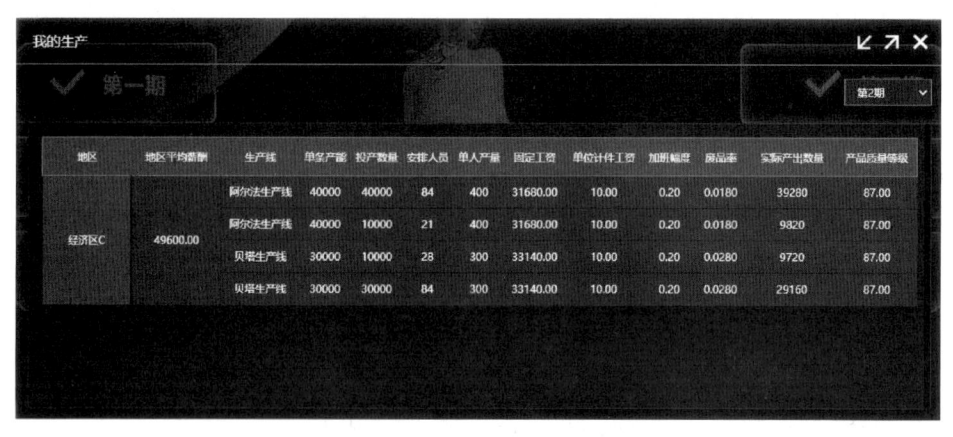

图4-20 第二期"我的生产"界面

4. 营销

1) 渠道铺设

阿尔法在经济区A和经济区C渠道各铺设一个五期一租渠道,经济区B渠道铺设一个一期一租渠道,一个线上渠道,并开通代销;贝塔在经济区B和经济区C渠道各铺设一个一期一租渠道,一个线上渠道,并开通代销。

2) 广告投放

阿尔法在经济区C和线上各投放广告10万元,贝塔在经济区C和线上各投放广告10万元。

5. 市场份额

阿尔法占12.98%,排名第二;贝塔占12.76%,排名第一。

6. 净利润

净利润为 18 957 497.12 元。

7. 经营活动净现金流量

经营活动净现金流量为 14 189 179.67 元。

8. 净现金流量

净现金流量为 29 877 087.64 元。

9. 实战策略思考

本期阿尔法和贝塔均加大产量,阿尔法增加了 25% 的产量,贝塔增加了 33% 的产量,本期阿尔法的质量分值达到了 86.56 分,贝塔的质量分值达到了 86.79 分。在加大产量的同时,销售渠道进一步打开,同时由于质量分值在整个批次里是属于高质量的产品,故定价总体比较高。

(三) 第三期

1. 筹资

同上期相比无变动。

2. 投资

没有购买或融资租赁行为。系统分配优先股股利 200 万元,CEO 分配普通股股利 100 万元。

3. 生产、研发

阿尔法生产线投产 50 000 件,贝塔生产线投产 35 000 件(上期阿尔法滞销存货有 4 560 件,贝塔滞销存货有 6 267 件);阿尔法生产线工艺研发投入 100 万元,性能研发投入 100 万元,贝塔生产线工艺研发投入 90 万元,性能研发投入 100 万元。阿尔法和贝塔生产线的工艺研发均达到第五阶段,性能研发均达到第六阶段。

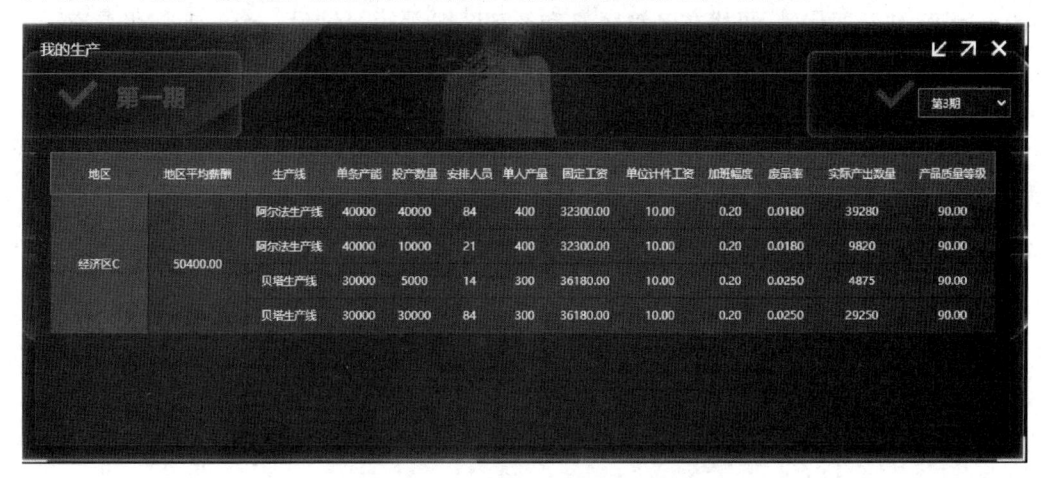

| 地区 | 地区平均薪酬 | 生产线 | 单条产能 | 投产数量 | 安排人员 | 单人产量 | 固定工资 | 单位计件工资 | 加班幅度 | 废品率 | 实际产出数量 | 产品质量等级 |
|---|---|---|---|---|---|---|---|---|---|---|---|---|
| 经济区C | 50400.00 | 阿尔法生产线 | 40000 | 40000 | 84 | 400 | 32300.00 | 10.00 | 0.20 | 0.0180 | 39280 | 90.00 |
| | | 阿尔法生产线 | 40000 | 10000 | 21 | 400 | 32300.00 | 10.00 | 0.20 | 0.0180 | 9820 | 90.00 |
| | | 贝塔生产线 | 30000 | 5000 | 14 | 300 | 36180.00 | 10.00 | 0.20 | 0.0250 | 4875 | 90.00 |
| | | 贝塔生产线 | 30000 | 30000 | 84 | 300 | 36180.00 | 10.00 | 0.20 | 0.0250 | 29250 | 90.00 |

图 4-21 第三期"我的生产"界面

4. 来料加工

本期签订了来料加工订单,贝塔来料加工订单投产 10 000 件,订单交货量为 9 750 件。收入金额为 4 485 000 元,扣掉来料生产成本后,来料加工的营业利润为 980 591.9 元。

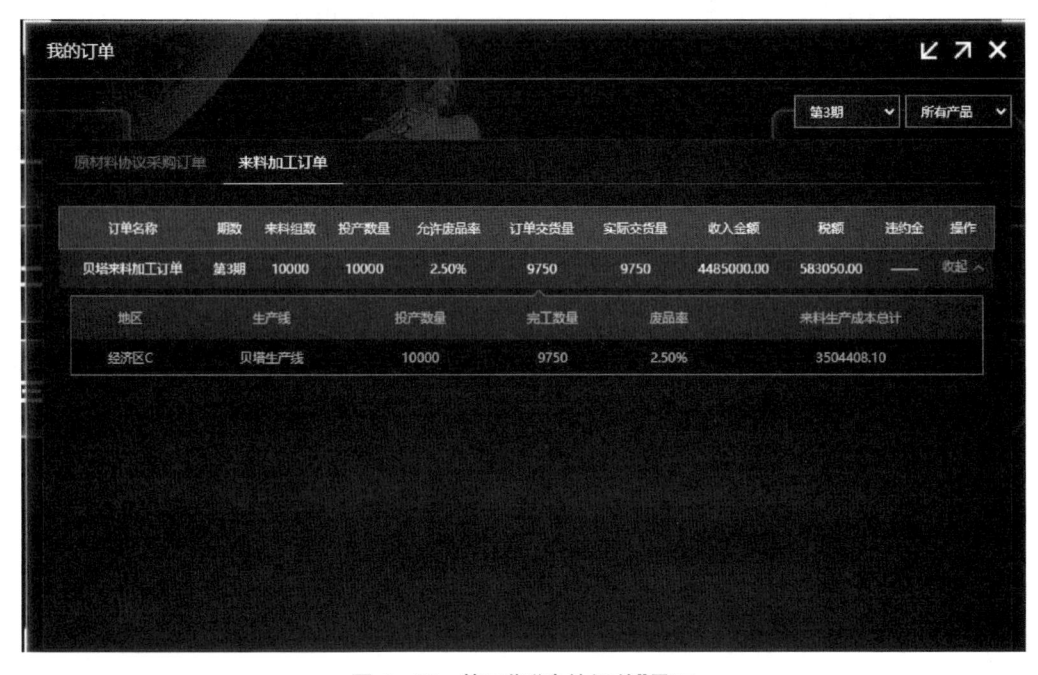

图 4-22 第三期"我的订单"界面

5. 营销

1) 渠道铺设

阿尔法在经济区 A 和经济区 C 渠道上期各铺设一个五期一租渠道,本期在经济区 A 和经济区 C 各增设一个五期一租渠道,经济区 B 渠道铺设一个一期一租渠道,一个线上渠道,并开通代销;贝塔在经济区 B 和经济区 C 渠道各铺设一个一期一租渠道,一个线上渠道,并开通代销。

2) 广告投放

阿尔法在经济区 C 和线上各投放广告 10 万元,贝塔在经济区 C 和线上各投放广告 10 万元。

6. 市场份额

阿尔法占 12.54%,排名第三;贝塔占 10.52%,排名第五。

7. 净利润

净利润为 21 756 278.31 元。

8. 经营活动净现金流量

经营活动净现金流量为 17 348 992.18 元。

9. 净现金流量

净现金流量为 44 226 079.82。

10. 实战策略思考

本期阿尔法和贝塔并没有扩大产量,加上上期滞销的存货,本期阿尔法和贝塔的产量与上期变化不大,本期阿尔法的质量分值达到了 89.71 分,贝塔的质量分值达到了 89.50 分。与上一期相比,阿尔法的销售渠道进一步打开,同时由于质量分值在整个批次里是属于高质量的产品,故定价总体仍然比较高。

(四) 第四期

1. 筹资

同上期相比无变动。

2. 投资

没有购买或融资租赁行为。系统分配优先股股利 200 万元,CEO 分配普通股股利 100 万元。

3. 生产、研发

阿尔法生产线投产 40 000 件,贝塔生产线投产 30 000 件(上期阿尔法滞销存货有 6 685 件,贝塔滞销存货有 9 223 件);阿尔法生产线性能研发投入 100 万元,贝塔生产线性能研发投入 100 万元。阿尔法和贝塔生产线的工艺研发均达到第五阶段,性能研发均达到第八阶段。

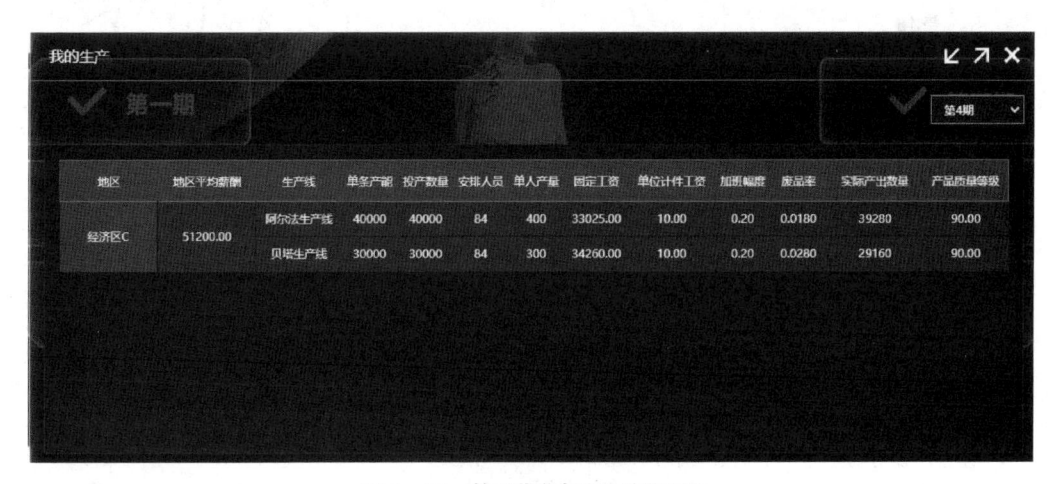

图 4-23 第四期"我的生产"界面

4. 来料加工

本期签订了阿尔法和贝塔的来料加工,阿尔法投产数量为 15 000 件,完工数量和交货数量为 14 700 件,收入金额为 7 938 000 元,扣掉生产成本后,阿尔法来料加工的营业利润为 2 611 301.86 元;贝塔投产数量为 15 000 件,完工数量和交货数量为 14 580

件,收入金额为 7 071 300 元,扣掉生产成本后,贝塔来料加工的营业利润为 1 895 327.86 元。本期阿尔法和贝塔来料加工总共给企业带来了营业利润 4 506 629.72 元。

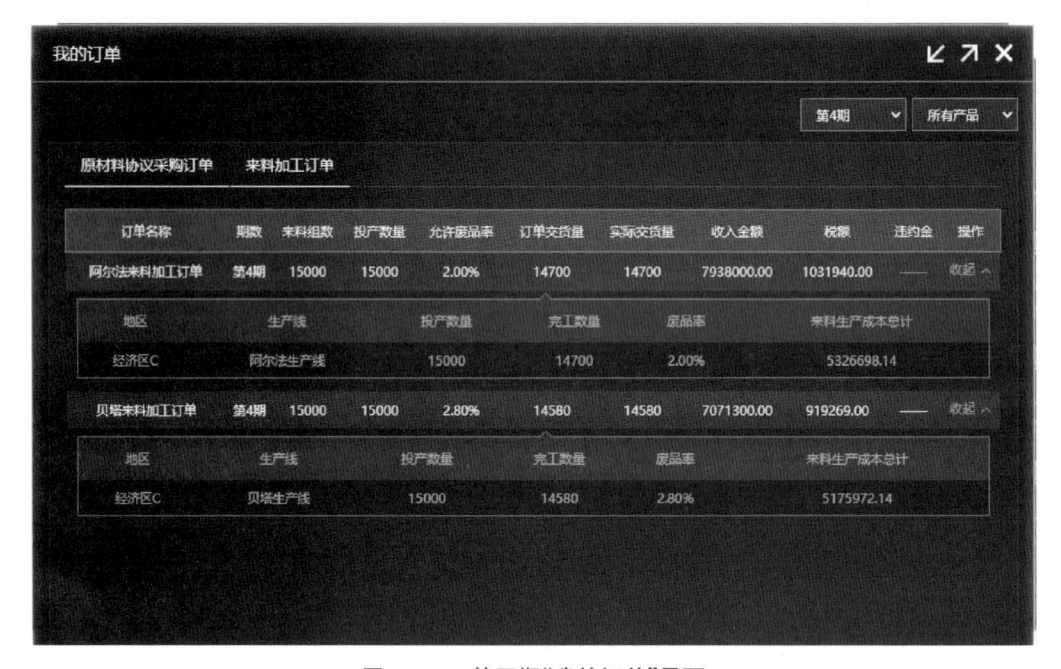

图 4‐24 第四期"我的订单"界面

5. 营销

1) 渠道铺设

阿尔法在经济区 A 和经济区 C 渠道第二期各铺设一个五期一租渠道,第三期在经济区 A 和经济区 C 各增设一个五期一租渠道,本期经济区 B 渠道铺设一个一期一租渠道,一个线上渠道,并开通代销;贝塔在经济区 B 和经济区 C 渠道各铺设一个一期一租渠道,一个线上渠道,并开通代销。

2) 广告投放

阿尔法在经济区 C 和线上各投放广告 10 万元,贝塔在经济区 C 和线上各投放广告 10 万元。

6. 市场份额

阿尔法占 12.66%,排名第三;贝塔占 10.23%,排名第六。

7. 净利润

净利润为 18 615 286.96 元。

8. 经营活动净现金流量

经营活动净现金流量为 5 375 681.42 元。

9. 净现金流量

净现金流量为 46 601 761.24 元。

10. 实战策略思考

考虑到本期市场需求量减少,市场逐渐进入低谷,本期阿尔法和贝塔适当降低了产量,加上上期滞销的存货,本期阿尔法和贝塔的发货量低于上期,本期阿尔法的质量分值达到了 89.96 分,贝塔的质量分值达到了 89.88 分。本期阿尔法的销售渠道与贝塔的销售渠道没有区别,同时由于质量分值在整个批次里是属于高质量的产品,故定价总体仍然比较高。

## (五) 第五期

1. 筹资

同上期相比无变动。

2. 投资

没有购买或融资租赁行为。系统分配优先股股利 200 万元,CEO 分配普通股股利 100 万元。

3. 生产、研发

阿尔法生产线投产 50 000 件,贝塔生产线投产 40 000 件(上期阿尔法滞销存货有 2 249 件,贝塔滞销存货有 7 671 件);阿尔法生产线性能研发投入 100 万元,贝塔生产线性能研发投入 100 万元。阿尔法和贝塔生产线的工艺研发均达到第五阶段,性能研发均达到第十阶段。

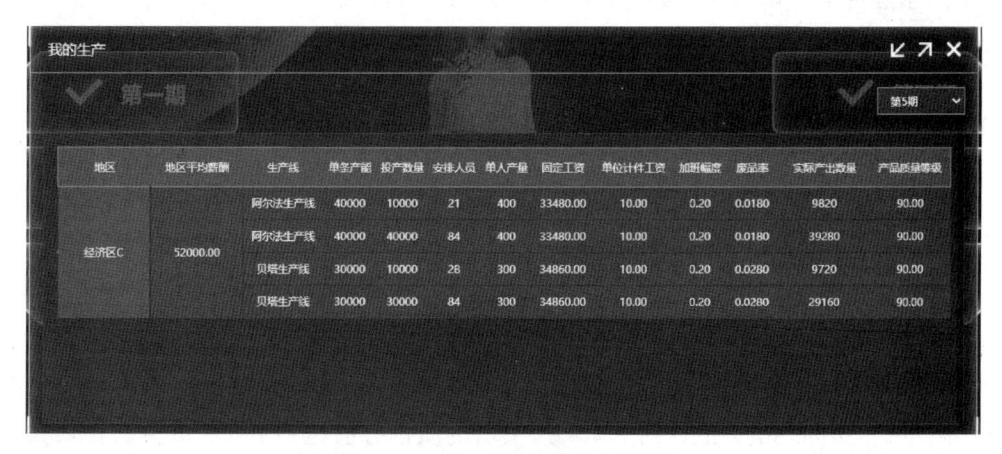

图 4-25 第五期"我的生产"界面

4. 来料加工

本期签订了来料加工订单,阿尔法来料加工订单投产 12 000 件,订单交货量为 11 784 件。收入金额为 6 127 680 元,扣掉来料生产成本后,来料加工的营业利润为 3 180 590.61 元。

图 4-26 第五期"我的订单"界面

5. 营销

1）渠道铺设

阿尔法在经济区 A 和经济区 C 渠道第二期各铺设一个五期一租渠道，第三期在经济区 A 和经济区 C 各增设一个五期一租渠道，本期经济区 B 渠道铺设一个一期一租渠道，一个线上渠道，并开通代销；贝塔在经济区 A、经济区 B 和经济区 C 渠道各铺设一个一期一租渠道，一个线上渠道，并开通代销。

2）广告投放

阿尔法在经济区 C 和线上各投放广告 10 万元，贝塔在经济区 C 和线上各投放广告 10 万元。

6. 市场份额

阿尔法占 13.78%，排名第三；贝塔占 13.23%，排名第三。

7. 净利润

净利润为 13 534 655.38 元。

8. 经营活动净现金流量

经营活动净现金流量为 25 381 494.60 元。

9. 净现金流量

净现金流量为 68 983 255.84 元。

10. 实战策略思考

本期阿尔法和贝塔均加大产量，阿尔法增加了 25% 的产量，贝塔增加了 33% 的产量，本期阿尔法的质量分值达到了 90 分，贝塔的质量分值达到了 89.98 分。在加大产量的同时，贝塔的销售渠道进一步打开，同时由于质量分值在整个批次里是属于高质量的产品，故定价总体仍然比较高。

### （六）第六期

1. 筹资

同上期相比无变动。

## 2. 投资

没有购买或融资租赁行为。系统分配优先股股利200万元,CEO分配普通股股利100万元。

## 3. 生产、研发

阿尔法生产线投产60 000件,贝塔生产线投产50 000件(上期阿尔法滞销存货有2 575件,贝塔滞销存货有7 434件);阿尔法生产线性能研发投入100万元,贝塔生产线性能研发投入100万元。阿尔法和贝塔生产线的工艺研发均达到第五阶段,性能研发均达到第十二阶段。

图4-27 第六期"我的生产"界面

## 4. 营销

1) 渠道铺设

阿尔法在经济区A和经济区C渠道第二期各铺设一个五期一租渠道,第三期在经济区A和经济区C各增设一个五期一租渠道,本期经济区B渠道铺设一个一期一租渠道,一个线上渠道,并开通代销;贝塔在经济区A、经济区B和经济区C渠道各铺设一个一期一租渠道,一个线上渠道,并开通代销。

2) 广告投放

阿尔法在经济区C和线上各投放广告10万元,贝塔在经济区A、B、C和线上各投放广告10万元。

## 5. 市场份额

阿尔法占15.75%,排名第一;贝塔占18.10%,排名第一。

## 6. 净利润

净利润为25 372 905.22元。

## 7. 经营活动净现金流量

经营活动净现金流量为49 622 366.62元。

8. 净现金流量

净现金流量为 115 605 622.46 元。

9. 实战策略思考

本期阿尔法和贝塔均加大产量，阿尔法增加了 20% 的产量，贝塔增加了 25% 的产量，本期阿尔法的质量分值达到了 90 分，贝塔的质量分值达到了 90 分。在加大产量的同时，阿尔法和贝塔的销售渠道与上一期相同，但是广告费用贝塔在经济区 A 和经济区 C 均有投入（以前贝塔在经济区 A 和 C 都未投放过广告），同时由于质量分值在整个批次里是属于高质量的产品，故定价总体仍然比较高。

## 二、大数据分析及成绩分析

### （一）第一期

1. 大数据分析

本组（第四组）阿尔法的发货量为 39 280 件，销量为 37 432 件，销货比为 95.3%，贝塔的发货量为 29 160 件，销量为 28 467 件，销货比为 97.62%；阿尔法和贝塔的销货比在整个批次中并不属于最高，本批次中有小组（第三组）两种产品的销货比均为 100%，但第三组的产量较少，阿尔法和贝塔的产量均比本组少了大约 10 000 件左右，故导致第三组的三个重要指标"市场占有率""销售净利率"和"经营净现金"的指标值均低于本组，最终使得第三组的总分低于本组。

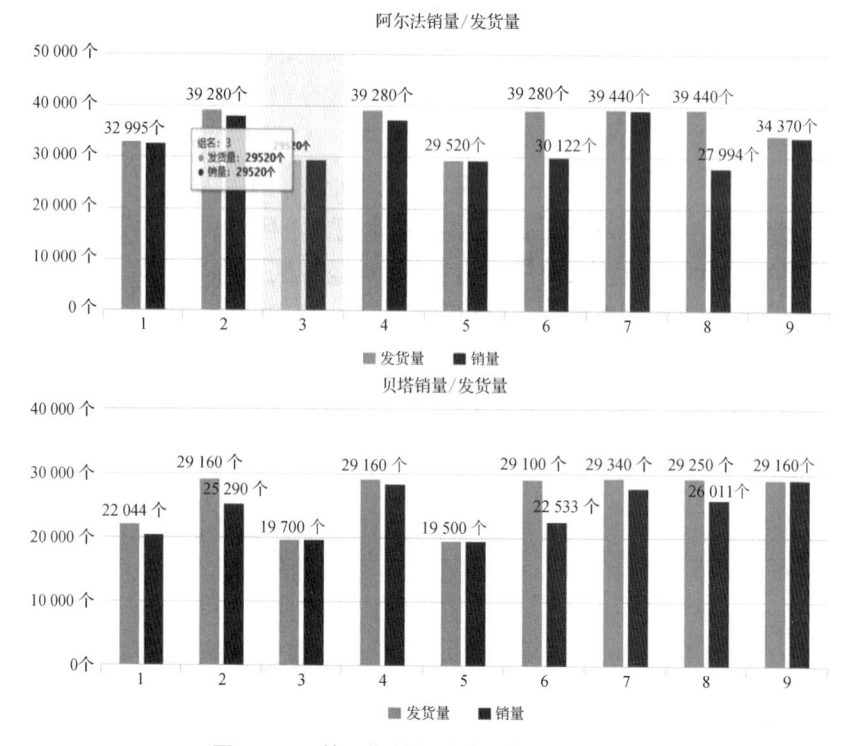

图 4-28 第一期教师端产品销售情况界面

本期第五组的成绩排名是最后一名,第五组在第一期生产的数量较少,阿尔法生产了 29 520 件,贝塔生产了 19 500 件,虽然两种产品的销货比均为 100%,但是生产数量较少,同时成本控制不到位,员工招聘人数过多,渠道铺设也不少,导致成本控制的总分较低;最终销售净利率的数值在整个批次中处于最低值,经营净现金流为负值,市场占有率也是最低值,故总体分数排名最后。

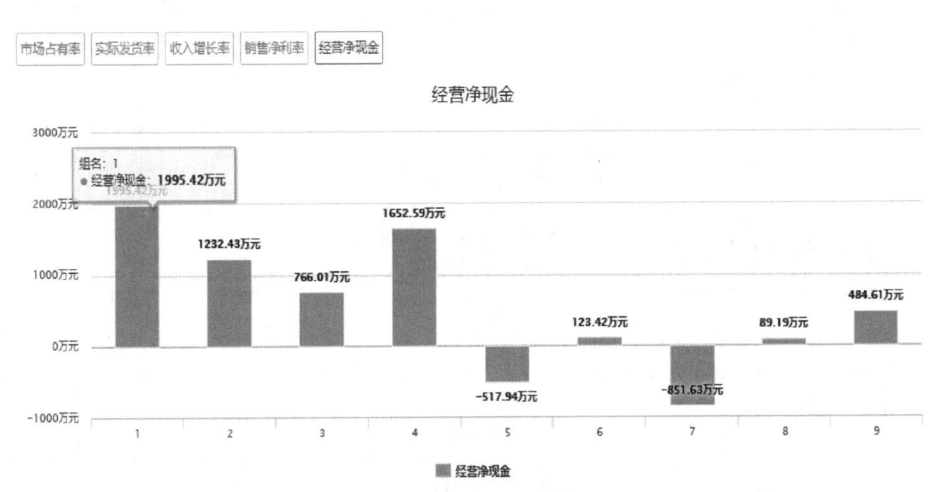

图 4-29　第一期教师端经营净现金界面

### 2. 成绩分析

本组第一期的成绩不错,取得第一名。所有分项成绩中,盈利能力的分数最好,净资产收益率和总资产报酬率都是满分,销售净利率也接近满分,主要原因是本组第一期的净利润值较高,同时履约能力、行业地位的分数都是满分;但现金管理能力的得分比较一般,主要原因是经营活动净现金流量的金额不够高。

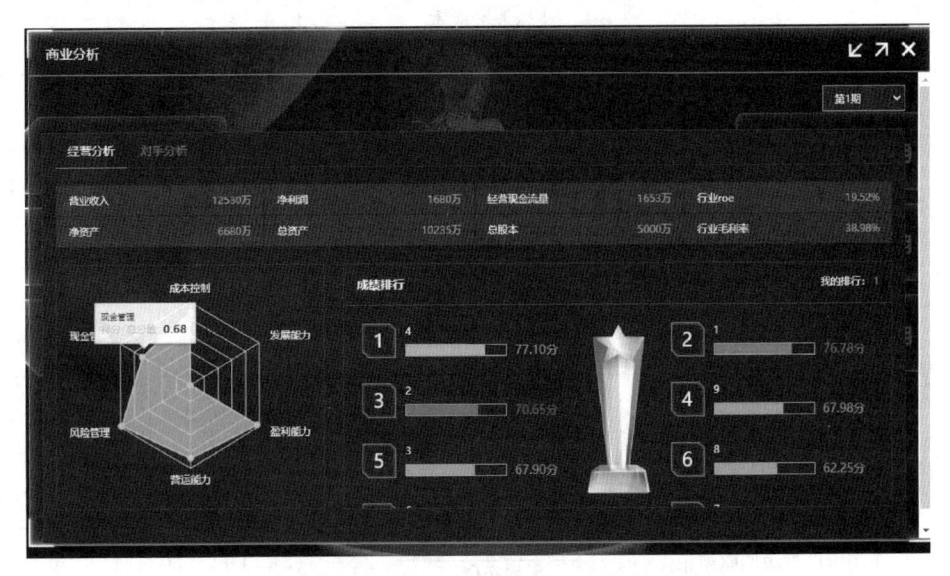

图 4-30　第一期学生端商业分析界面

表 4-1　第一期学生端成绩指标分析

| 指标分类 | 指标名称 | 指标说明 | 指标值 | 得分 | 分值 | 满分标准 |
|---|---|---|---|---|---|---|
| 成本控制 | 主营业务成本率 | $\dfrac{主营业务成本}{主营业务收入}$ | 58.68% | 3.6 | 4 | 55.00% |
| 成本控制 | 经营管理费用率 | $\dfrac{销售费用＋管理费用}{主营业务收入}$ | 23.20% | 2.8 | 4 | 10.00% |
| 成本控制 | 财务费用率 | $\dfrac{财务费用}{主营业务收入}$ | 0% | 4 | 4 | 5.00% |
| 发展能力 | 收入增长率 | $\dfrac{主营业务收入－上期主营业务收入}{上期主营业务收入}$ | 0 | 0 | 4 | 25.00% |
| 发展能力 | 资本积累率 | $\dfrac{所有者权益－期初所有者权益}{期初所有者权益}$ | 0 | 0 | 4 | 30.00% |
| 盈利能力 | 净资产收益率 | $\dfrac{净利润}{所有者权益}$ | 25.15% | 4 | 4 | 20.00% |
| 盈利能力 | 销售净利率 | $\dfrac{净利润}{营业收入}$ | 13.41% | 3.6 | 4 | 14.00% |
| 盈利能力 | 总资产报酬率 | $\dfrac{利润总额＋利息支出}{平均资产总额}$ | 21.89% | 5 | 5 | 15.00% |
| 营运能力 | 总资产周转率 | $\dfrac{主营业务收入}{平均总资产}$ | 1.22 | 5 | 5 | 1.20 |
| 营运能力 | 存货周转率 | $\dfrac{主营业务成本}{平均存货}$ | 25.29 | 5 | 5 | 6.00 |
| 营运能力 | 应收账款周转率 | $\dfrac{主营业务收入}{平均应收账款}$ | 3 | 4 | 5 | 4.00 |
| 营运能力 | 应付账款周转率 | $\dfrac{主营业务成本}{平均应付账款}$ | 2.75 | 2.80 | 4 | 4.00 |
| 风险管理能力 | 资产负债率 | $\dfrac{负债总额}{资产总额}$ | 34.73% | 4 | 4 | 35.00% |
| 风险管理能力 | 速动比率 | $\dfrac{流动资产－存货}{流动负债}$ | 1.70 | 4 | 4 | 1.40 |
| 风险管理能力 | 现金流动负债比 | $\dfrac{经营现金净流量}{流动负债}$ | 46.49% | 3.60 | 4 | 50.00% |
| 风险管理能力 | 利息保障倍数 | $\dfrac{利润总额＋财务费用}{财务费用}$ | $+\infty$ | 4 | 4 | 10.00% |
| 现金管理能力 | 盈余现金保障倍数 | $\dfrac{经营活动净现金流量}{净利润}$ | 0.98 | 2.40 | 4 | 1.50 |
| 现金管理能力 | 现金毛利率 | $\dfrac{经营活动净现金流量}{经营活动现金流入量}$ | 16.56% | 3 | 4 | 30.00% |
| 现金管理能力 | 净资产现金回收率 | $\dfrac{经营活动净现金流量}{平均净资产}$ | 24.74% | 2.80 | 4 | 40.00% |

续 表

| 指标分类 | 指标名称 | 指标说明 | 指标值 | 得分 | 分值 | 满分标准 |
|---|---|---|---|---|---|---|
| 其他 | 履约能力 | 根据闪电贷次数、原材料协议采购违约次数、来料加工单违约次数确定得分 |  | 5 | 5 |  |
|  | 行业地位 | 按照每股收益排名计算,每股收益 $=\dfrac{净利润-优先股股利}{普通股股数}$ |  | 5 | 5 |  |
|  | 市场份额 | 对比批次中平均市场占有率情况计算得分 |  | 3.50 | 5 |  |
|  | 股利分配 | 按照普通股分配金额得分 |  | 0 | 5 |  |
| 合计 |  |  |  | 77.10 | 100 |  |
| 总成绩 |  |  |  | 77.10 |  |  |

评分注意事项:

(1) 如果没有进行任何生产运营活动,即物资供应、生产研发、市场营销部未进行业务操作的情况下,视为放弃本期经营,本期成绩将不予计算,分值为0。

(2) 当一些指标的分母为0时,比如存货、财务费用、应收、应付等,指标值计算为最大值,标注为"+∞",分值为满分。

(3) 利息保证倍数在利润总额为负数并且财务费用为0的情况下,计算出的指标值为最小值,标注为"-∞",分值为0。

(4) 当这四个指标:经营净现金流量、净利润、利润总额、所有者权益在计算过程中有一个是负数的情况下,计算出的相关指标值为负数,分值为0。

(5) 当这四个指标:经营净现金流量、净利润、利润总额、所有者权益在相除计算的过程中有两个同时是负数时,计算出的相关指标值标注为"——",分值为0。

## (二) 第二期

### 1. 大数据分析

本组(第四组)阿尔法的发货量为50 948件,销量为46 388件,销货比为91.05%,贝塔的发货量为39 573件,销量为33 306件,销货比为84.16%;阿尔法和贝塔的销货比在整个批次中并不属于最高,本批次中有小组(第三组)阿尔法的销货比为100%,贝塔的销货比为93.71%,但第三组的产量较少,阿尔法的产量和销量比本组少了约20 000件,贝塔的产量和销量比本组少了大约10 000件左右;同时第三组本期的性能研发投入不多,阿尔法和贝塔的性能研发均投入50万元,比本组阿尔法和贝塔的性能研发投入均少50万元,以上两个主要原因导致第三组的三个重要指标"市场占有率""销售净利率"和"收入增长率"的指标值均低于本组,但第三组的"经营净现金"的金额是整个批次中最高的,综合下来,第三组本期得分为84.33分,仅次于本组,排名位列第二。

第五组和第六组的收入增长率虽然高于本组,但收入增长率只是提高了发展能力的分数,第五组和第六组的"市场占有率""销售净利率"和"经营净现金"都远远低于本组,第六组的销售净利率和经营净现金流量甚至为负数,最终导致第五组和第六组的总成绩不甚理想。第六组的销量不太理想,原因是定价在每个区域采用的是同一个市场价格,开通的渠道也只有两个渠道,一个线上渠道和一个经济区 C 的专卖店,销售的不顺使得销售净利率和经营净现金流量为负数,影响了风险管理能力和现金管理能力的得分,最终第六组的分数为最后一名。

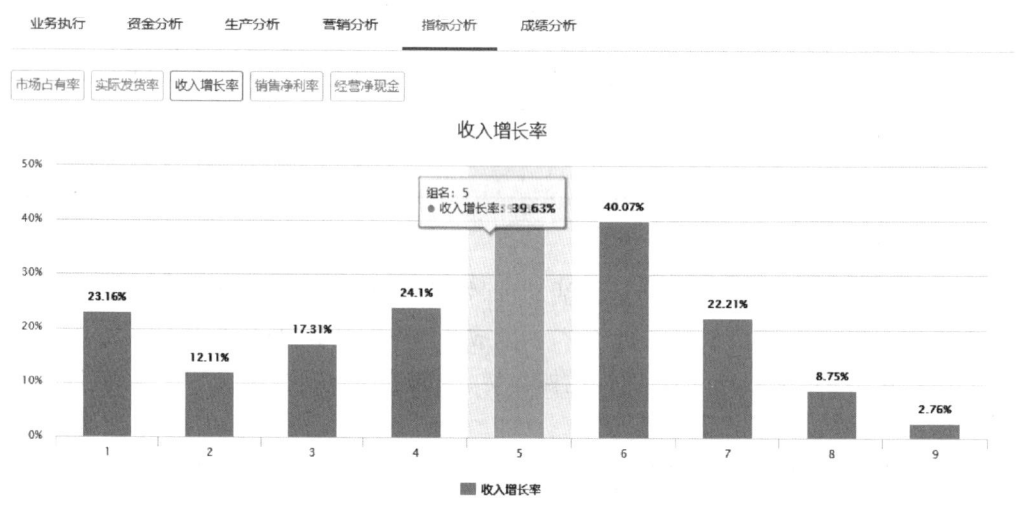

图 4-31　第二期教师端指标分析界面

2. 成绩分析

本组第二期的成绩不错,仍然是所有批次里的第一名。营业收入达到了 15 549 万元,上一期的营业收入为 12 530 万元,收入增长率为 24.09%,拿到了发展能力中收入增长率的 3.6 分(满分为 4 分);现金管理能力中的盈余现金保障倍数为 0.75,只拿到了 2 分(满分为 4 分),主要原因是销量不是非常好,阿尔法在经济区 A 定价较高导致销货比只有 78%,贝塔在经济区 B 的销货比只有 72%,同时第二期阿尔法在经济区 A 的品牌宣传为三颗星,贝塔在经济区 B 的品牌宣传也为三颗星,而阿尔法在经济区 A 和贝塔在经济区 B 均未投入广告。销售的不理想导致经营活动净现金流量不是很理想。但成本控制能力、盈利能力及营运能力得分较高,故仍然处于整个竞争市场的第一名。

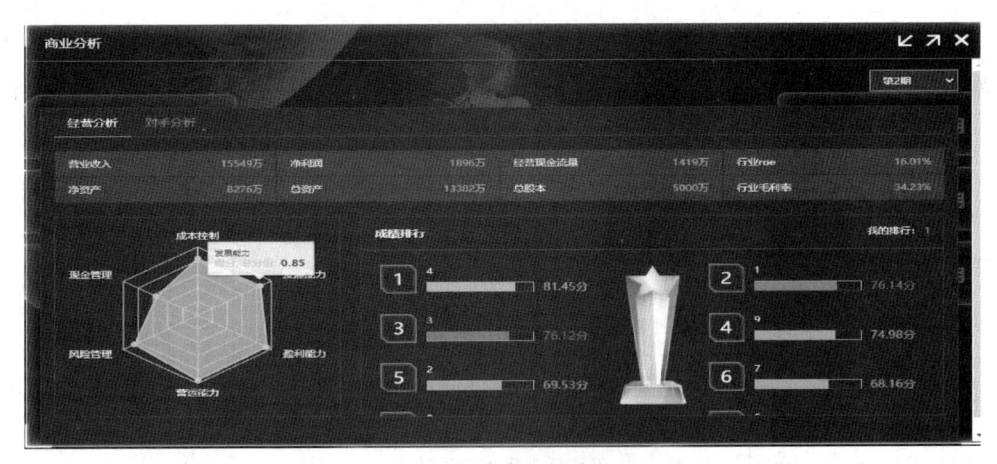

图 4-32 第二期学生端商业分析界面

表 4-2 第二期学生端成绩指标分析

| 指标分类 | 指标名称 | 指标说明 | 指标值 | 得分 | 分值 | 满分标准 |
|---|---|---|---|---|---|---|
| 成本控制 | 主营业务成本率 | $\dfrac{主营业务成本}{主营业务收入}$ | 62.62% | 3.20 | 4 | 55.00% |
| | 经营管理费用率 | $\dfrac{销售费用+管理费用}{主营业务收入}$ | 20.61% | 2.80 | 4 | 10.00% |
| | 财务费用率 | $\dfrac{财务费用}{主营业务收入}$ | 0 | 4 | 4 | 5.00% |
| 发展能力 | 收入增长率 | $\dfrac{主营业务收入-上期主营业务收入}{上期主营业务收入}$ | 24.10% | 3.60 | 4 | 25.00% |
| | 资本积累率 | $\dfrac{所有者权益-期初所有者权益}{期初所有者权益}$ | 23.89% | 3.20 | 4 | 30.00% |
| 盈利能力 | 净资产收益率 | $\dfrac{净利润}{所有者权益}$ | 25.35% | 4 | 4 | 20.00% |
| | 销售净利率 | $\dfrac{净利润}{营业收入}$ | 12.19% | 3.20 | 4 | 14.00% |
| | 总资产报酬率 | $\dfrac{利润总额+利息支出}{平均资产总额}$ | 21.41% | 5 | 5 | 15.00% |
| 营运能力 | 总资产周转率 | $\dfrac{主营业务收入}{平均总资产}$ | 1.32 | 5 | 5 | 1.20 |
| | 存货周转率 | $\dfrac{主营业务成本}{平均存货}$ | 12.30 | 5 | 5 | 6.00 |
| | 应收账款周转率 | $\dfrac{主营业务收入}{平均应收账款}$ | 3.33 | 4.50 | 5 | 4.00 |
| | 应付账款周转率 | $\dfrac{主营业务成本}{平均应付账款}$ | 3.10 | 3.60 | 4 | 4.00 |

续 表

| 指标分类 | 指标名称 | 指标说明 | 指标值 | 得分 | 分值 | 满分标准 |
|---|---|---|---|---|---|---|
| 风险管理能力 | 资产负债率 | $\dfrac{负债总额}{资产总额}$ | 38.15% | 3.60 | 4 | 35.00% |
| | 速动比率 | $\dfrac{流动资产-存货}{流动负债}$ | 1.68 | 4 | 4 | 1.40 |
| | 现金流动负债比 | $\dfrac{经营现金净流量}{流动负债}$ | 27.79% | 2 | 4 | 50.00% |
| | 利息保障倍数 | $\dfrac{利润总额+财务费用}{财务费用}$ | +∞ | 4 | 4 | 10.00% |
| 现金管理能力 | 盈余现金保障倍数 | $\dfrac{经营活动净现金流量}{净利润}$ | 0.75 | 2 | 4 | 1.50 |
| | 现金毛利率 | $\dfrac{经营活动净现金流量}{经营活动现金流入量}$ | 8.55% | 2.20 | 4 | 30.00% |
| | 净资产现金回收率 | $\dfrac{经营活动净现金流量}{平均净资产}$ | 18.97% | 2.40 | 4 | 40.00% |
| 其他 | 履约能力 | 根据闪电贷次数、原材料协议采购违约次数、来料加工单违约次数确定得分 | | 5 | 5 | |
| | 行业地位 | 按照每股收益排名计算,每股收益$=\dfrac{净利润-优先股股利}{普通股股数}$ | | 5 | 5 | |
| | 市场份额 | 对比批次中平均市场占有率情况计算得分 | | 3.50 | 5 | |
| | 股利分配 | 按照普通股分配金额得分 | | 5 | 5 | |
| 合计 | | | | 85.80 | 100 | |
| 总成绩 | | | | 81.45 | | |

### (三) 第三期

1. 大数据分析

本组(第四组)阿尔法的发货量为 53 660 件,销量为 46 975 件,销货比为 87.54%,贝塔的发货量为 40 392 件,销量为 31 169 件,销货比为 77.17%;阿尔法和贝塔的销货比在整个批次中并不突出,处于中等地位。本批次销货比最好的是第一组,第一组阿尔法的销货比为 96.45%,贝塔的销货比为 91.51%,但第一组的产量较少,阿尔法的产量和销量比本组少了约 13 000 件,贝塔的产量和销量比本组少了大约 10 000 件左右,这个原因导致第一组的阿尔法和贝塔的"市场占有率"均远远低于本组,但第一组的"经营净现金"的金额是整个批次中最高的,综合下来,第一组本期得分为 80.48 分,仅次于本组,排名位列第二。

第六组在本期的成绩非常不理想,最重要的原因是两种产品的产量均非常大,阿尔法的发货量达到了8万多件(发货量比第二期增长了72%),贝塔的发货量达到了6万多件(发货量比第二期增长了85%),两种产品的产量增长太快,策略过于激进,而两种产品的销货比均只有56%左右,导致两个重要指标"销售净利率"和"经营净现金"均为负数,最终分数为整个批次的最后一名。可见第六组没有充分分析市场环境,过于激进的策略导致了最终的失败。

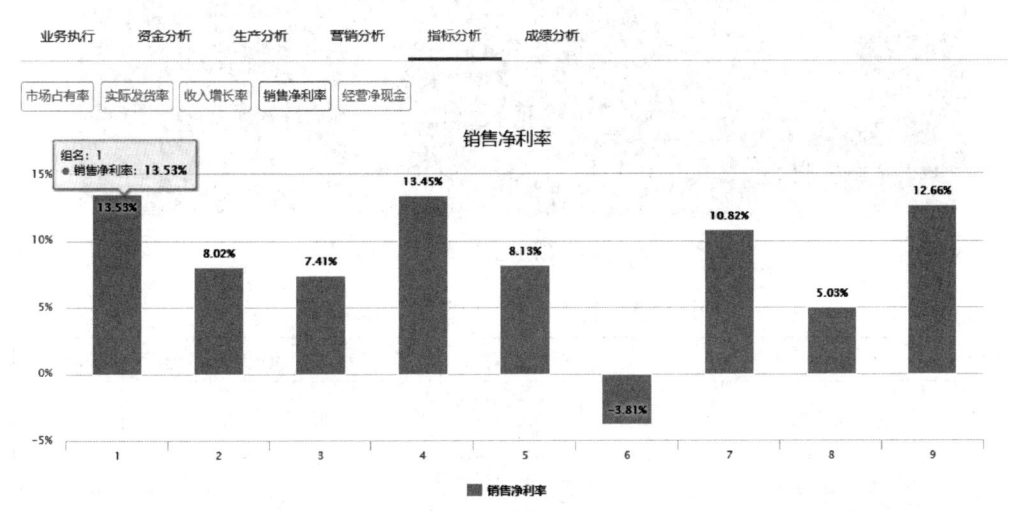

图4-33 第三期教师端指标分析界面

2. 成绩分析

本组第三期的成绩不错,仍然是所有批次里的第一名。营业收入为16 177万元,上一期的营业收入为15 549万元,收入增长率为4.04%,这期的收入增长率较低,只拿到了发展能力中收入增长率的0.8分(满分为4分);现金管理能力中的盈余现金保障倍数为0.79,拿到了2分(满分为4分),主要原因是销量不是非常好,阿尔法在经济区A定价较高导致销货比只有77%(市场均价为2 075元,而本组在经济区A的定价为2 200元),贝塔在经济区B的销货比只有63%,主要原因是贝塔在经济区B供应竞争激烈,同时贝塔在经济区B的品牌宣传为三颗星,贝塔在经济区B却未投入任何广告费用。销售的不理想导致经营活动净现金流量不是很理想。但成本控制能力、盈利能力及营运能力得分较高,故仍然处于整个竞争市场的第一名。本期的发展能力得分低于上期,故导致本期的总分低于上期。

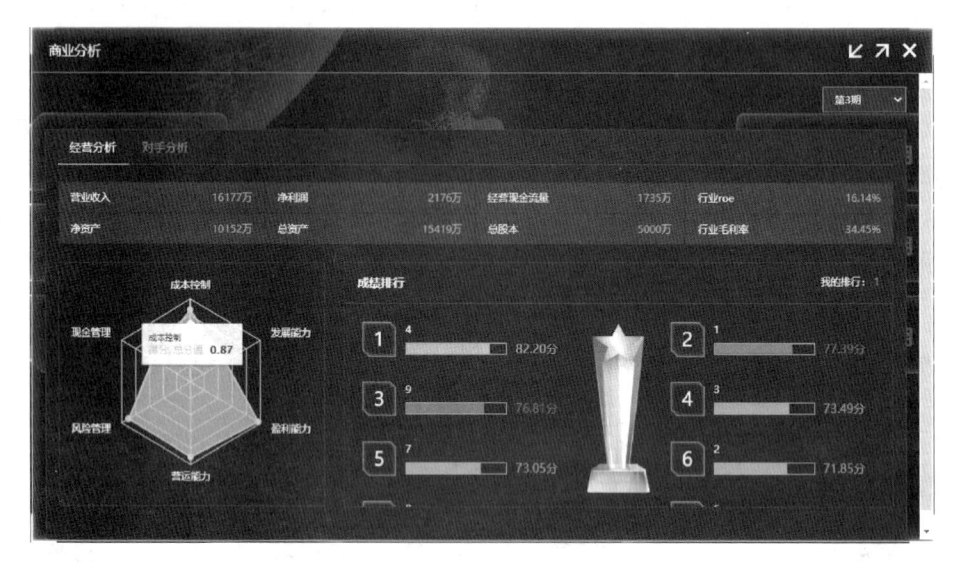

图 4-34　第三期学生端商业分析界面

表 4-3　第三期学生端成绩指标分析

| 指标分类 | 指标名称 | 指标说明 | 指标值 | 得分 | 分值 | 满分标准 |
| --- | --- | --- | --- | --- | --- | --- |
| 成本控制 | 主营业务成本率 | $\dfrac{主营业务成本}{主营业务收入}$ | 62.34% | 3.20 | 4 | 55.00% |
|  | 经营管理费用率 | $\dfrac{销售费用+管理费用}{主营业务收入}$ | 19.16% | 3.20 | 4 | 10.00% |
|  | 财务费用率 | $\dfrac{财务费用}{主营业务收入}$ | 0 | 4 | 4 | 5.00% |
| 发展能力 | 收入增长率 | $\dfrac{主营业务收入-上期主营业务收入}{上期主营业务收入}$ | 4.04% | 0.80 | 4 | 25.00% |
|  | 资本积累率 | $\dfrac{所有者权益-期初所有者权益}{期初所有者权益}$ | 22.66% | 3.20 | 4 | 30.00% |
| 盈利能力 | 净资产收益率 | $\dfrac{净利润}{所有者权益}$ | 23.61% | 4 | 4 | 20.00% |
|  | 销售净利率 | $\dfrac{净利润}{营业收入}$ | 13.45% | 3.60 | 4 | 14.00% |
|  | 总资产报酬率 | $\dfrac{利润总额+利息支出}{平均资产总额}$ | 20.14% | 5 | 5 | 15.00% |
| 营运能力 | 总资产周转率 | $\dfrac{主营业务收入}{平均总资产}$ | 1.12 | 4.50 | 5 | 1.20 |
|  | 存货周转率 | $\dfrac{主营业务成本}{平均存货}$ | 6.27 | 5 | 5 | 6.00 |
|  | 应收账款周转率 | $\dfrac{主营业务收入}{平均应收账款}$ | 3.10 | 4.50 | 5 | 4.00 |
|  | 应付账款周转率 | $\dfrac{主营业务成本}{平均应付账款}$ | 2.83 | 3.20 | 4 | 4.00 |

续 表

| 指标分类 | 指标名称 | 指标说明 | 指标值 | 得分 | 分值 | 满分标准 |
|---|---|---|---|---|---|---|
| 风险管理能力 | 资产负债率 | $\dfrac{\text{负债总额}}{\text{资产总额}}$ | 34.16% | 4 | 4 | 35.00% |
| | 速动比率 | $\dfrac{\text{流动资产－存货}}{\text{流动负债}}$ | 1.97 | 4 | 4 | 1.40 |
| | 现金流动负债比 | $\dfrac{\text{经营现金净流量}}{\text{流动负债}}$ | 32.93% | 2.40 | 4 | 50.00% |
| | 利息保障倍数 | $\dfrac{\text{利润总额＋财务费用}}{\text{财务费用}}$ | +∞ | 4 | 4 | 10.00% |
| 现金管理能力 | 盈余现金保障倍数 | $\dfrac{\text{经营活动净现金流量}}{\text{净利润}}$ | 0.80 | 2 | 4 | 1.50 |
| | 现金毛利率 | $\dfrac{\text{经营活动净现金流量}}{\text{经营活动现金流入量}}$ | 9.55% | 2.20 | 4 | 30.00% |
| | 净资产现金回收率 | $\dfrac{\text{经营活动净现金流量}}{\text{平均净资产}}$ | 18.83% | 2.40 | 4 | 40.00% |
| 其他 | 履约能力 | 根据闪电贷次数、原材料协议采购违约次数、来料加工单违约次数确定得分 | | 5 | 5 | |
| | 行业地位 | 按照每股收益排名计算，每股收益 $=\dfrac{\text{净利润－优先股股利}}{\text{普通股股数}}$ | | 5 | 5 | |
| | 市场份额 | 对比批次中平均市场占有率情况计算得分 | | 3.50 | 5 | |
| | 股利分配 | 按照普通股分配金额得分 | | 5 | 5 | |
| 合计 | | | | 83.70 | 100 | |
| 总成绩 | | | | 82.20 | | |

## （四）第四期

### 1. 大数据分析

本组（第四组）阿尔法的发货量为 45 965 件，销量为 43 716 件，销货比为 95.11%，贝塔的发货量为 38 383 件，销量为 30 712 件，销货比为 80.01%；阿尔法销货比在整个批次中处于中等偏上的地位，贝塔的销货比在整个批次中的排名靠后。贝塔的销售不理想有多方面的原因，有的渠道是定价不合理造成的，有的渠道是发货时数量过多造成的。本批次销货比最好的是第九组，第九组阿尔法和贝塔的销货比均为 100%，第九组在本期的"销售净利率"和"经营净现金"的数值均不错，只有发展能力中的"收入增长率"为负数，同时市场占有率也名列前茅，综合下来，第九组本期排名位列第三，成绩较理想。

第六组在本期成绩仍然不理想,本期第六组吸取了上一期的教训,生产的产品数量较少,但由于上期滞销的存货过多,导致两种产品的发货量仍然较大,阿尔法的销货比为59.53%,贝塔的销货比为68%,虽然销货比仍然不太理想,但贝塔的销货比比上一期有所提高,同时本期第六组在成本控制方面做了改进,销货比的提高和成本控制的改善使得"经营净现金"达到了3 865万元,虽然"收入增长率"和"销售净利率"仍然为负数,但第六组的总体分数比上一期提高了10分。

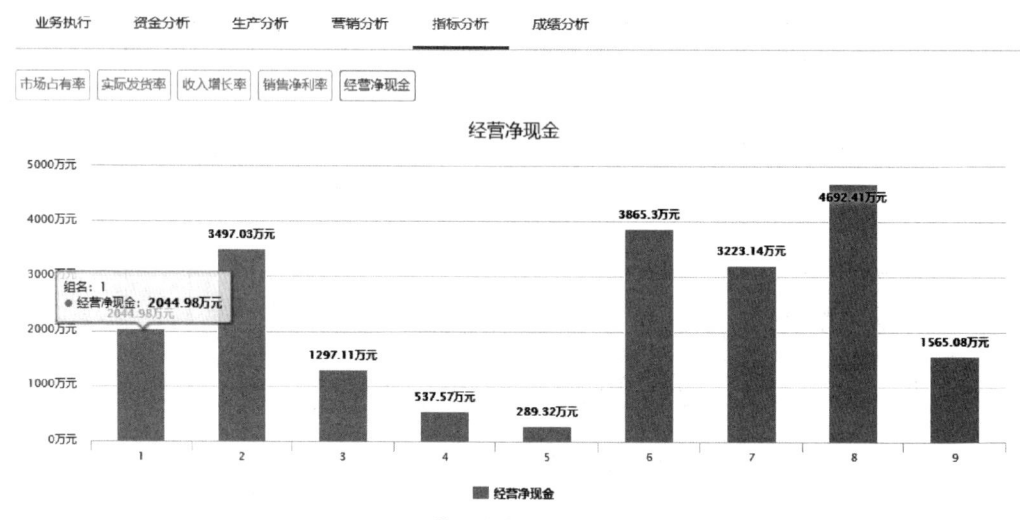

图4-35 第四期教师端指标分析界面

2. 成绩分析

本组第四期的成绩开始下降,在整个竞争批次中排名第五。营业收入降为15 224万元,上一期的营业收入为16 177万元,收入增长率为负数,发展能力中收入增长率为0分(满分为4分);幸好净利润为正数,使得发展能力中的资本积累率拿到了2.4分(满分为4分);现金管理能力中的盈余现金保障倍数为0.29,只拿到了1分(满分为4分),主要原因是贝塔的销量不是很理想,贝塔在经济区B、经济区C、线上及代销区均有滞销,贝塔在经济区B销货比只有75%,主要原因是贝塔在经济区B特别拥挤,同时贝塔在经济区B的品牌宣传为三颗星,贝塔在经济区B却未投入任何广告费用。贝塔在线上的销货比为77%,主要原因是在线上的定价过高,高于整个市场的平均价,销售的不理想导致经营活动净现金流量不是很理想,比上期有大幅度的下降,同时净利润虽然为正值,但比上期低,这两个主要指标对分数影响较大,导致本组本期的成绩和排名不是很理想。

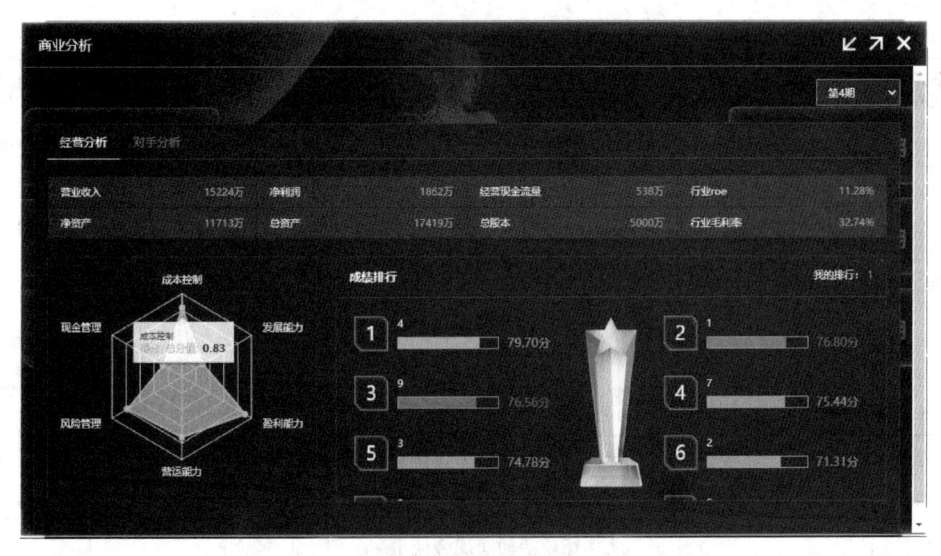

图 4-36 第四期学生端商业分析界面

表 4-4 第四期学生端成绩指标分析

| 指标分类 | 指标名称 | 指标说明 | 指标值 | 得分 | 分值 | 满分标准 |
|---|---|---|---|---|---|---|
| 成本控制 | 主营业务成本率 | $\dfrac{主营业务成本}{主营业务收入}$ | 65.84% | 2.80 | 4 | 55.00% |
| | 经营管理费用率 | $\dfrac{销售费用+管理费用}{主营业务收入}$ | 17.50% | 3.20 | 4 | 10.00% |
| | 财务费用率 | $\dfrac{财务费用}{主营业务收入}$ | 0 | 4 | 4 | 5.00% |
| 发展能力 | 收入增长率 | $\dfrac{主营业务收入-上期主营业务收入}{上期主营业务收入}$ | −5.90% | 0 | 4 | 25.00% |
| | 资本积累率 | $\dfrac{所有者权益-期初所有者权益}{期初所有者权益}$ | 15.38% | 2.40 | 4 | 30.00% |
| 盈利能力 | 净资产收益率 | $\dfrac{净利润}{所有者权益}$ | 17.03% | 3.60 | 4 | 20.00% |
| | 销售净利率 | $\dfrac{净利润}{营业收入}$ | 12.23% | 3.20 | 4 | 14.00% |
| | 总资产报酬率 | $\dfrac{利润总额+利息支出}{平均资产总额}$ | 15.12% | 5 | 5 | 15.00% |
| 营运能力 | 总资产周转率 | $\dfrac{主营业务收入}{平均总资产}$ | 0.93 | 3.50 | 5 | 1.20 |
| | 存货周转率 | $\dfrac{主营业务成本}{平均存货}$ | 2.98 | 3.50 | 5 | 6.00 |
| | 应收账款周转率 | $\dfrac{主营业务收入}{平均应收账款}$ | 3.11 | 4.50 | 5 | 4.00 |
| | 应付账款周转率 | $\dfrac{主营业务成本}{平均应付账款}$ | 2.50 | 2.40 | 4 | 4.00 |

续表

| 指标分类 | 指标名称 | 指标说明 | 指标值 | 得分 | 分值 | 满分标准 |
|---|---|---|---|---|---|---|
| 风险管理能力 | 资产负债率 | $\dfrac{\text{负债总额}}{\text{资产总额}}$ | 32.76% | 4 | 4 | 35.00% |
| | 速动比率 | $\dfrac{\text{流动资产}-\text{存货}}{\text{流动负债}}$ | 1.73 | 4 | 4 | 1.40 |
| | 现金流动负债比 | $\dfrac{\text{经营现金净流量}}{\text{流动负债}}$ | 9.42% | 0.40 | 4 | 50.00% |
| | 利息保障倍数 | $\dfrac{\text{利润总额}+\text{财务费用}}{\text{财务费用}}$ | $+\infty$ | 4 | 4 | 10.00% |
| 现金管理能力 | 盈余现金保障倍数 | $\dfrac{\text{经营活动净现金流量}}{\text{净利润}}$ | 0.29 | 1 | 4 | 1.50 |
| | 现金毛利率 | $\dfrac{\text{经营活动净现金流量}}{\text{经营活动现金流入量}}$ | 2.99% | 1 | 4 | 30.00% |
| | 净资产现金回收率 | $\dfrac{\text{经营活动净现金流量}}{\text{平均净资产}}$ | 4.92% | 1.20 | 4 | 40.00% |
| 其他 | 履约能力 | 根据闪电贷次数、原材料协议采购违约次数、来料加工单违约次数确定得分 | | 5 | 5 | |
| | 行业地位 | 按照每股收益排名计算,每股收益$=\dfrac{\text{净利润}-\text{优先股股利}}{\text{普通股股数}}$ | | 5 | 5 | |
| | 市场份额 | 对比批次中平均市场占有率情况计算得分 | 3.50 | 5 | | |
| | 股利分配 | 按照普通股分配金额得分 | | 5 | 5 | |
| | | 合计 | | 72.20 | 100 | |
| | | 总成绩 | | 79.70 | | |

### (五) 第五期

1. 大数据分析

本组(第四组)阿尔法的发货量为 51 349 件,销量为 48 774 件,销货比为 94.99%,贝塔的发货量为 46 551 件,销量为 39 117 件,销货比为 84.03%;阿尔法的销货比在整个批次中情况较好,贝塔的销货比在整个批次中属于中等情况。销量相对于第四期有所增长,使得本期的三个重要指标"收入增长率""销售净利率"和"经营净现金"的数值均在整个批次中处于较好的水平。而本期属于市场低迷期,市场需求明显减少,在经济环境低迷的情况下,本组的收入增长率仍然保持正数的增长,使得本期的综合成绩比较理想,本批次中只有本组(第四组)和第二组在第五期保持了收入的正向增长。

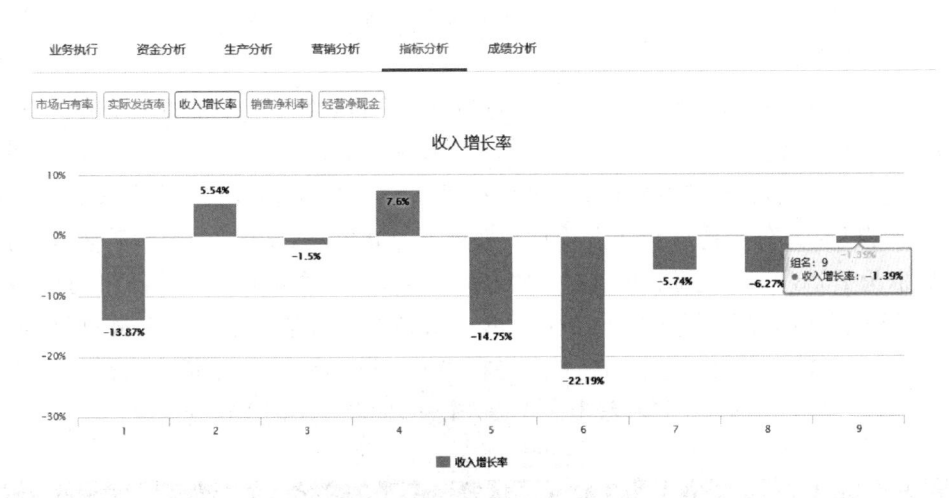

图 4-37 第五期教师端指标分析界面

第六组在本期成绩仍然不理想,第六组之前滞销的存货加上本期生产的存货,致使阿尔法和贝塔的发货量仍然较高,在发货时第六组没有分析每个区域的价格敏感度,对市场没有进行细分,销售的不理想导致销货比在整个批次中处于劣势;同时第六组没有重视性能研发,在性能研发上没有任何投入,而别的竞争对手都在性能研发上有所投入;种种因素导致第六组仍然处于整个批次的最后一名。

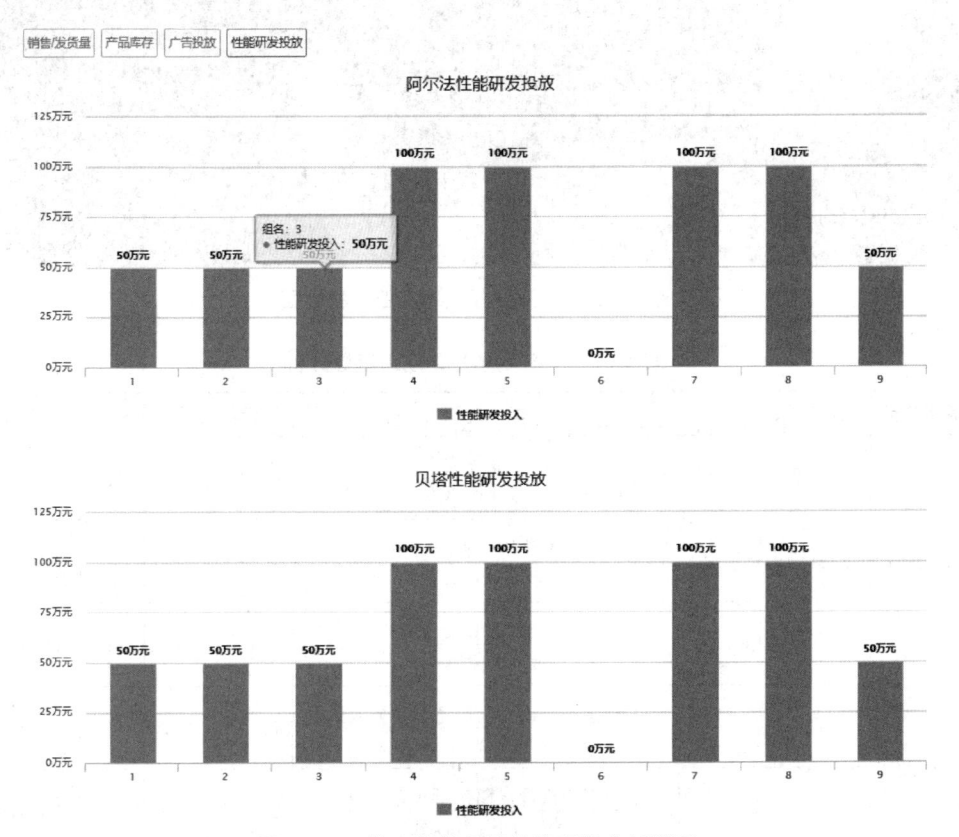

图 4-38 第五期教师端性能研发分析界面

## 2. 成绩分析

本组第五期的成绩开始好转,在整个竞争批次中排名第一。营业收入上升为16 380万元,上一期的营业收入为15 224万元,收入增长率为7.59%,发展能力中收入增长率为1.2分(满分为4分),虽然得分并不高,但相比上期已有好转;但资本积累率只拿到了1.2分,发展能力的总分还是2.4分,与上期的发展能力分数持平;本期的经营活动净现金流量较高,为2 538万元,现金管理能力中的盈余现金保障倍数为1.88,拿到了4分(满分为4分);经营活动净现金流量的高金额使得现金管理能力的得分总体很好,故总分和排名远远高于上一期。本期的主要问题是贝塔在线上销售不是很好,销货比只有53%,原因是线上竞争激烈,本组的贝塔在线上广告投入较少,同时定价高于市场均价。

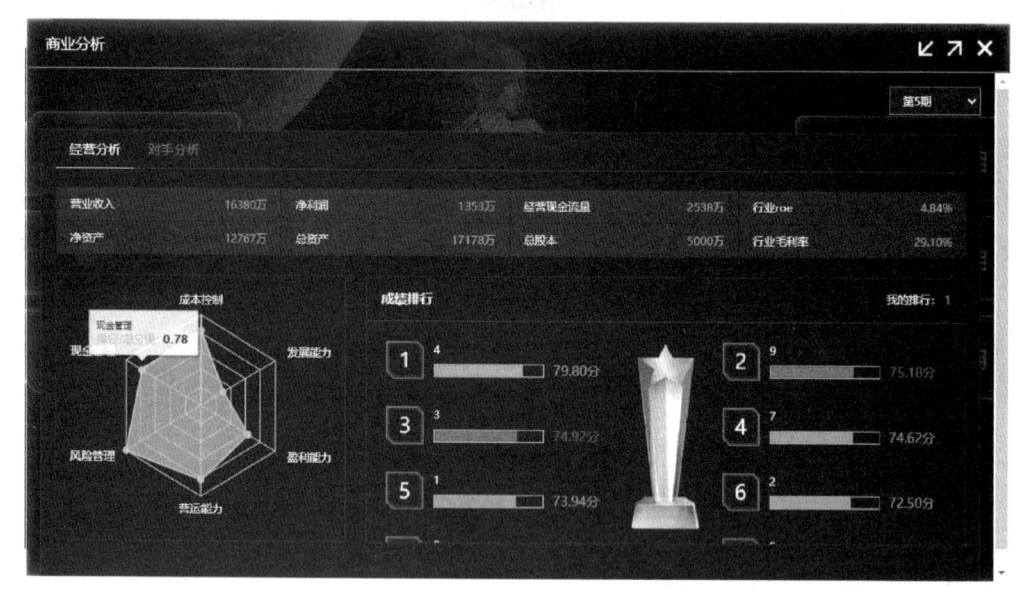

图4-39 第五期学生端商业分析界面

表4-5 第五期学生端成绩指标分析

| 指标分类 | 指标名称 | 指标说明 | 指标值 | 得分 | 分值 | 满分标准 |
| --- | --- | --- | --- | --- | --- | --- |
| 成本控制 | 主营业务成本率 | $\dfrac{\text{主营业务成本}}{\text{主营业务收入}}$ | 69.22% | 2.80 | 4 | 55.00% |
| | 经营管理费用率 | $\dfrac{\text{销售费用}+\text{管理费用}}{\text{主营业务收入}}$ | 18.98% | 3.20 | 4 | 10.00% |
| | 财务费用率 | $\dfrac{\text{财务费用}}{\text{主营业务收入}}$ | 0 | 4 | 4 | 5.00% |
| 发展能力 | 收入增长率 | $\dfrac{\text{主营业务收入}-\text{上期主营业务收入}}{\text{上期主营业务收入}}$ | 7.60% | 1.20 | 4 | 25.00% |
| | 资本积累率 | $\dfrac{\text{所有者权益}-\text{期初所有者权益}}{\text{期初所有者权益}}$ | 8.99% | 1.20 | 4 | 30.00% |

续 表

| 指标分类 | 指标名称 | 指标说明 | 指标值 | 得分 | 分值 | 满分标准 |
|---|---|---|---|---|---|---|
| 盈利能力 | 净资产收益率 | $\dfrac{\text{净利润}}{\text{所有者权益}}$ | 11.06% | 2.80 | 4 | 20.00% |
| | 销售净利率 | $\dfrac{\text{净利润}}{\text{营业收入}}$ | 8.26% | 2 | 4 | 14.00% |
| | 总资产报酬率 | $\dfrac{\text{利润总额}+\text{利息支出}}{\text{平均资产总额}}$ | 10.43% | 3.50 | 5 | 15.00% |
| 营运能力 | 总资产周转率 | $\dfrac{\text{主营业务收入}}{\text{平均总资产}}$ | 0.95 | 3.50 | 5 | 1.20 |
| | 存货周转率 | $\dfrac{\text{主营业务成本}}{\text{平均存货}}$ | 3.31 | 4 | 5 | 6.00 |
| | 应收账款周转率 | $\dfrac{\text{主营业务收入}}{\text{平均应收账款}}$ | 3.30 | 4.50 | 4 | 4.00 |
| | 应付账款周转率 | $\dfrac{\text{主营业务成本}}{\text{平均应付账款}}$ | 3.22 | 3.60 | 4 | 4.00 |
| 风险管理能力 | 资产负债率 | $\dfrac{\text{负债总额}}{\text{资产总额}}$ | 25.68% | 4 | 4 | 35.00% |
| | 速动比率 | $\dfrac{\text{流动资产}-\text{存货}}{\text{流动负债}}$ | 2.90 | 4 | 4 | 1.40 |
| | 现金流动负债比 | $\dfrac{\text{经营现金净流量}}{\text{流动负债}}$ | 57.54% | 4 | 4 | 50.00% |
| | 利息保障倍数 | $\dfrac{\text{利润总额}+\text{财务费用}}{\text{财务费用}}$ | $+\infty$ | 4 | 4 | 10.00% |
| 现金管理能力 | 盈余现金保障倍数 | $\dfrac{\text{经营活动净现金流量}}{\text{净利润}}$ | 1.88 | 4 | 4 | 1.50 |
| | 现金毛利率 | $\dfrac{\text{经营活动净现金流量}}{\text{经营活动现金流入量}}$ | 14.40% | 2.60 | 4 | 30.00% |
| | 净资产现金回收率 | $\dfrac{\text{经营活动净现金流量}}{\text{平均净资产}}$ | 20.74% | 2.80 | 4 | 40.00% |
| 其他 | 履约能力 | 根据闪电贷次数、原材料协议采购违约次数、来料加工单违约次数确定得分 | | 5 | 5 | |
| | 行业地位 | 按照每股收益排名计算，每股收益$=\dfrac{\text{净利润}-\text{优先股股利}}{\text{普通股股数}}$ | | 5 | 5 | |
| | 市场份额 | 对比批次中平均市场占有率情况计算得分 | | 3.50 | 5 | |
| | 股利分配 | 按照普通股分配金额得分 | | 5 | 5 | |
| 合计 | | | | 80.20 | 100 | |
| 总成绩 | | | | 79.80 | | |

### (六) 第六期

**1. 大数据分析**

本组(第四组)阿尔法的发货量为 61 495 件,销量为 58 875 件,销货比为 95.74%,贝塔的发货量为 56 034 件,销量为 54 466 件,销货比为 97.2%;本期的经济开始回升,批次中所有小组销售阿尔法的销货比数值均很高,大部分小组销售贝塔的销货比数值也很高。经济的回升,市场需求的上升使得整个批次的小组整体成绩都比上一期有所提高。而本组由于市场定价合理、发货数量在各渠道之间的合理分配及性能研发的持续投入等几个因素,取得了很高的成绩。

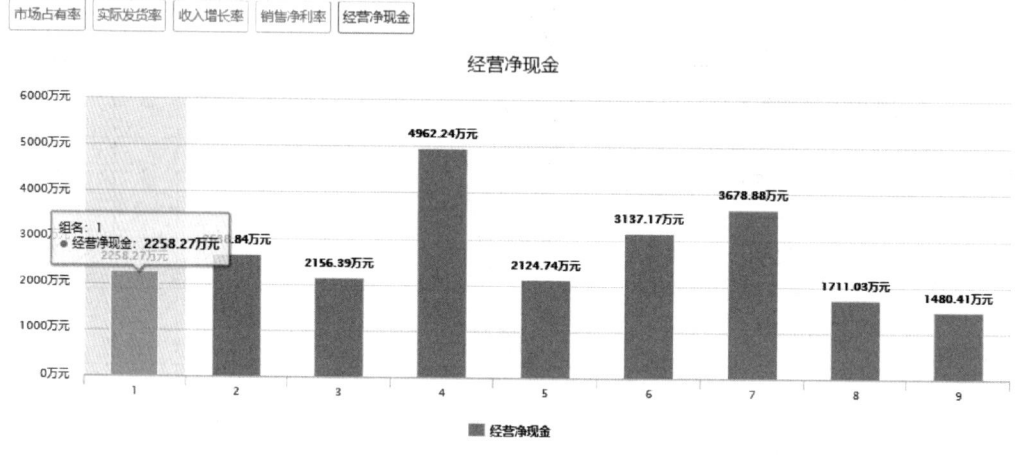

图 4-40 第六期教师端指标分析界面

第六组的成绩在本期仍然处于最后一名。第六组在本期犯的最大错误是卖掉了厂房和生产线,解聘了全部的劳动力,没有进行任何的生产活动,当没有进行生产活动时,很多分数系统是直接给零分的。所以虽然第六组在本期的销售情况比以前有所好转,但没有进行生产导致总体分数仍然较低。

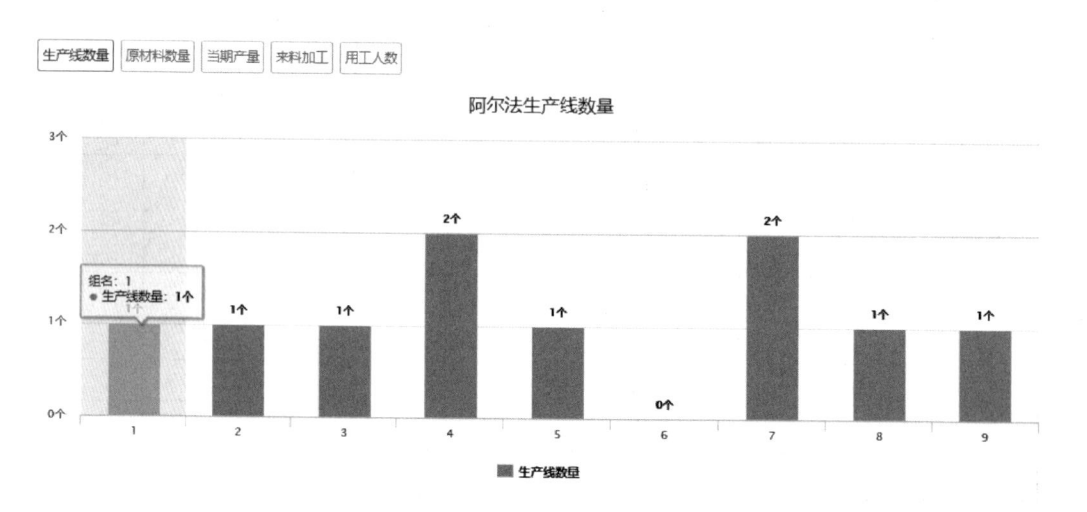

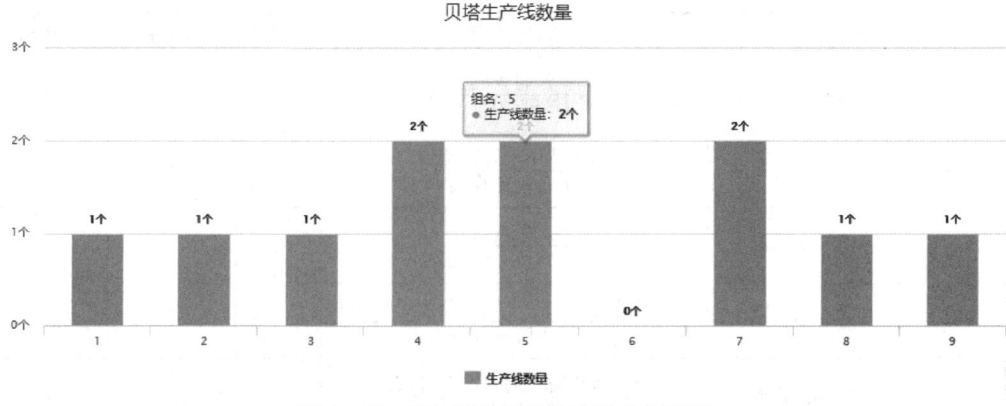

图 4‑41　第六期教师端生产线分析界面

2. 成绩分析

本组(第四组)在第六期的成绩很好,拿到了 92.2 分的高分,在整个竞争批次中排名第一,总体排名也是第一。营业收入上升为 22 055 万元,上一期的营业收入为 16 380 万元,收入增长率为 35%,发展能力中收入增长率为 4 分(满分为 4 分);资本积累率也拿到了 2.4 分,发展能力的总分是 6.4 分,比上期的发展能力分数高了许多;本期的经营活动净现金流量进一步提高,达到了 4 962 万元,现金管理能力中的盈余现金保障倍数为 1.96,也拿到了 4 分(满分为 4 分);经营活动净现金流量的高金额使得现金管理能力的得分总体很好,本期的发展能力、盈利能力、现金管理能力、风险管理能力等都比较好,故总分高于上一期。本期的各项策略都不错,销售也较好,最后滞销的存货较少,阿尔法仅滞销 2 620 件,贝塔仅滞销 1 568 件。

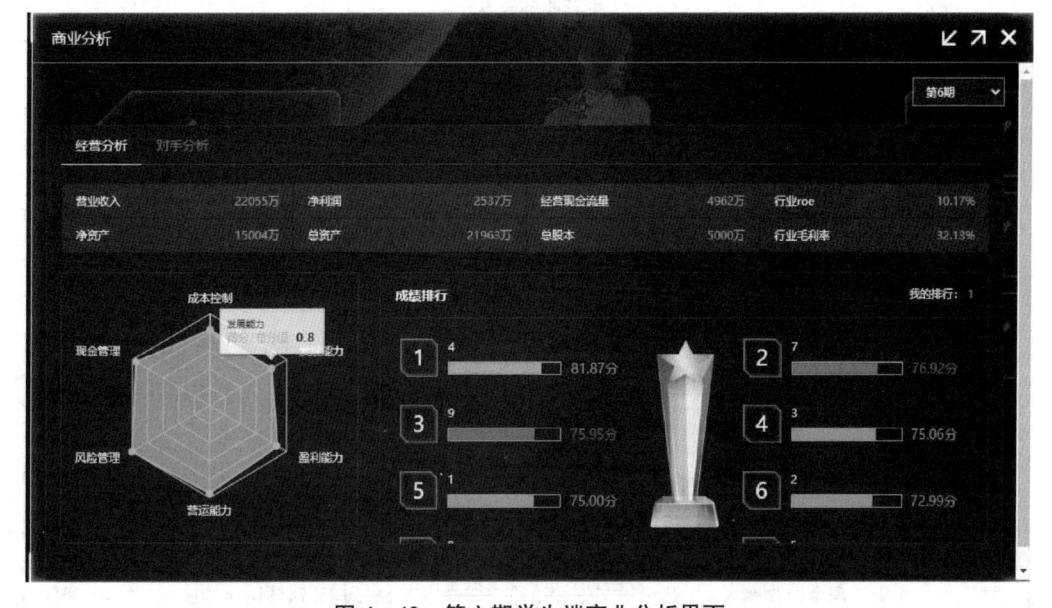

图 4‑42　第六期学生端商业分析界面

表 4-6 第六期学生端成绩指标分析

| 指标分类 | 指标名称 | 指标说明 | 指标值 | 得分 | 分值 | 满分标准 |
| --- | --- | --- | --- | --- | --- | --- |
| 成本控制 | 主营业务成本率 | $\dfrac{\text{主营业务成本}}{\text{主营业务收入}}$ | 66.86% | 2.80 | 4 | 55.00% |
| | 经营管理费用率 | $\dfrac{\text{销售费用}+\text{管理费用}}{\text{主营业务收入}}$ | 17.14% | 3.20 | 4 | 10.00% |
| | 财务费用率 | $\dfrac{\text{财务费用}}{\text{主营业务收入}}$ | 0 | 4 | 4 | 5.00% |
| 发展能力 | 收入增长率 | $\dfrac{\text{主营业务收入}-\text{上期主营业务收入}}{\text{上期主营业务收入}}$ | 34.65% | 4 | 4 | 25.00% |
| | 资本积累率 | $\dfrac{\text{所有者权益}-\text{期初所有者权益}}{\text{期初所有者权益}}$ | 17.52% | 2.40 | 4 | 30.00% |
| 盈利能力 | 净资产收益率 | $\dfrac{\text{净利润}}{\text{所有者权益}}$ | 18.27% | 3.60 | 4 | 20.00% |
| | 销售净利率 | $\dfrac{\text{净利润}}{\text{营业收入}}$ | 11.50% | 2.80 | 4 | 14.00% |
| | 总资产报酬率 | $\dfrac{\text{利润总额}+\text{利息支出}}{\text{平均资产总额}}$ | 17.29% | 5 | 5 | 15.00% |
| 营运能力 | 总资产周转率 | $\dfrac{\text{主营业务收入}}{\text{平均总资产}}$ | 1.13 | 4.50 | 5 | 1.20 |
| | 存货周转率 | $\dfrac{\text{主营业务成本}}{\text{平均存货}}$ | 11.38 | 5 | 5 | 6.00 |
| | 应收账款周转率 | $\dfrac{\text{主营业务收入}}{\text{平均应收账款}}$ | 3.33 | 4.50 | 5 | 4.00 |
| | 应付账款周转率 | $\dfrac{\text{主营业务成本}}{\text{平均应付账款}}$ | 4.17 | 4 | 4 | 4.00 |
| 风险管理能力 | 资产负债率 | $\dfrac{\text{负债总额}}{\text{资产总额}}$ | 31.68% | 4 | 4 | 35.00% |
| | 速动比率 | $\dfrac{\text{流动资产}-\text{存货}}{\text{流动负债}}$ | 2.79 | 4 | 4 | 1.40 |
| | 现金流动负债比 | $\dfrac{\text{经营现金净流量}}{\text{流动负债}}$ | 71.31% | 4 | 4 | 50.00% |
| | 利息保障倍数 | $\dfrac{\text{利润总额}+\text{财务费用}}{\text{财务费用}}$ | $+\infty$ | 4 | 4 | 10.00% |
| 现金管理能力 | 盈余现金保障倍数 | $\dfrac{\text{经营活动净现金流量}}{\text{净利润}}$ | 1.96 | 4 | 4 | 1.50 |
| | 现金毛利率 | $\dfrac{\text{经营活动净现金流量}}{\text{经营活动现金流入量}}$ | 22.06% | 3.40 | 4 | 30.00% |
| | 净资产现金回收率 | $\dfrac{\text{经营活动净现金流量}}{\text{平均净资产}}$ | 35.74% | 4 | 4 | 40.00% |

续 表

| 指标分类 | 指标名称 | 指标说明 | 指标值 | 得分 | 分值 | 满分标准 |
|---|---|---|---|---|---|---|
| 其他 | 履约能力 | 根据闪电贷次数、原材料协议采购违约次数、来料加工单违约次数确定得分 |  | 5 | 5 |  |
|  | 行业地位 | 按照每股收益排名计算，每股收益 $=\dfrac{\text{净利润}-\text{优先股股利}}{\text{普通股股数}}$ |  | 5 | 5 |  |
|  | 市场份额 | 对比批次中平均市场占有率情况计算得分 |  | 4 | 5 |  |
|  | 股利分配 | 按照普通股分配金额得分 |  | 5 | 5 |  |
| 合计 |  |  |  | 92.20 | 100 |  |
| 总成绩 |  |  |  | 81.87 |  |  |

### 三、实战分析总结

#### （一）整体经营分析

整个实战对抗结束，本组（第四组）对取得的成果还较为满意。从整个小组的"作战"来看，主要是在第四期表现不佳，第四期经济下滑，小组成员认为第四期大家的分数应该都不会太高，于是决定在第四期减少销售量，方便后两期能稳步提升小组的销售量。最终，第四期有分数超过80分的小组，并且大家的销售效果没有想象中差。所以在第五期时，虽然第五期的经济还是会继续下滑一点，市场需求量比第四期稍微少一点，但是小组还是选择生产 50 000 件阿尔法和 40 000 件贝塔，同时在查看废品率以及剩余产能允许的情况下，签订了阿尔法的来料加工订单。第五期的销售效果还不错，所以小组决定第六期直接再增加 10 000 件的生产量，在操作时，小组成员犹豫了，是保守一点增加 5 000 件还是胆大一点直接增产 10 000 件，小组成员查看了第六期市场需求量，最终，还是决定生产 60 000 件阿尔法和 50 000 件贝塔，第六期的贝塔来料加工订单不太划算，所以选择第六期不签订来料加工订单。

从最终的一些数据结果来看，本组最终现金流量为 11 560.56 万元，阿尔法市场占有率为 15.75%，贝塔市场占有率为 18.08%，市场占有率排第一，收入增长率为 34.65%，经营净现金为 4 962 万元。在后两期中的现金流量增长较多，可能是第四期小组在材料便宜时囤了各 20 000 元的材料，所以第五期小组在材料上的成本没有那么大；在第六期，即使生产的产品较多，但是也没有特意压低小组的售价，盈利较为可观。

#### （二）整体经营总结

（1）分析市场很重要，每期结算后，应关注市场销量和市场占有率，从而对整个市场做出合理的分析。首先，观察自己投放的销售市场、对手的销量和市场份额变化及趋势。其次，在销售市场中，决策重点投资对象。

（2）在没有强大产量的支持下，过度的市场广告投放容易导致失去抢占市场份额第一的机会。抢占市场份额第一，销量自然是越多越好，但一定要配合自身的产品发展方针,充分了解掌握哪个产品在哪个市场的利益是最高的,再加以重点投放,过多的广告会影响成本。

(3) 单从营销这一模块来讲,关注市场的动态环境状况,选择合适的渠道铺设,制定合理的定价是至关重要的。制定营销策略自然离不开产品分渠道消费习性图,比如经济区 A 对阿尔法产品的质量服务和品牌宣传都较为敏感,但是对价格不敏感,所以针对经济区 A 应提高产品质量等级,扩大经济区 A 和线上的宣传力度。若是低价对该地区的影响力度较小,成效较慢。经济区 B 的租金较高,所以在产量较小的时候尽量避免选择经济区 B。经济区 C 的需求量比较大,所以可以加大销售量加一点点的广告就挺不错。线上渠道尽可能地将发货量控制在 10 000 以内,大于 10 000 就容易导致产品滞销,销售的前提是前期对产品的性能研发很重要,高质量的产品会更好销售。

**(三) 实战技巧**

(1) 无论每一期生产多少产品,都要走线上渠道,有利于提升"现金管理能力"和"现金流动负债比"的分数。

(2) 进行"我的家—我的营销—市场份额排名"操作,可以看到竞争对手的市场投放情况(包括投放区域和数量),而且根据竞争对手销售的总量可以推断出对方开设厂房和生产线的数量。

(3) 在 EVC 实战平台页面的右上角,点击"对手动态"按钮,可以捕捉对手即时操作情况。如果是"购买原材料"或者是"产品生产"这些操作可以直接忽视,可以重点关注"来料加工""生产线技改""固定资产出售"这种不太"常见"的操作。在竞争过程中,小组队员可以结合竞争对手队伍的产量以及签订的来料加工,从而准确地推断出竞争对手的厂房和生产线的数量。

(4) 如何知道自己应该投多少广告呢? 首先,第一期和第二期的线下销售的概率很高,所以广告可以少投。第三期线下可以增加广告投入,因为大家基本上都开四条生产线了。线上则是从第一到第六期都竞争激烈,所以每期都需要投一两百万元的广告。而且,线上投一两百万元广告也不是金科玉律,如果线上产品的价格够低,可以少投放广告。另外,定价和投广告都要根据消费者的爱好来进行差异化投放。比如,广告尽量投品牌宣传三颗星及以上的。

(5) 一般情况下,经济区 A 的竞争对手是最少的,特别是第一期,还不到一半的人把产品卖到经济区 A。而线上则是"人山人海",经济区 B 和 C 不相上下。原因在于很多竞争对手选择了在人工成本低的经济区 B 或 C 建厂房,又因为在经济区 B 和 C 生产出来的产品发货到经济区 A 的运费比较贵,所以第一期和第二期大部分小组只在自己生产产品的那个区销售产品。但是,小组不用太过于关注运费,因为运费在成本支出中占的比例其实很低。真正决定小组的产品应该发往哪个区域销售,主要是看小组的产品适合哪个区的消费者习性。如果阿尔法是用最高质量的材料、最高质检等级生产出来的,那么高质量的阿尔法最适合质量敏感度三、四颗星的区域,产品特性决定了这个产品适合哪个市场。当然,到了第三期以后,基本上线下三个区+线上+代销都要打开,因为一般情况下产量已经变大,不可能大量产品只堆在一个区,这是卖不出去的。

那如何决定每个区投多少呢?假设小组一共生产了 80 000 件的高质量阿尔法,那么小组可以选择经济区 A 放 25 000 件,因为经济区 A 的质量敏感度四颗星,小组的高质量产品是最符合这个区的消费者的。小组可以选择在经济区 C 放 22 000 件,因为经济区 C 的质量敏感度有三颗星,也很符合。在经济区 B 投 16 000 件,越不符合的区肯定投的就越少。然后可以在线上投 10 000 件,线上是每一期"必投"的,这样能让小组的相关指标达到高分。最后,小组可以把剩下的 7 000 件产品放代销。

(6) 在比赛前就应该制定详尽的策略,具体到每一期生产多少、定价多少、每个区发货多少等。但到了正式比赛的时候,通常只有第一期能按计划执行,以后的每一期都要根据上一期的成绩做出调整。比如,上一期在线上的货卖不出去,那就要考虑是否要调低价格,是否要多投广告,是不是竞争对手太多。如果这一期扩大产能,就要考虑是否需要增加阿尔法的投放,是否需要投更多的广告。同时,还得考虑这一期的市场是否有萎缩。总之,考虑的因素有很多,而且因素之间互相影响。

(7) 如果企业在某一期减产,不需要这么多员工,小组必须把不需要的员工解雇,因为员工即使不生产也得发工资。解雇不影响指标,也不用付出额外的成本。下一期增产的时候再招回来就行,新员工的培训费并不高。

(8) 研发投入有增长市场份额的功效,是可以影响六期的,这个投入能使企业处于有利的竞争地位。

# 素质拓展

## 经营策略及经营结果的分析与评价

[实训目标]

通过正确解读深入理解党的二十大精神,培养学生不同宏观环境下分析处理数据和资讯的能力以及在风云变化的市场经济中制定市场经营策略的能力。

[实训内容与要求]

第一期

CEO:

筹资:3 000 万元(普通股 1 000 万元,优先股 2 000 万元,普通股与优先股的比例为 1:2)。

注:此方案可较大程度提高行业地位分数,减少优先股股利分配支出,如遇到资金困难可缓慢增加优先股。

CFO:

厂线:全款购置经济区 C 的厂房、两线(阿尔法、贝塔),买一厂两线。

注:无须过于关注资金使用,租赁往往在后期。全款购置只是将货币资金转换为不动产,企业价值并未因为资金流出而减少,即一项资产增加,另一项资产等额减少,不改

变企业资产总额。

COO：

购置材料：低级材料。

付款方式：可选择首八余二。

产能：预计在 54 000～58 000 件（阿尔法满产，贝塔不满产）。

质检：80 或 90。

质量：60～69。

产品研发：性能研发每期提高两个阶段，第一期尽量降低研发支出。

生产人员：83～84 人。

工资薪酬：当地平均薪酬的 75.01%。

来料加工：第一期不签订。

注：阿尔法满产是为了配合 CMO 开两个五期一租专卖店，付款方式首八余二有利于提高风险管理分数，注意买原材料对现金管理分数影响不大。其次产品质量不能太低，市场的产品质量以整个行业平均产品质量，而不是你自己生产的产品质量为基础。

CMO：

渠道：在经济区 B、C 租赁五期一租的阿尔法专卖店，同时在经济区 C 开辟阿尔法、贝塔线上、贝塔线下市场，合理应用代销市场。

广告：每个地区第一期投入 100 000 元即可。

定价、发货量：第一期线上发货 8 000～9 900 件，其他地区平均发货，价格在合理范围内就行，不要追求高价，但也不能过低。

注：鉴于第一期产量小，所以广告可以少投点，价格基本上每个敏感度降低 20～30 元即可，一般情况下线上市场和代销很拥堵，尽量先保证把货卖出去，减少存货量。

[实训成果与检测]

选三组成员进行此方案第一期的运行，第一期结算后，根据每组不同的得分分别调整策略，后期持续跟进这三组的策略，比较六期结算后每组的经营成果，分析这三组不同的经营策略，得出的不同经营成果。

图书在版编目(CIP)数据

EVC企业价值创造实战教程 / 刘瑞,杨凤坤主编. —
南京:南京大学出版社,2023.8
ISBN 978-7-305-27109-0

Ⅰ.①E… Ⅱ.①刘… ②杨… Ⅲ.①企业管理—财务
管理—应用软件—教材 Ⅳ.①F275-39

中国国家版本馆CIP数据核字(2023)第113671号

| 出版发行 | 南京大学出版社 | | |
|---|---|---|---|
| 社　　址 | 南京市汉口路22号 | 邮　　编 | 210093 |
| 出 版 人 | 王文军 | | |

书　　名　EVC企业价值创造实战教程
主　　编　刘　瑞　杨凤坤
责任编辑　陈　嘉　　　　　　　编辑热线　025-83592315
照　　排　南京开卷文化传媒有限公司
印　　刷　江苏苏中印刷有限公司
开　　本　787 mm×1092 mm　1/16　印张 15.75　字数 364 千
版　　次　2023年8月第1版　2023年8月第1次印刷
ISBN　978-7-305-27109-0
定　　价　49.80元

网　　址:http://www.njupco.com
官方微博:http://weibo.com/njupco
微信服务号:njuyuexue
销售咨询热线:025-83594756

* 版权所有,侵权必究
* 凡购买南大版图书,如有印装质量问题,请与所购
　图书销售部门联系调换